U0013963

圖像編年史 5

GREAT QING
TIMES

大清時報

三部曲・帝國哀歌
西元一七九六年～一九一一年

黃榮郎 文／圖

序

記得多年前看電影《鐵達尼號》時，除了被蘿絲與傑克間唯美的愛情所感動，對兩人相擁於船首的那一幕久久難以忘懷之外，最令人感到震撼的便是船身撞上冰山後攔腰折斷的畫面了。而在鐵達尼號沉沒的前一年，東方另一艘搭載著四億五千萬名乘客的巨輪，也同樣的被時間洪流所吞噬。這艘由愛新覺羅氏掌舵的龐大船艦，駛入了歷史的迷霧之中，在內憂外患的嚴苛考驗下終於解體。而沉沒後捲起的長浪，以及嗆到水所產生的驚恐，則是到現在還影響著我們。

在這一段悲痛到令人不想回憶的時間裡，大清對內忙著應付太平天國、回變、捻亂，甚至是革命黨人的騷動；對外則飽受英、法、德、美等西洋列強，還加上鄰國日本的欺凌。在這一段沉重到令人無法呼吸的歷史中，中國先是飽受鴉片荼毒之害，從此一蹶不振；接著嘗盡無窮戰事的苦果，弄得國破家亡、割地賠款。這個決定未來的重要時刻，日本因明治維新而起飛，慈禧則是挪用海軍經費而使得國家沉淪；這個改變時代的緊要關鍵，愛因斯坦已經發表了相對論，而將近四千萬的中國人則還躺在煙館中吞雲吐霧。

本書是《大清時報》中，繼「首部曲·八旗建國」、「二部曲·開創盛世」之後的最終曲，寫盡從乾隆退位成太上皇的一七九六年，到辛亥革命成功的一九一一年之間，曾經睥睨天下的大清帝國從當世富豪變成破落戶的辛酸，以及一次次與外人對抗所帶來的屈辱。依著緩緩奏出的悲鳴樂聲，將「三部曲·帝國哀歌」分為「動亂四起　兵疲財盡」、「鴉片戰爭　天朝夢碎」、「太平建國　英法入京」、「慈禧垂簾　洋務革新」、「甲午戰敗　哀歌響起」五個部分。以二十萬字的內文、五百多則的新聞事件，以及三百多張我自己親繪的插圖，帶領讀者以輕鬆有趣的方式來閱讀這段異常沉重的歷史，以迥然不同的角度來切入這段似懂非懂的往事。在相關的新聞版面，特別收錄了「衙門差役」、「鴉片的走私手法」、「林則徐的銷煙法」、「大清帝國國旗」、「義和團」等許多專題報導以增加閱讀的深度。而由於這時中國正與世界接軌，所以我也特別在相關的時間點上，加入了「拿破崙成為法國皇帝」、「黑船來航日本震撼」、「美國爆發南北戰爭」、「林肯總統被刺身亡」、「德川幕府大政奉還」、「愛因斯坦發表狹義相對論」、「萊特兄弟試飛成功」等等的要聞，以便讓讀者更了解中國與當時國際趨勢之關係。

至於內文中年代的記法，則仍然維持「圖像編年史」系列的作法，採用皇帝年號與西元紀年並列的方式呈現。但若有涉及月、日的部分，為了與古籍相符，仍採用傳統史書中陰曆的標註，以免讀者產生混淆，此點若有造成不便之處，還請讀者見諒。在各代皇帝名字後面的廟號，其實是要等到人死了之後才會給的，但為了方便讀者在熟悉的傳統印象與本書角色之間切換，所以也特別以括號註記。此外，書中出現的職官名稱及地名，也都標註了等同現代常見的稱呼，以幫助讀者更容易的了解其意義。為了方便查考及索引，本書的最後也依年代製作了「新聞標題索引」，可以快速且輕鬆的找到想要搜尋的歷史事件。

當年，西方列強高舉殖民主義，以武力強迫打開中國市場，用鴉片賺取高額暴利；當年，時局紛亂、國家瀕危，政治人物卻還在互扯內鬥；當年，民不聊生、赤字高懸，達官顯要們依然在過著奢華的生活。當年，我們看到一次又一次翻身的機會，但卻又一再的讓美好的中國夢從指縫間溜走。而轟隆的槍砲聲及人民的怒吼，就宛如是為大清帝國特別譜寫的哀歌。今日，政客們依舊昧著良心玩弄政治，而我們對政府仍然有著恨鐵不成鋼的心情；今日，我們還在吃著跟鴉片一樣毒的黑心食品，而獲取暴利的商人們一樣在豪宅之中過著奢靡的生活。而群眾的聲音及思想的覺醒，又是否會成為新興中華崛起的序曲呢？鑑古知今，唯有學到歷史的教訓，才能不再陷入無窮盡的哀歌輪旋曲之中。我們知道，百年前的昨天，從雲端摔落的古老中國慘遭列強霸凌；但我們希望，百年後的今日，自谷底重生的新興中國能讓世界致敬。

　　在寫這第三部曲的時候，腦中總是浮現出拉赫曼尼諾夫《第三號鋼琴協奏曲》的旋律。隨著一字一句敲打在鍵盤上的聲音，這首曲子似乎也成為我心中這個糾結時代的主題曲。雖然清末的歷史過於悲情，而使得我這次在寫作過程中感到前所未有的沉重，但當聽到這首曲子的第三樂章結束時，還是會令人對未來充滿著希望的。謝謝編輯過程付出許多心血的游主編、美編，以及遠流出版公司的諸位前輩給予的指導與協助。謝謝我的家人給予的無盡支持，謝謝好朋友對我的鼓勵，更感謝親愛的讀者們，願意讓我在您的生命中占有一個微不足道的角落。

目錄

序

大清皇族世系表

愛新覺羅氏

反政府陣營登場人物

 張格爾
 阿古柏
 王聰兒
 孫文
 黃興
 梁啟超

 張樂行
 劉麗川
 張保存
 馬化龍
 楊衢雲
 林清

大清 重要登場人物

 奕經
 端華
 常清
 劉步蟾
 黎元洪
 唐景崧

 百齡
 巴彥巴圖
 楊芳
 關天培
 黃爵滋
 奕山

 端方
 戴澤
 畢沅
 胡雪巖
 李光昭
 溥儁

太平天國重要登場人物

天王
洪秀全

東王
楊秀清

西王
蕭朝貴

南王
馮雲山

北王
韋昌輝

翼王
石達開

列強重要登場人物

拿破崙

維多利亞女王

明治天皇

羅斯福

巴麥尊

拿破崙三世

赫德

律勞卑

德庇時

義律

懿律

璞鼎查

文翰

亞馬勒

李泰國

蒲安臣

斯坦因

郭士立

圖像編年史 5

GREAT QING
TIMES

大清時報

三部曲‧帝國哀歌

西元一七九六年～一九一一年

第 一 章

動亂四起　兵疲財盡

（西元一七九六年～一八三三年）

太清時報

GREAT QING TIMES

西元一七九六年

丙辰

嘉慶元年

嘉慶帝登寶　太上皇訓政

乖，你年紀還小，這些事情把拔幫你決定就好

摸～

....

嘉慶帝雖然登位親政，但軍國大事還是一樣由太上皇做主

　　眾所矚目的皇帝傳位大典，終於在今年開春的第一天於太和殿隆重舉行。典禮中，乾隆帝弘曆（清高宗）將刻有「皇帝之寶」的玉璽，親手頒授給接棒的十五阿哥永琰，並退位為「太上皇」。永琰在跪受大寶之後，率領所有王公大臣向太上皇行三跪九叩大禮，然後恭送太上皇回宮。隨後永琰退至保和殿換上了皇帝的禮服，再回到太和殿內行登基大典，接受所有王公大臣的三跪九叩之禮，正式依弘曆之前的指示，將名字改為「顒琰」（依例，無論公私文書在書寫時都必須避開皇帝的名諱以示尊崇，但因「永」字為常用字，為免過於擾民，所以改為較不常用的「顒」字），並改元「嘉慶」。不過，由於弘曆早已表示他還要以太上皇的身分繼續「訓政」，所以顒琰（清仁宗）雖已坐上皇位，但實際上國家最高的領導權力，還是牢牢的掌握在已經八十四歲高齡的父親手中。而在皇宮之中，也還繼續使用「乾隆」的年號，甚至原本要在今年全面改鑄發行的「嘉慶通寶」，也要改成只發行一半的數量，另一半的量仍然鑄造「乾隆通寶」以流通市面。

三千位老者受邀千叟宴

　　歸政大典之後沒幾天，皇宮之中便又熱鬧了起來，三千多名受邀的賓客，齊集在皇極殿前參與盛大的千叟之宴。這次在太上皇的諭令之下，凡是六十歲以上的皇親宗室、蒙古王公、政府官員，以及七十歲以上的兵民百姓，連同遠道而來的外國貢使都被一同受邀。宴會一開始，先由顒琰（清仁宗）為太上皇敬酒，並獻上一段傳統舞蹈，然後太上皇又召王公與一品官員，與九十歲以上的老者至御前賜酒。與會的老人對於能夠參與這樣的盛會，吃到一口御賜的菜餚，喝上一杯御賜的醇酒，都覺得這輩子真是不虛此行了。

官逼民反 白蓮教興 反抗軍攻陷當陽

　　近年來由於各地天災人禍不斷，加上貧富差距拉大、物價飆漲等種種因素，導致民眾的痛苦指數直線上升。覺得沒有未來的貧苦百姓，只好將一切寄託在宗教信仰上，使得白蓮教又開始日漸興盛。而面對這樣一個有多次造反前科的教派，政府也是緊張了起來，開始加強查緝的動作。只不過，聽說絕大部分的官員，都是以追查白蓮教之名，來行壓榨索賄之實。這些公權力行使者，根本不管你是不是真的入了白蓮教，只管你拿不拿得出錢來滿足他們的慾望。任何一個被盯上的人，只要湊不出官員差役們索要的銀兩，便會被當成白蓮教徒給拷打致死。而貪官汙吏們這種無恥的行為，又反過來加深了官民之間的仇恨，將百姓給逼上了反抗之路。據了解，枝江、宜都的白蓮教眾都已相繼起事，當陽（皆湖北境內）縣城也被反抗軍攻陷，連知縣（縣長）都被反抗軍所殺害。清廷在得到消息之後，已命湖廣總督（湖南、湖北聯省總長）畢沅、湖北巡撫（湖北省長）惠齡領兵進剿白蓮教軍。雖然清軍由各處調來兵馬，並用大炮轟擊當陽城，但在連攻數日之後，到目前為止仍未有任何進展。

官軍時常藉著清查白蓮教的機會，向無辜的民眾索賄，結果反而把更多的百姓逼上反抗之路

王聰兒率領教軍進攻樊城

　　據本報所得到的最新消息，在湖北各地起事的反抗軍，雖然都遙尊白蓮教領袖劉之協為「天王」，但這些部隊之中，卻以王聰兒所率領的襄陽部隊最為強悍。王聰兒原本是襄陽地區白蓮教領袖齊林的妻子，但齊林在起事前便因事洩被官府逮捕斬首。而由於王聰兒從小便跟著父親在江湖賣藝，不論是跑馬走繩還是舞刀弄劍等武藝都有過人之處，加上為人豪爽，所以才剛滿二十歲便被襄陽當地的白蓮教徒公推為「總教師」，率領這一支強悍的白蓮教軍起事，並對樊城發起猛烈的攻擊。目前官軍不但在樊城處於不利的地位，連另一支在孝感（皆湖北境內）進剿反抗軍的部隊，也因誤中埋伏，陷入泥淖之中而全軍覆沒。

官員為邀功胡扯　乾隆皇輕易識破

在當陽（湖北境內）圍剿白蓮教軍已經三個月卻未能破城的湖廣總督（湖南、湖北聯省總長）畢沅，日前在報告中提及之所以久攻不下的原因，是由於反抗軍在城牆上面挖溝掘壕，所以才降低了火炮的攻擊力。但在官軍努力不懈的連日炮轟之下，已經擊斃了當陽城上四百多名反抗軍。只不過，這份報告送上高層之後，一下就被乾隆帝給看出自相矛盾之處。弘曆（清高宗）認為像當陽這種小城，如果在城上挖壕的話，那城牆不用大炮轟擊便會自行倒塌了。況且，官兵在城下用大炮向上仰攻，就算在城上的反抗軍被擊中，也一定是向後倒撲，從城外根本不可能算得出死亡人數。看來太上皇雖然已經年邁，可頭腦還是清楚的很，畢沅這次不但沒有達到邀功的效果，反而被降旨給狠狠的申飭了一番。

湖廣總督畢沅為了邀功而胡亂編造軍事報告

由王聰兒率領的襄陽白蓮軍行蹤飄忽不定，令官軍難以應付

常勝將軍福康安 敗於瘴癘染病亡

年初時征剿苗變行動已獲初步成果的統帥福康安，竟然在成功誘捕了苗民領袖石三保之後，於五月時病死軍中。據資料顯示，福康安可說是乾隆一朝的名將，他長期衛戍邊疆，初征大小金川（四川境內），後又討伐回民動亂（甘肅境內），接著又被派到臺灣鎮壓林爽文之變，隨後又擊退侵襲西藏的廓爾喀（尼泊爾），征戰的足跡可說是遍及全國。這位因戰功卓著被弘曆（清高宗）破格封為固山貝子（第四等爵位，福康安是第一位以非宗室身分獲此爵位的官員）的常勝將軍，卻在今年督師湖南時，因感染瘴癘仍抱病出征而逝於軍中，不但對剿苗行動造成一定的影響，也讓太上皇痛失一名愛將。

四川現白蓮 官軍居劣勢

繼湖北白蓮教反抗軍如雨後春筍般的冒出來以後，四川境內的白蓮教眾也跟著起事。清廷為了防止四川教軍竄入陝西，便急命已經在湖北助剿的四川總督（四川省總長）福寧、成都將軍（成都指揮官）觀成速速趕回四川，並要陝西巡撫（陝西省長）率軍加以堵截。不過這樣的安排，卻仍然壓制不了反抗軍的氣勢，在雙方激戰之後，政府軍目前可說是傷亡慘重而落居劣勢。而由王聰兒所率領的襄陽白蓮軍，雖然在之前遭到官兵重創，但不久後又突破包圍，以打帶跑的方式擺脫追擊，在各地吸收部眾，並壯大成為一支數萬人的部隊。據可靠消息指出，行蹤飄忽不定的王聰兒軍，目前雖已準備轉往河南發展，但其最後目的極可能是要伺機進入四川與當地的白蓮教軍合流。要真是如此的話，這一股強大的反抗力量就會令官軍更難以對付了。

官軍陸續進援四川　王三槐部降而復反

官軍在湖南與苗族反抗軍激戰，並於去年歲末將其鎮壓下去之後，領兵的明亮、額勒登保、德楞泰等人，便受命於今年初分赴四川、湖北，協助鎮壓白蓮教軍的行動。官軍在得到這批部隊的支援後實力大增，開始扭轉劣勢，與四川教軍王三槐等部隊進行激烈的攻防戰，甚至還俘擄了反抗軍的軍師王學禮。於是四川總督（四川省總長）宜綿便利用這個機會，要廣元知縣（縣長）劉清帶著王學禮所寫的書信，到王三槐的大營中招降。由於劉清是四川當地少見風評很好的清廉官員，對談的過程也展現出了十足的誠意，所以很快便取得反抗軍的信任，而王三槐也隨劉清回到政府軍大營，準備商討招安的細節及實際步驟。只是，劉清所做的這些努力，卻都因為大營軍官對王三槐的羞辱及敵意而化為泡影。感覺不到一絲友善之意的王三槐只好又趁隙逃出，然後繼續率領反抗軍與政府對抗。

教軍四川會師　聲勢前所未有

在招撫之計失敗之後，四川總督（四川省總長）宜綿下令對白蓮教軍發動總圍擊，準備以優勢的兵力將反抗軍徹底剪除。但就在四川教軍已經傷亡慘重的情況之下，由王聰兒主領的襄陽教軍卻如神出鬼沒一般出現在戰場上，不但化解了友軍的重大危機，還再一次將白蓮教軍的聲勢提升到一個新的高點。據了解，之前官軍在得知王聰兒將所屬部隊分成三路轉進河南之後，便立即派兵想要加以堵截。但王聰兒的部隊行蹤飄忽，行進中既不整隊也不迎戰，數百為群忽分忽合，追擊的官軍可說是疲於奔命而一籌莫展。後來，三路軍在鎮安會合，再沿漢水北岸行至紫陽（皆陝西境內），並奪船渡過漢水，就這樣進入了四川。當襄陽與四川的白蓮教軍在東鄉會師後，各路反抗軍又都相繼來歸，人數目前為止已經達到十四、五萬之多。還有系統的將各部隊分編番號，以王聰兒、姚之富部稱為襄陽黃號；高均德、張天倫部稱為襄陽白號；張漢潮部稱為襄陽藍號；四川徐天德部稱為達州青號；冷天祿、王三淮部稱為東鄉白號；龍紹周部稱太平黃號；羅其清部稱巴州白號；冉文濤、冉天元部稱為通江藍號。雖然白蓮教軍的聲勢達到前所未有的高峰，但戰略專家也指出，由於反抗軍未能公推出一個能指揮全局的統帥，各路之間因觀念的狹隘未能真正的齊心協力，加上當地的物資缺乏，無法長期供應軍需補給，所以這一股好不容易才合流的力量，恐怕不久後便將會再度分散。

首揆阿桂病逝　和珅盡掌朝政

> 今天肚子不
> 太舒服，好幾天
> 沒上廁所了

> 太上皇說和珅表現
> 太棒了，從今天開始
> 加薪兩倍

> 太上皇真的
> 這樣說嗎…

> 誰知道啊…

太上皇過於老邁，口中嘟噥的話只有和珅能夠聽得懂

今年八月，首席軍機大臣（皇帝高級機要秘書官）阿桂去世之後，和珅終於踢除了長久以來一直擋在前面的大石頭，徹底的掌控了朝政。目前和珅除了管理吏部（文官考核任免部）以外，還兼管了刑部（司法部）及戶部（財政部），影響力可說是遍及整個政府部門。而且，由於年邁的太上皇說話已經不是那麼的清楚，有時根本沒人聽得出他嘴裡到底在嘟噥些什麼，都要和珅在旁重新複述旨意。而和珅口中說的，到底是否為乾隆皇的原意，連當今皇帝顒琰（清仁宗）也都不敢

作任何表示。嘉慶帝雖然因為身邊被安插了和珅的親信，而表現對和珅極度的禮遇與容忍，甚至連和珅下令將原本只該送交皇帝的奏摺都要另交一副本到軍機處（皇帝機要秘書處），這種嚴重侵犯皇權的事也都隱忍下來。但據可靠消息來源指出，皇帝似乎也開始暗中攏絡那些不肯依附和珅的大臣，準備在適當時機來個絕地大反撲了。

官軍剿匪教戰守則大揭密

據本報隨軍記者透露，當官兵在與反抗軍交戰的時候，通常正規軍團並不會在第一時間便與敵人短兵相接，而是派出那些招募來的民兵鄉勇打前鋒。而反抗軍的情形其實也是如此，在隊伍最前面的一定都是些被驅趕的難民，而白蓮教軍則是遠遠的在後觀望。結果便常常形成了鄉勇與難民交戰，而官軍與反抗軍則互不碰頭的詭異情況。雙方交戰的結果，如果是鄉勇落敗傷亡的話，政府軍通常就來個匿而不報，但如果稍為有一丁點勝利的話，將領們便會立刻向上呈報，將成果放大了幾十幾百倍來邀功。而實際上，除了幾次無可避免的對戰之外，官軍們通常都只是遠遠的尾隨在反抗軍之後而極少與其正面交戰。甚至有些被反抗軍侵擾的地方，都已經準備好糧食請官軍前往鎮壓，而官軍卻死都不肯前往，盡只是找些叛軍不會出現的地方駐營停留。官軍畏戰至此，入關前驍勇善戰的八旗軍團雄姿已完全不復見，也難怪反抗軍的勢力不但久久無法撲滅，還常常是愈剿愈多、愈滾愈大。

四川白蓮教軍領袖吳三槐因誤信官軍談判之計而被俘

堅壁清野　政府軍扭轉劣勢
合而復分　王聰兒跳崖身亡

原本在四川大會師的白蓮教軍，果然因為無法成功的整合而再度分散開來，讓追剿的官軍給逮住了分頭擊破的機會。率軍離開四川的王聰兒部隊，在先派遣一支部隊成功的將官軍主力引開之後，便趁虛渡過漢水，直逼西安（陝西境內）而去。官軍在發現上當之後倉促回防，與反抗軍發生了激烈的戰鬥，在受到極大打擊之後，反抗軍只好再轉往湖北發展。而這時官軍也祭出了新的戰略，要求各地的地主把民眾武裝起來，然後就地修築碉堡。等到反抗軍前來的時候，便將所有百姓都趕進碉堡裡，採用堅壁清野的方式，讓反抗軍得不到群眾的幫助。這個方法果然奏效，在武裝民團的堵截，以及官軍的窮追不捨之下，王聰兒的部隊就在鄖西三岔河（湖北境內）陷入重重包圍之中。王聰兒一路被逼退到茅山，在頑強抵抗之後，因彈盡援絕而從懸崖上跳下身亡。幾個月後，四川教軍的領袖王三槐也被騙入官軍大營，在準備要與政府進行談判時意外被俘，並將被解往京師凌遲處死。雖然反抗軍餘部在冷天祿帶領之下，又曾一度重創官軍，但大體上看來，政府軍似乎已經逐漸扭轉局勢，開始一一清除四川境內的白蓮餘黨。

在失去太上皇的保護之後，和珅立刻遭到嘉慶帝的清算

乾隆駕崩 嘉慶親政　和珅遭清算倒台

　　元月三日，大家剛開開心心的過完新年，訓政即將邁入第四個年頭的太上皇弘曆（清高宗），就以八十七歲高齡於養心殿中安詳離世，成為中國歷史上最長壽的皇帝。乾隆的年號雖然只用了六十個年頭，比他祖父玄燁（清聖祖）的康熙年號還少了一年，但是加上太上皇訓政的期間，仍以實際掌權達六十三年，再破一項紀錄。而顒琰（清仁宗）在真正親政之後要做的第一件事，當然就是鏟除仗著乾隆皇當靠山，早已權傾朝野的大臣和珅。所以在太上皇病逝的隔日，嘉慶帝便馬上傳旨，命和珅於宮中日夜守喪，並拔除其軍機大臣（皇帝高級機要秘書官）及九門提督（京城警備司令）兩項要職，同時下令官員奏摺不許再另送一副本至軍機處（皇帝機要秘書處）。幾天後，肅清活動如火如荼的展開，在都察院（中央監察院）給事中（監察及政風官）王念孫、廣興上摺彈劾之下，和珅不但被皇帝革去內閣大學士（皇帝高級秘書官）的頭銜，還被打下大獄並查抄家產。而其黨羽戶部尚書（財政部長）福長安，也同樣難逃被奪職丟官、抄家下獄的命運。

和珅跌倒 嘉慶吃飽　八億兩贓銀等同國庫十年收入

我的錢⋯

現在是我的了

顒琰（清仁宗）親政後才兩周的時間，便對和珅做出了最終的處置，以二十條罪狀令其自盡。和珅之子豐紳殷德因身為嘉慶帝么妹之夫婿而免遭連坐，其黨人如福長安、蘇凌阿、吳省蘭、吳省欽等，則都被革職罷黜。而據內務府（宮廷事務部）的統計，在和珅被查封的家產之中，光是珍珠、手串就超過了二百件。有些珍珠甚至比皇帝御用頂冠的還要大顆，連宮內都不曾見過的稀有寶石更是不計其數。夾牆及私庫中所藏的黃金將近萬兩，白銀則高達一百多萬兩之多。另外，房產、當舖、銀號、古玩舖、田地等數量則是十分驚人，光是在京城的房屋就有兩千多間。經過折算之後，和珅的所有家產總值竟然有大約八億兩白銀之多，這個天文數字，相當於政府財政收入十年的總合。而這些被查抄了的財物，除了一小部分賞給親信大臣之外，絕大部分都收入了嘉慶帝的私人口袋之中，也難怪到處都流傳著「和珅跌倒，嘉慶吃飽」的說法了。不過，財經專家也警告，由於查抄和珅名下為數可觀的銀號、當舖時，連一般百姓存在其中的存款也全部被充公。如此一來，勢必將引發出另一場金融風暴，造成一波接一波的商號倒閉與百姓破產風潮。預估受到最大衝擊的華中一帶，將會引發人民的暴動，對大清帝國的前景來說是另一項的嚴重傷害。

諫言竟遭重罰　朝廷改革無望

嘉慶帝在扳倒和珅之後，為了迅速穩定政局，特別宣諭百官，表示本案到此為止，將不會再有任何株連，也不會復咎既往。此一作法，雖然成功的讓整個躁動不安的情勢穩定了下來，但未能把握這個機會大力整飭官風，汰除為數眾多的貪官汙吏，也讓各界大嘆可惜。資深評論家指出，從整個過程看起來，顒琰（清仁宗）這一系列動作的目的，本來就不是要革新朝政，而只是單純的肅清對自己不利的敵手。這點從翰林院（職掌修史編書、文詞翰墨、皇室侍講的核心官員儲備所）官員洪亮吉上書諫言卻遭重罰一案，便可清楚的看出來。在和珅倒台之後，洪亮吉熱血的寫了封奏摺，揭露了當今政局官貪政亂的真相，請求皇帝能勵精圖治、清除弊政。結果卻被嘉慶帝以語涉不經、全無倫次，套上了私論國政的罪名，最後不但被罷了官，還發配到幾千里外的伊犁（新疆境內）去充軍。看來，今後應該不會再有人對朝廷存有改革的幻想，而站出來抨擊時政了。

大清時報

GREAT QING TIMES

庚申

西元一八〇〇年

嘉慶五年

花費七千萬兩 官軍終見曙光

　　由於大部分的將領在受命征剿反抗軍時，都常有拖延的心態，表面上做了很多假動作，但實際上卻沒有認真在執行任務，使得政府數年以來，光是花在征討白蓮教軍的經費，就已經花了超過七千萬兩。顒琰（清仁宗）雖然對於這樣的情形感到既失望又生氣，但罵歸罵，也只能繼續從四川、陝西、甘肅、湖北、河南各地，再調來三萬名兵力投入征剿大軍行列。這批生力軍加入之後，讓官軍在人數上的優勢持續擴大。加上堅壁清野的戰略奏效，反抗軍在無法順利取得糧食補給的狀況下，力量也開始逐漸減弱。於是四散流竄的反抗軍，便開始遭到官軍的各個擊破，目前冷天祿、冉天元、張漢潮、劉之協等部，都已被官軍一一擊潰。各地殘餘的勢力，已經無法再對政府形成威脅。

英國崛起 大清經濟霸主地位遭受挑戰

　　一份極具權威的經濟研究報告指出，雖然目前大清帝國的經濟總量，占了將近全世界的百分之三十，而且在全球十個人口超過五十萬的城市中，中國境內就囊括了六個，但國家的整體競爭力卻是呈現出急劇下滑的傾向。相關數據顯示，中國雖然仍為當今世界第一大經濟體，但由於官員貪汙怠職的情況非常嚴重，以及連年的民變造成國庫的大量消耗，而決策高層也未提出任何有突破性、有遠瞻性的施政藍圖，都使得大清帝國的前景越來越不被看好。相較於西洋諸國，尤其是英國在工業革命之後，不但經濟實力已經大幅躍進，更以武力逐步的奪取印度的統治權，來當作其海外的殖民地。經濟學者相信，一切以經濟利益為導向的英國，勢必透過各種方法，來試圖敲開中國的市場大門，而雙方的競爭及衝突也將會越演越烈。

吱...嘎...

可惡！花了這麼多錢，連一隻也沒有夾到

政府近年來光是花在征討白蓮軍的經費就已經超過了七千萬兩

13

暴雨成災　賑災成為政府嚴重負擔

今年入夏以來，連月的暴雨已經造成了北方極為嚴重的災情。各州縣因雨成災的摺子不斷送到顒琰（清仁宗）的面前，甚至連皇帝避暑的熱河行宮、歷代先皇入土的遵化東陵（河北境內），也全都給泡在了水中。嘉慶帝聞訊之後，便下令免除災區賦稅，並由戶部（財政部）撥款十一萬兩作為賑災之用，同時截留兩淮解京的稅銀共一百萬兩以備放賑。但由於這次受災的面積實在太大，國庫也因連年用兵而無法負擔，所以在東湊西湊之下，依然還差了五十萬兩的缺口。最後顒琰只好傳諭各級官員發揮愛國精神，以踴躍捐輸來補足這筆款項。雖然捐錢對於官員們來講是個壓力，但卻也是個在皇帝面前表現的大好機會，所以這次的募款活動很快便達成了預定的目標。據說，光是粵海關監督（廣東海關督察長）一口氣就扛下了二十五萬兩的額度，只不過這筆錢他並不打算從自己口袋裡掏錢，而是直接劃定廣州每個行商（洋人到中國貿易時的中間商）的額度，然後再脅迫他們依這個數目「自由樂捐」。而行商們為了能繼續作生意，也只好含淚將銀兩給雙手奉上了。

為了國家的發展，我們希望你能自由樂捐

那…我捐五百兩…

不不不…我已經幫你決定了，你得捐五萬兩

不是自由樂捐嗎？

哦…看來你沒搞清楚，是自由「或」樂捐二選一啊…不捐的話就跟我回去囉…

中國夢幻滅　英國貨品嚴重滯銷
就是愛喝茶　大清狂賺英人白銀

據本報駐歐洲記者報導，之前當英國人在全球各地擴張勢力，而發現中國這一個擁有四億人口的廣大市場時，其國內便掀起了一陣中國熱。許多的政治家及資本家，都滔滔不絕的談論著這塊中國大餅將帶來的巨額利潤。在他們的想像中，似乎每個中國人衣服只要加長一寸，或是買頂英國製的棉織睡帽，那英國的工廠便會忙到不可開交而賺進大把的鈔票了。但是當英國商品進到中國之後，回報的數據便敲碎了這個美麗的夢境。由於彼此之間國情的差異太大，英國引以為豪的紡織品在中國根本就賣不出去，甚至還有人運了成箱成件的鋼製刀叉，或是一台台的鋼琴來到大清帝國，盼望著這個大市場中只要有一小部分人，哪怕是每個城市只要有一戶富豪人家購買，也都可以因此而賺到大錢。但由於中國人民對這些東西完全沒有興趣，使得整體銷售結果奇慘無比，最後英國人也只能在虧了大錢之後，含淚將這些東西給運回去。由於洋貨在中國市場難以脫手，而英國對茶葉的需求量又很高，使得英國人只能不斷的運來大批銀子向中國買茶葉。到底要到何處去找來這麼多銀子向中國買貨，或者要找到一項什麼商品可以讓中國人接受以平衡帳目，已經成為目前英國政府及商人最傷腦筋的迫切問題。

大清時報

GREAT QING TIMES

西元一八〇二年

壬戌

嘉慶七年

英艦覬覦澳門 粵督責令駛離

自從明代嘉靖年間（一五五七年）便已經取得澳門居住權的葡萄牙人，不久前向廣東地方政府回報，說在附近的伶仃洋（廣東珠江口海面）海面有英國籍的戰船停泊，而且英國人還打算登岸並租借房舍居住。由於葡萄牙人認為一旦英人在澳門長期居住，將可能會對葡國的經濟利益造成影響，而且也可能會故意滋生事端，然後逐步侵吞葡人的地盤，所以便請求大清官方能出面保護。兩廣總督（廣東、廣西聯省總長）吉慶在聞訊之後，也已立即派人要求英國船艦立即駛離，並不許英國人登岸。

■ 山東四百多名 考生集體罷考

不久前在山東省的金鄉縣，竟然發生四百餘名童生（尚未取得生員資格的知識分子，與年齡無關）集體拒考府試（縣試之後的考試，通過之後才能再參加院試以取得生員身分）的事件。據了解，事情的起因是有兩名應試者，被其他考生發現他們的曾祖父擔任過皂隸（衙門中的差役），而依相關規定，被視為賤籍的皂隸及其子孫是不能參加科舉考試的。這次卻不知是承辦單位未加詳查還是收了賄賂，才會引發這起全縣四百餘名考生都以拒考來抗議的事件。據最新的消息指出，清廷已下令將知州（州長）、知縣（縣長）、教諭（縣教育局長）、訓導（縣教育局科長）等官員全都解職查辦，並同意所有拒考的考生們另行補考。

【專題報導】衙門差役

　　衙門差役指的就是那些在地方衙門中當差的人，一般來說可分為皂隸、快班、雜役等，依衙門等級的不同，人數也會有所不同。其中皂隸負責站堂、刑仗、糧差等公役；快班則負責捕拿罪犯或緝捕強盜土匪；雜役則包含了驗屍的仵作、茶房、轎夫等。這些衙門差役雖然由官方提供免費工食，並領取每個月微薄的薪資，但在身分上卻等同於賤民，其本身與子孫是不准參加科舉考試的。這些人雖然是地方衙門不可或缺的手腳，但卻因為出身複雜，所以也常有耍賴索賄的不法情形發生。

補快、皂隸等人雖然在衙門內當差，但身分卻仍等同賤民，自己和子孫都不能參加科舉考試

驚險萬分　皇帝紫禁城遇刺

今年閏二月間，京城居然發生一起刺客行刺皇帝的意外事件。但所幸凶嫌並未得手，目前全案已交由司法機關偵查之中。自明代萬曆年間（一六一五年），有人持木棍闖進太子朱常洛（明光宗）居住的慈慶宮並擊傷守門太監的「梃擊案」後，北京城內就沒有再出現過類似的事件。而這次刺客特別選在顒琰（清仁宗）外出回宮時在神武門犯案，則顯然是事先經過周密的計畫。據特偵小組發布的新聞稿指出，行凶者為現年五十歲的陳德，原本一直與人為奴、做臨時工或為官府服役為生，後來因為妻子病故，家中又還有老小要照顧而心生鬱悶，便染上了酗酒的惡習，弄得連幫人家做廚役的工作也丟了。生活困頓不堪，幾乎已經走投無路的陳德，

夢到自己將在新的朝廷中大展鴻圖，便去廟裡求了籤，結果一連五次都抽中好籤。又因他之前曾在內務府（宮廷事務部）打過雜役，經常出入宮中，對紫禁城可說是熟門熟路，所以才會興起了行刺皇帝的念頭。當天，他等嘉慶帝乘轎一進神武門便猛然衝出，手持小刀直撲而去。那時由於事發突然，所有的禁衛軍竟然全都傻在那裡沒有任何反應。只有御前大臣定親王綿恩、固倫額駙拉旺多爾濟、御前侍衛扎克塔爾、珠爾杭阿、乾清門侍衛丹巴多爾濟、桑吉斯塔爾等人上前拚死護駕，並將之擒獲。最後陳德被凌遲處死，其子則處以絞刑，除了護駕有功的幾個人之外，其餘負責守衛宮禁的官員及護軍全都受到嚴厲的懲處。

剿蓮行動進入尾聲　被裁兵士竟投敵營

因為被裁撤的官軍投入了反抗軍的行列，使得清軍統帥額勒登保的凱旋計畫只好暫緩

由於近來各地白蓮教軍的勢力都已相繼被撲滅，到今年七月時只剩下為數不過幾百人的零星反抗軍還在各處零星活動，於是清軍統帥額勒登保便大量的裁減鄉勇民兵，準備解除緊急狀態，讓一切回到正常的秩序中。但那些被裁減的鄉勇，原本就是一些無家可歸的流民，他們在被解散之後無處可去，結果反而投入了反抗軍的行列。更麻煩的是，這批人都已在之前的戰役中身經百戰，還對官軍的號令及指揮系統十分清楚，所以讓已經快要熄滅的反抗之火，一時之間又重新燃燒了起來，並在對戰中再次造成政府軍不小的損傷。看來，額勒登保凱旋回京的行程，可能還得再緩一緩了。

大清時報

GREAT QING TIMES

西元一八〇四年

甲子

嘉慶九年

白蓮動亂全部平定 兵力耗損國庫近空

怎麼才過沒幾年，你就把我們三代存的錢都花光了

我也不想啊…

歷時九年征剿白蓮教的軍事行動，幾乎把康熙、雍正、乾隆三朝國庫所累積的巨額庫存全都消耗殆盡

原本已經想大奏凱歌的官軍統帥額勒登保，眼見白蓮教軍又有絕地重生的跡象，只好再次出馬，卯足了全力掃蕩各地的反抗軍。最後終於在九月時，將白蓮教引發的動亂全數平定。分析家指出，白蓮軍之所以失敗，首先是因為沒有建立統一的領導中心，各股勢力胡打亂闖，無法集中力量給予政府軍致命的打擊，最後反被各個擊破。其次是沒有建立長期的根據地，雖然流動作戰發揮了行蹤飄忽的長處，但在官軍實施堅壁清野、築寨田練之後，可活動的空間及物資的補給都受到嚴重壓縮，而陷於被動的局面，終至被一一剿滅。初步估計，這場歷時九年，襲捲四川、陝西、湖北、河南、甘肅五省的動亂，總共造成二十餘名一二品大員，以及四百多名中階軍官陣亡，耗費的餉銀更是超過二億兩白銀以上，康乾盛世所累積的國庫存銀幾乎已經消耗殆盡。但隨軍記者也發現，在征剿過程之中，官軍將領揮霍無度，雖然身處在深山荒麓之中，每餐仍是擺上三四十盤的蟹魚珍饈，看戲聽曲所給的小費更是毫不手軟。而軍營之中賭博、買賣、賄賂、酗酒等情形，更是誇張到令人不敢想像。大清帝國正規部隊的腐敗，已經完全顯露無疑，未來要再有戰事，恐怕只能靠地方招募的團練民兵了。

【國際要聞】拿破崙成為法國皇帝

據本報駐歐洲記者傳回的消息，法國已經在日前經由公民投票通過憲法，將原來的共和國體制改為帝國，並以拿破崙・波拿巴（Napoléon Bonaparte）為皇帝。資料顯示，在法國大革命開始之時（一七八九年），拿破崙還只是個籍籍無名的軍官，但卻在幾年後因率領炮兵擊退英國艦隊，而在二十四歲那年被法國政府任命為准將。隨後又領軍先後擊敗兩次的反法同盟，並揮軍進入義大利半島。嘉慶四年（一七九九年）時，拿破崙策劃並發動了所謂的「霧月政變」，成為法蘭西共和國的第一執政。同時推動多項改革，並頒行了被法界視為典範的《法國民法典》（Code civil des Français，又稱《拿破崙法典》）。聲勢扶搖直上的拿破崙，不久後又通過修改憲法成為終身執政，最後終於以自己的名字為稱號，當上了法蘭西人的皇帝，稱為「拿破崙一世」。

在短短的幾年間，拿破崙便從一個小小的軍官，爬上了皇帝之位

嗯，還是高一點風景比較好…

皇帝
終身執政
第一執政
准將
炮兵軍官

湘西苗變再起　官兵受襲潰敗

白蓮教的行動雖然已被完全壓制，但湘西（湖南西部）的苗族人民卻又因為不堪忍受苛政，而再一次的武裝起事。為此，鳳凰縣（湖南境內）還特別出動了三千多名的官軍前來鎮壓。只不過官軍還沒有捕捉到反抗軍的主力，便在半夜遭到苗民的突襲。在夾雜著長嘯之聲的黑夜中，堂堂的大清官軍只能四散奔逃，營寨中陷入一片慌亂。最後是因為當時降下了大雨雪，把苗民反抗軍的火藥都打濕了，官軍的殘部才能摸黑脫出。此起彼落的民變，以及幾乎探底的國庫，已經讓政府高層搞得焦頭爛額、搥胸頓足了。

大清時報

GREAT QING TIMES

乙丑

西元一八〇五年

嘉慶十年

皇宮再傳歹徒持械闖入事件

前年（一八〇三年）歹徒闖入紫禁城企圖行刺皇帝的事件還記憶猶新，日前便又再度有人持械直闖皇宮。據了解，二月二十日中午，有一可疑男子手持鐵槍從北上門外闖進皇宮，並朝神武門通道奔入。值班的護軍衛隊發現之後上前攔截，在搏鬥的過程中造成三名官兵受傷，而該男子則是被當場擊斃。事後調查發現，該名嫌犯身分已確認為河北藁城的農民，不過其犯案動機不明。雖然經查並無其他共犯，但其家屬還是全數遭到連坐處分。而政府也通諭地方鄉里民人，再次重申嚴禁演習棍棒拳術的命令。

大海盜蔡牽登陸臺灣
鎮海威武王鑿船圍城

橫行閩浙近洋的海盜蔡牽，無法滿足於飄泊海上的劫掠生活，決定以臺灣為其戰略目標，來一圓地方霸主的夢想。他在率領了一百餘艘的戰艦攻入鳳山之後，開壇祭告天地，自稱為「鎮海威武王」。在與當地的反政府勢力結合，迅速擴大部隊力量之後，已於年底攻占了鹿耳門港，並鑿沉多艘船隻，用來堵塞住海口以拒大清水師靠近。根據最新的消息指出，目前臺灣府城（皆臺灣境內）已受到嚴重的威脅，隨時有被蔡牽拿下的可能。

廣東各縣私設黑牢　衙役濫權押人牟利

近年以來，廣東地區不但訟案數量一直遠高於其他省分，連羈押待審的嫌犯人數，都已經超過了各州縣牢獄所能負荷的極限，使得許多的地方官員都還要另行私設多處的看守所來容納這些嫌犯。但令人擔心的是，這些被關押在私設黑牢中的人，絕大部分都是差役們四出恐嚇訛詐的受害者。衙門裡的差役，時常打著查案的名義騷擾良民，若是不肯花錢消災的便會在未經任何申請的情況之下，立刻被拖入這些黑牢之中

> 送我禮物？
> 是不是有鬼…

> 老婆別多疑了，
> 是最近衙門有外快啦

無故關押。在地方官的放任之下，不但已經有許多人慘死在環境相當惡劣的黑牢之中，甚至還有差役強迫被押婦女賣淫取利的誇張行徑。這些狀況在兩廣總督（廣東、廣西聯省總長）那彥成、廣東巡撫（廣東省長）百齡向上奏報之後，清廷已經將情況最為嚴重的海南、番禺兩知縣（縣長）革職並發往伊犁（新疆境內），同時也對前任的督撫等官員予以議處。

大清時報

GREAT QING TIMES

丙寅

西元一八〇六年

嘉慶十一年

清軍水師大舉進剿 蔡牽趁隙僥倖脫困

清廷在得到海盜蔡牽進犯臺灣的訊息之後，急命浙江提督（浙江軍區司令）李長庚率領水軍前往追剿。當官軍來到鹿耳門之後，因為發現海口已經被沉船堵塞，所以便將大軍分成南北二路暫停外海堵截，再另外派出五十艘小船繞入安平（皆臺灣境內），將屯駐於該處的海盜營寨及船艦放火燒毀。蔡牽在與登陸的特遣官軍激烈對戰之後，隨即搭上大型戰船駛近鹿耳門，隔著沉船障礙與大清水師相互開火。在遭受南北夾擊的情況下，原本已經漸居

可惡！本來抓到了說…

滑溜～

原本已陷入重圍的蔡牽最後仍乘機脫逃

劣勢的海盜部隊，又抓緊了大潮將原本沉船捲走之時，找到空隙迅速逃入外海。水師部隊在尾隨追擊之後，雖然擒獲二百餘名海盜並擊毀多艘賊船，但仍讓蔡牽消失在無邊的大洋之中。事後，清廷以追緝不力的罪名拔去李長庚的花翎頂戴，同時也發布通告，以賞金二千兩白銀緝捕蔡牽的項上人頭。

新兵糧餉被扣 陝西部隊譁變

今年七月時，洋縣（陝西境內）地方因新兵的軍餉被無端苛扣而引起譁變，不服指揮的兵士們拿起武器抗爭，不但砸毀了縣衙，還在混亂之中殺死知縣（縣長）。不過在官軍優勢武力的介入之下，這次的騷動很快便被鎮壓了下來，大部分參與譁變的士兵們都選擇棄械投降。事後，除了少數領頭者之外，其餘的二百多名降兵，都被調到新疆去繼續服役，但從此以後將永遠不得輪調回內地。而陝西提督（陝西軍區司令）楊芳由於管理失當，則被處以革職並發遣新疆的處分。

苗亂底定 國窮力疲

自嘉慶帝顒琰（清仁宗）即位以來，便一直持續到現在的貴州、湖南、四川三省苗民動亂，終於在今年年底被政府軍給完全鎮壓，使得西南一帶逐漸趨於平靜。根據政府的初步估計，耗費在這項軍事行動上的經費支出高達七百萬兩之多，而在人員方面則大約折損了二百多位的文武官員，前前後後總計投入了十萬人以上的兵力。自嘉慶親政以來，接連不斷的白蓮教軍、苗民反抗，已經耗盡大清帝國的所有精力，不但國家財政幾乎被拖垮，連主力作戰部隊也所剩無幾。

大清時報

GREAT QING TIMES

丁卯

西元一八〇七年

嘉慶十二年

奮全力追剿海盜　李長庚海上陣亡

海盜蔡牽在脫離官軍的圍剿之後，率領其船隊遁入了廣東海面。大清水師雖然在皇帝的嚴責之下加緊緝捕，但在幾次的接觸之後都未能有重大的斬獲。一直到年底時，浙江提督（浙江軍區司令）李長庚終於堵住了蔡牽的艦隊並展開圍擊。在官軍的輪番炮轟之下，蔡牽的海盜艦隊被打到只剩三艘，連蔡牽的座船都受到極為嚴重的損傷。但就在水師戰船已經勾住蔡牽座船的後艄，準備上船

拿人的時候，忽然間卻狂風大作、浪濤洶湧。而水師部隊的炮火竟因晃動過於劇烈而連續誤擊友軍，於是蔡牽又趁著一陣慌亂之際掙脫逃去，李長庚見狀也立即率艦奮勇追捕。但此時蔡牽船上所發射的炮彈，卻不偏不倚的擊中李長庚頭部，適時阻斷了官軍的追擊。不久後李長庚便因傷重不治而死，蔡牽則是再一次蒙得幸運之神的眷顧，往越南外洋逃逸而去。

原本官軍已經勾住蔡牽座船，但卻因為風浪突然增大而被再度逃脫

不服管教　陝西譁變兵難逃一死

去年因被苛扣糧餉而譁變的二百餘名陝西士兵，在被安置到新疆之後，又再度發生抱怨及不服管教的情形。由於這批人已經不是初犯，為了避免其他官兵有樣學樣，清廷已於日前下令將其全部處死。

大清時報

GREAT QING TIMES

戊辰

西元一八〇八年

嘉慶十三年

一輩子都在考 八五老者終於上榜

今年會試上榜的新科進士中，居然有一位考生已經是八十五歲高齡，白髮蒼蒼的老爺爺。不過聽說在面見皇帝時，這位老者還算是精力充沛，應答得體，所以顒琰（清世宗）特別傳諭，特例免其以庶吉士（翰林院之見習生）的身分在館學習，而直接授與翰林院（職掌修史編書、文詞翰墨、皇室侍講的核心官員儲備所）檢討（負責文書校注的從七品官）的職務。同時，嘉慶帝也做出裁示，表示今後再有八十歲以上的進士，則一律按照此例辦理。

英艦欲占澳門 大清態度強硬

一直以來，英國人早有從葡萄牙人手中奪取澳門（廣東境內）作為大本營的打算，無奈之前幾次的試探行動都沒有什麼實際上的成果。但今年，英國的印度總督（印度殖民地行政長官）看準了法國海軍慘敗，而葡萄牙本土又被占領的絕佳時機，便派遣了海軍少將度路利（William O'Brien Drury）率領由十三艘兵艦組成的艦隊直抵澳門海面。度路利以幫助葡人防範法軍來襲為藉口，不顧葡萄牙的反對於澳門強行登陸。而兩廣總督（廣東、廣西聯省總長）吳熊光在收到葡人的求援後，只是派員向英人好言曉諭而未出兵制止。英人不但不退出澳門，還將兵船開到了廣州城外，請求面見兩廣總督准於澳門居住。嘉慶帝在聞訊之後十分生氣，便傳諭要英人立即退出澳門，否則便要派軍隊予以驅離，同時也命吳熊光調兵進入黃埔、澳門協防。度路利見中國態度強硬，又考慮到此次占領澳門的行動並未得到英國政府授權，而歐洲方面的戰事又尚未結束，深恐雙方一旦開火又無法在短時間之內取勝的話，到時將因得不到英國政府的支持而惹上麻煩，於是只好黯然的率領兵船退出澳門。在這次事件之後，兩廣總督、廣東巡撫（廣東省長）、廣州將軍（廣州指揮官）等人則全都被清廷給革職查辦。

追查弊案卻自殺身亡 李毓昌命案疑點重重

之前因為山陽（淮安，江蘇境內）地區遭災，受命前往地方政府查核賑災銀發放情況的官員李毓昌，於不久前被人發現陳屍於館舍之中。由於案發時間相當敏感，李毓昌是否因追查弊案而惹禍上身，已經引起各界的關注。不過在經過山陽縣衙門及淮安府衙門的勘驗之後，已由官方發布正式消息，證實李毓昌乃是自縊身亡，並無任何他殺的嫌疑。雖然本案已經宣布偵結，但其中的諸多疑點在官方報告中卻都未能做出清楚的解釋。究竟李毓昌是否因為承受過大的壓力才會尋短，以及他在生前是否曾經追查出有人藉著放賑貪贓等種種疑點尚未完全澄清以前，官府便以超乎尋常的效率宣布結案，這樣的做法實在是令人無法信服。據了解，李毓昌的家人對此結果也無法接受，正在透過各種管道及方法，希望政府可以對此案重啟調查，還給家屬一個公道。

福爾摩斯，你對這案件有什麼看法？

嗯嗯…我想答案已經呼之欲出了…

已被官方宣布為自殺身亡的李毓昌案仍是疑點重重

兩廣總督百齡打不贏張保存集團，只好暫時以現金和物資加以安撫

官兵打不贏海盜　還要繳交保護費

由於東南沿海近年來海盜猖獗，不斷騷擾往來貿易的船隻，造成政府很大的困擾。於是新上任的兩廣總督（廣東、廣西聯省總長）百齡，便親率二十六艘水師兵艦出海圍剿張保存海盜集團。但張保存不但擁有數量龐大的船艦，就連從洋船上擄來的火炮也都比政府軍要先進許多，所以雙方一經接觸，大清水師便被猛烈的火力打得落荒而逃。百齡不得已之下，只好答應張保存所提出的要求，以大筆的現金和供應品來暫時安撫海盜集團。不過由於海盜的四出劫掠已經造成英國貿易船隊的巨大損失，所以聽說英國東印度公司（British East India Company，BEIC）廣州地區的高級主管，已經私下拜會兩廣總督百齡，並提出由中、英、葡三方聯合共同剿滅海盜之可能性。

李毓昌案沉冤昭雪　縣令貪汙殺人滅口

去年轟動一時的李毓昌命案，結果竟然出現大逆轉，在經過高層的複查之後，終於證實李毓昌是被人下毒而死，而幕後的教唆者竟然就是山陽（江蘇境內）縣令（縣長）王伸漢。在之前地方官府以自殺結案之後，完全無法接受的李毓昌家人，在其遺物中發現有關於山陽冒賑並欲以重金封其口的稟帖殘稿，於是便要求開棺驗屍。棺蓋才一打開，很清楚的就看見其屍體全身青黑，明顯的是被人下毒而死。於是李毓昌的叔父便火速趕赴京城，向都察院（中央監察院）提出申訴。在嘉慶帝下令重啟調查後，才終於將真相公諸於世。原來是山陽縣令王伸漢藉著賑災的機會假造名冊，冒領了二萬三千餘兩的賑災銀，而在李毓昌已經掌握所有事證之後，王伸漢為免東窗事發，便企圖以重金行賄封口。在同行的查賑官員都收賄之後，唯獨行事正直的李毓昌不願接受，堅持要向上告發此事。所以王伸漢便買通了李毓昌的三個僕從，在茶湯之中放入砒霜。等到李毓昌半夜因毒發而腹痛不止時，再用腰帶將其勒死。事後，王伸漢又以二千兩

銀子的代價賄賂淮安知府（淮安府行政首長）王轂，在驗屍的時候作了手腳企圖以自殺結案來掩飾真相。最後嘉慶帝親自批示，將知府王轂、縣令王伸漢及行凶隨從等人全部處死，兩江總督（江西、江南聯省總長）鐵保、江蘇巡撫（江蘇省長）汪日章被革職流放，其他涉案的官吏與當時曾受賄的其他九名查賑大員亦全數受到嚴懲。李毓昌則獲得追贈知府銜，及御賜「憫忠詩」並修建牌樓一座以為褒揚。

李毓昌在開棺之後被發現全身青黑，顯然是被人下毒而死

中英葡聯合艦隊出擊 慘遭海盜張保存擊潰

中英葡三國聯手仍然無法打敗海盜張保存

為了應付難纏的海盜，兩廣總督（廣東、廣西聯省總長）百齡，已經與英國和葡萄牙的代表達成共組聯合艦隊的協議。這支部隊的經費由清政府出資，英方負責火炮彈藥的供應，葡萄牙人則提供船艦及水手。日前百齡指揮著新成軍的聯合艦隊，會同大清水師，對海盜張保存集團發動了一次的突襲行動。但已探知聯合艦隊動向的海盜們，卻早就擬定了反制策略，在聯合艦隊一出海後便逆襲廣州城（廣東境內）。聯合艦隊一發現廣州被襲，只好立即調頭回防，結果又陷入了海盜集團預先安排好的埋伏之中。完全處於被動狀態的聯合艦隊，在與對手經過九個晝夜的交鋒後，總共折損了二十多艘戰船及三百門火炮，浙江水師提督（水軍司令）、虎門總兵（軍長）陣亡，廣東水師提督則是被海盜給活活生擒。此役雖然是以海盜艦隊的大勝收場，但一般認為，張保存集團的戰力應該也受到了極大的影響。

私刻印信偽造文書　工部請款流程出包

　　政府部門十二月的時候又傳出舞弊事件，有人告發工部（國家工程部）書吏（辦事員）王書常等人，私下冒刻工部大臣的印信偽造公文，然後趁著飲宴之時，將假公文混雜在其他公文中讓長官簽字批可。根據調查結果指出，王書常等人利用這樣的手法，自嘉慶十一年（一八○六年）以來，已陸續向戶部（財政部）及內務府（宮廷事務部）冒領了十萬兩之多的工程款。事發之後，主謀王書常等人被下令斬首，相關單位的數十名負責官員，也都因為查核及督導不力，而分別遭到革職、降級、發遣等處分。

水師決戰扳回顏面 蔡牽自炸命喪大洋

之前連續幾次被海盜打得灰頭土臉的兩廣總督（廣東、廣西聯省總督）百齡，在清廷的責備及壓力下，又重整旗鼓發起了另一波的圍剿行動，準備與海盜一決勝負。這次百齡所指揮的部隊，除了他轄下的兩廣水師之外，還有兩江總督（江西、江南聯省總長）旗下的水師戰艦也前來支援，再加上澳門的葡萄牙艦隊，陣容可說是非常堅強。而前一戰已耗損了許多兵力的張保存集團，知道單憑自己目前的力量無法再與官軍抗衡，於是便號召了附近的海盜們也組成聯合艦隊來與百齡對抗。只是這些海盜集團之間都心懷鬼胎，各有各的打算。就在兩軍交火的最緊要關頭，其中一支海盜集團竟然陣前倒戈，反過來炮轟張保存的船艦，然後投靠到官軍那一邊去。被出賣的張保存只好率領他殘餘的艦隊突圍遁走。而在閩海之外，另一個海盜頭子蔡牽，則是因為被大清水師所圍剿，在打到炮彈全數用盡，連銀元都裝到炮管裡面當銀彈來用之後，因無法逃脫而自炸座船，與妻小及二百多名部眾沉海而死，剩餘的四千名海盜則棄械投降。

海盜頭子蔡牽雖然在彈盡時把銀元也拿來當炮彈發射，但最後仍然命喪大洋之中

漕糧海運停止試辦　內幕涉及利益輸送

因負責輸送漕糧（專供京城食用之米糧）的河道淤積情況一年比一年嚴重，而每年花費在整治河道的數百萬兩，更是造成政府財政上極大的負擔。顒琰（清仁宗）為了節省經費，原本已經有將漕糧改為由海路運送的打算，並要相關單位都對此提出看法。但後來許多官員又以海運容易發霉等等的理由，表示漕糧還是要交由運河來輸送比較適當。而嘉慶帝在看過諸位大臣的意見之後，已於日前宣布停止試辦海運漕糧之法，一切

小明表現很好，校長送你一顆蘋果，大家幫忙傳一下

給！

．．．．

治河工程款的發放經過層層剝削最後只剩十分之一

仍然照舊進行。對此，分析家表示，從經濟面的觀點來看，由海路運輸漕糧絕對要比河運更具效益，不但時程可以縮短，所需的經費也可以大幅節省。而那些反對官員們所提出來的理由，都是些毫無根據的說法，為的只是讓政府能夠繼續的撥出巨額經費來整治河道。據統計，自嘉慶八年（一八〇三年）至今，光是用於治河的工程款，就已經高達了五千萬兩之多。不過，這筆錢實際上用於工程的款項恐怕只有不到十分之一，而其他的錢則是都被官員、包商等以各種名目所侵吞。也難怪官員們費盡心力口舌，就是要阻止這塊餅變小，畢竟自己的口袋要比國庫來得重要多了。

海盜投誠　張保存接受政府招安

之前橫行廣東海面的張保存集團，在得知另一個大海盜蔡牽已被官軍消滅之後，自知勢單力孤，無力再與整個帝國的水師部隊繼續對抗，便透過管道積極與兩廣總督（廣東、廣西聯省總長）百齡接頭。在經過幾次的交涉談判之後，張保存最後決定接受政府的招安，帶著一萬七千餘名的海盜及船艦集體投誠。張保存隨後也在百齡的保奏之下獲頒千總（六品的中階武官）的官銜，並繼續統領這一支曾令官軍聞風喪膽的艦隊，同時還獲得每個月一萬八千兩的補助金。而大清帝國的水師部隊，則是因為張保存的加入，一下子增加了一萬六千人、二百多艘艦艇，以及一千多門的火炮。

名稱已經改了哦…

天理教的天、地、人三王密謀反清

天理教密謀反清
天地人三王齊聚

據可靠消息指出，在直隸、河南、山東等地暗中活動的「八卦教」分支組織，已於日前密謀，準備發動反政府之武裝動亂。本報獨家到手的情報顯示，八卦教的坎卦首腦林清，在與各卦領袖會面之後，已經決定將聯合組織的名稱改為「天理教」。並共同推舉林清為「天王」，離卦領袖馮克善為「地王」，震卦領袖李文成為「人王」，然後由各支派首領分赴各省廣收教徒，開始著手準備起事。而所謂的「八卦教」，原名為「收元教」，是康熙初年所興起的教派。以「內安九宮，外立八卦」的組織形式收徒設教，將教徒依乾、坤、震、巽、坎、離、艮、兌等卦分成八個組織，再加上由教主親領的中央宮合稱為九宮。八卦教一開始並沒有明顯的政治色彩，主要目的只在於傳教斂財。後來因為勢力越來越龐大，在遭到嚴厲鎮壓之後才逐漸轉型為反政府的地下教派，乾隆年間在山東起事的「清水教」王倫，就是隸屬於八卦教的系統。

【災情特報】

四川打箭爐地區於八月十日發生地震，造成房屋嚴重倒塌。據官方的統計已有四百八十多人罹難，政府已經展開進一步的救援行動，希望能將傷亡及財產損失降到最低的程度。

大清時報

GREAT QING TIMES

西元一八一二年

壬申

嘉慶十七年

全國欠稅二千萬兩　民窮官貪拖垮財政

據戶部（財政部）所提出的報告，由於各省欠稅拖延的情形十分嚴重，目前全國所積欠未交的稅款總數，已經達到一千九百萬兩之多。近年來由於人口越來越多，加上連年的動亂，已使得百姓們所能負載的經濟壓力幾乎到達極限，造成許多人民無法如期繳納賦稅。但是評論家也指出，人民無力繳納固然是欠稅的原因之一，但其實這裡面有一部分的欠款，根本就是官員把人民繳的稅款私自挪移以填補自己在公庫上的虧空，然後再捏造各種理由欺上瞞下，說成是百姓們拖延欠稅。而令人生氣的是，就算所有人都看破了貪官們的這種手段，政府高層還是對此渾然不知。

皇室獵場遭盜伐　山老鼠行徑囂張

今年嘉慶皇帝於木蘭圍場（皇家狩獵場，河北境內）行圍期間，竟傳出有滿洲旗人夥同盜賊偷伐圍場林木的事件。官兵在發現這批山老鼠的行蹤之後，立刻展開圍捕，混亂之中多名嫌犯逃逸，但有八名來不及逃走的則被當場逮捕，同時也查扣了二十三輛犯案用的車輛。不過到了半夜，事情又出現大轉折，誰也沒有想到大膽的盜賊竟然敢向官兵發動突擊，硬是將被捕的同黨及贓物給奪了回去。由於這起事件已經令官軍丟盡了顏面，所以政府高層已經責令相關單位盡速追拿犯案的盜匪，務必在最短的時間之內將之緝捕歸案。

【國際要聞】拿破崙征俄慘敗

在歐洲累積無數勝績，令敵人聞風喪膽的法國皇帝拿破崙（Napoléon Bonaparte），因為和俄國關係交惡，所以便秘密調集了數十萬大軍前往中歐地區，準備向俄國發起戰爭。但法軍的頻繁調度也引起了俄國方面的注意，沙皇亞歷山大一世（Александр I Павлович）也開始研擬應付的方案。果然，今年夏天，拿破崙便親率六十幾萬大軍向俄國本土進攻，而俄國方面自知軍隊的訓練及裝備上都遠不如法國，所以決定採取焦土戰略，要讓深入國境的法軍無法得到任何補給。在俄國以廣大的國土縱深及人海戰術之下，法軍雖然一路前進，但也付出了慘痛的代價。加上法軍無法就地獲得糧食，軍中又爆發了傳染病，使得戰力陡降的法軍在拿下莫斯科之後，反而遭到俄軍的包圍。更不幸的是，隨著零下數十度的嚴冬到來，大批只穿著夏天制服的法軍死於飢寒交迫之中。遭到全面逆轉的拿破崙，面對日漸嚴峻的情勢，也只好在俄軍的尾隨追擊之下狼狽撤退。據統計，當初進入俄國的六十幾萬大軍，最後回到法國的竟然只剩下二萬人，而經此重大挫敗的拿破崙，也將承受國內外更大的壓力。

事機外洩人皇被捕 天理教眾劫獄起事

近年來不斷的對外吸收教眾，勢力可說是急速擴張的「天理教」，在準備正式舉旗造反的前幾天，卻因為事機不慎外洩，導致在滑縣（河南境內）籌畫行動的「人皇」李文成遭到官軍的逮捕。按照天理教原本的規畫，是要在九月十五日那天，以「奉天開道」為明號，「得勝」為暗號，兵分三路同時起事。其中由「人皇」李文成據河南、「地皇」馮克善奪山東，「天皇」林清則在李文成派出一千名援軍的協助下占領紫禁城。然後於半

個月之內，李、馮二人再率兵會師直隸，一舉奪下京師。在一切成事之後，將交由人皇李文成統治天下，林清、馮克善為文武聖人，共同輔佐朝政。只不過這一切的計畫，卻因李文成被捕而全部都打亂了。面對突如其來的劇變，馮克善只好當機立斷，在出事後的兩天便決定提前行動，率領著武裝反抗軍打下了滑縣。不但將知縣（縣長）殺死，還把先前已被拘禁的李文成給救了出來，目前正與來援的政府軍繼續對抗之中。

二百壯士 指揮若定 天理教突襲紫禁城 二阿哥槍法超神準

不知道滑縣方面已經出事的天理教「天皇」林清，按照預定的時間表，於九月十五日當天在入教太監的帶領之下，率領著兩百餘名的武裝教徒分為兩路，向西華門及東華門發動閃電襲擊。由於事出突然，禁軍衛隊來不及反應，所以一些天理教徒便攻入紫禁城內，而宮中也只好緊急讓太監們手持棍棒做頑強的抵抗，以盡量拖延時間。這時正在上書房讀書的二阿哥綿寧一接到通報，馬上命人取來鳥槍，並下令調動禁軍入內圍剿。等到綿寧奔到養心殿階下時，部分的天理教徒已經殺到隆宗門附近，並有人企圖翻牆進入皇宮之中。於是綿寧毫不遲疑的連開兩槍，將已經爬上屋頂的兩個教徒給轟了下

帥吧！叫我鳥槍王子⋯

二阿哥綿寧臨危不亂，順利擊退叛軍

來，隨後大批禁軍抵達，開始對反抗軍展開掃蕩。天理教方面因滑縣已被清軍壓制，未能依約抽調一千名兵力前來助戰，所以勢單力孤的林清，只能在激戰到深夜之後退出城去，解除了紫禁城被攻陷的重大危機。

天理教暴動事件中，陝甘總督那彥成與二阿哥綿寧，都因為立下大功而受到嘉慶皇帝的嘉勉

反抗軍坐困滑城　二萬人全遭剿滅

剛結束了木蘭圍獵，於熱河返京途中的顒琰（清仁宗），在收到暴徒突破紫禁城的急報之後，已經下令嚴加緝拿各地的天理教反賊。而就在案發兩天後，一度攻入皇城的林清，便在京城南邊的大興（河北境內）被捕處死。而受命追剿反抗軍的陝甘總督（陝西、甘肅聯省總長）那彥成，在調來直隸、河南、山東三省的軍隊與天理教軍激戰之後，終於在十一月時將李文成逼上自焚之路。到了年底，政府軍暗掘地道，然後以火藥炸垮城牆，從塌陷處湧入城中，與反抗軍進行激鬥巷戰。在經過三天三夜的肉搏血鬥之後，政府軍最後拿下滑縣（河南境內），二萬多名的天理教眾全數遭到殲滅，馮克善等人被俘，預計

會於明年初由嘉慶帝親審，一般認為應難逃凌遲之刑。這次行動獲得首功的那彥成，預計也將被加封進爵並改授直隸總督（直隸、河南、山東聯省總長）。而之前紫禁城保衛戰表現出色的二阿哥綿寧，則被封為和碩智親王（第一等爵位），連他拿的那枝鳥槍也被御賜了「威烈」的名號。分析家表示，關於此次天理教的行動，如果當時反抗軍在滑縣取得首勝之後，不是選擇固守城池而是舉軍向外發展的話，可能就不會被官軍以優勢兵力圍殲於城中。而最初以區區二百名兵力進攻皇宮之決定，雖然過於冒險，最終也證明是一項失敗的戰略，但實際上卻給了清廷一記沉重的打擊及震撼。

飢餓的伐木工人因借糧不成，在萬五的帶領下動手搶奪，結果最後演變成反政府的暴動

餓死？造反？
二選一　木工聯盟岐山起事

清廷才剛平定了天理教之亂，岐山（陝西境內）三才峽地區便又傳出木箱工人武裝暴動的消息。由於岐山盡是茂密的原始森林，許多無地可耕或生活無以為繼的百姓，便紛紛流入此地墾荒。於是便有不少商人在此開設「木箱」，也就是伐木工廠，利用這裡豐富的天然資源以及充足的廉價勞工，將砍伐下來的林木鋸成木板，然後再運出山外販售牟利。但今年因為天候因素導致玉米欠收、糧價上漲，而使得一直以玉米當作雇工薪資的木箱老闆們獲利驟減，甚至紛紛宣布停工，結果當地的木工們也立刻陷入失業缺食的困境。這時，三才峽一名叫做萬五的木工工頭，只好帶著快要餓死的二百多名木工，去向老闆借糧。但老闆不但不借，反而出言辱罵，而這一罵，便激起了木工們的求生本能。他們面臨餓死的威脅，索性以暴力奪取了老闆的糧食。只不過在吃飽了之後，他們才發現自己已經犯下重罪，再也沒有退路了。於是這些木工們在萬五的率領之下，開始了流竄各地劫掠地主的新生活，而分散各地的木工們，也都前來加入了這個隊伍。由於目前木工聯盟的總人數已經超過了五千人，領導人萬五便將隊伍分成黃、青、紅、綠、白五號，並將各號首領稱為元帥，下面還設先鋒、總兵等職位，正式舉起反政府大旗。

官軍強壓設伏 木工之戰終結

　　清廷在得知由萬五所領導的木工聯盟揭竿而起的消息後，立刻從鄰近各省將兵馬調入陝西進行強力鎮壓。木工聯盟雖然已經設立了各級的軍事組織，但畢竟這些平時以伐木為生的工人們，從來就沒有受過正規軍事訓練，所以一與官軍對陣便居於劣勢。在一陣激戰之後，已經有好幾號旗的元帥都力戰而死。身邊只剩下數百人的木工領袖萬五，也被逼到退入太白山老林之中。元月中，官軍開始集中兵力施壓會堵，並故意在包圍圈留一缺口，而被逼入絕境的萬五便這樣落入官軍的圈套之中，於率眾突圍時

殺！殺！殺！殺！

元帥，官兵已經打過來了，這時候是不是得用孫子兵法來應付啊

我兒子還小，哪有什麼孫子啊⋯現在怎辦啦

木工聯盟因為沒有受過軍事訓練，所以很快便敗在官兵手中

誤中埋伏，在身受重傷後被俘而死。不久，流竄各地的木工軍殘部，也全都先後遭到官軍殲滅。

【國際要聞】法皇退位 放逐小島

　　曾經如旋風般襲捲整個歐洲的法國皇帝拿破崙（Napoléon Bonaparte），在進攻俄國失利之後終於遭到各國反噬，英國、俄國、普魯士、奧地利等國抓準了時機組成反法同盟，並向法國本土不斷進逼。最後終於攻進了巴黎，要求拿破崙必須退位並無條件投降。拿破崙無奈的在楓丹白露宮簽下退位詔書之後，被流放到地中海上的厄爾巴島上，雖然仍被允許保留著皇帝的稱號，但統治的領土如今卻只剩下這一座小小的島嶼。而自從法國大革命之後便一直流亡在外的路易十八（Louis XVIII），則在反法同盟軍的護送之下進入巴黎，以國王的身分恢復了波旁王朝（Maison de Bourbon）對法國的統治。

大清時報

GREAT QING TIMES

西元一八一五年

乙亥

嘉慶二十年

喝茶成為英國時尚指標

自康熙朝晚期以來，在英國東印度公司（British East India Company，BEIC）與中國的貿易品項之中，茶葉便已取代了生絲、絹織而成為最重要的商品。而交易量與日俱增的茶業，不但對英國東印度公司的營收有極大的影響，甚至在英國財政收入中也占有舉足輕重的地位。據估計，今年東印度公司光是在茶葉一項的獲利，就將會超過一百萬英鎊（約六百萬兩），占了其商業總利潤的九成以上，同時也提供了英國十分之一的國庫收入。自從一百多年前荷蘭的冒險家將中國茶葉引進英國之後，茶葉在歐洲便開始流行了起來。東印度公司茶葉的銷售量，也從最初的年銷五萬磅，一直增加到年銷超過二千萬磅。現在，喝茶可以說是已經成為英國的時尚指標了呢。

【國際要聞】拿破崙慘遭滑鐵盧 英國成為第一強國

去年才簽下退位詔書並被流放小島的拿破崙（Napoléon Bonaparte），不久前又逮到機會，從厄爾巴島潛返法國。法國國王路易十八（Louis XVIII）得到情報之後，便立刻派出一支部隊前去攔截。但令人意外的是，這部隊竟臨時倒戈，反而成了拿破崙的護衛軍。路易十八只好又倉皇逃到國外，拿破崙也再次奪得政權，並重新集結了大軍，歐洲其他各國為此也迅速組成反法同盟與之對抗。年中時，野心不減的拿破崙再度揮軍，與反法盟軍在滑鐵盧（比利時境內）進行了復仇之戰。但拿破崙並沒有得到幸運之神的眷顧，在奪回政權大約一百天之後，他的軍團便被英國威靈頓公爵（The Duke of Wellington）所率領的反法盟軍所擊敗。而拿破崙也再次遭到放逐，只不過這次他得到非洲西海岸之外的聖赫勒拿島去了。在法國慘敗之後，擁有超過六十萬噸海軍船艦，相當於全球所有國家海軍總和的英國，站上了最頂峰，成為當今世界第一強國。

滑鐵盧失敗後，拿破崙二度遭到流放

英國貿易使團因為不肯下跪遭到驅逐，多名負責官員也都受到連帶懲處

三跪九叩又談不攏　英貿易使團遭驅逐

在拿破崙（Napoléon Bonaparte）於滑鐵盧戰役敗北之後，英國開始重新審視對大清帝國的貿易問題，於是派阿美士德（William Pitt Amherst）帶領著使節團，前來與清廷商討關於廢除公行制度（由保商代理並監督洋人在中國進行貿易的制度）、增開商埠等等問題。英國使節團於閏六月抵達天津之後，一開始獲得官方的高度歡迎，政府還特別派工部尚書（國家工程部長）蘇楞額前往親迎接待。但不久，雙方便又因為覲見皇帝時的禮儀問題出現分歧，清方要求阿美士德必須向顒琰（清仁宗）行三跪九叩大禮，但阿美士德則是堅持只願意脫帽三次並鞠躬九次。後來經過理藩院（外藩事務部）、禮部（教育部）尚書（部長）親自出面多次協調，阿美士德最終還是只願單膝下跪低頭三次，並重複動作三次的方式來覲見皇帝。由於雙方在禮儀問題的相持不下，再加上行程安排上又出現一些問題，使得承辦的官員只好向嘉慶帝謊稱英國特使臨時生病，以至於未能在安排好的時間覲見。一連串的問題，令顒琰非常的不悅，認為阿美士德實在是過於狂妄且目無聖駕。於是一怒之下，便下令取消陛見，並將英國使節團驅逐回國，同時也懲處了多名的負責官員。財經專家認為，因為阿美士德使節團的任務失敗，原本想要討論的貿易問題無法解決，將使得不法的走私活動更為嚴重。

39

窩泥王雲南聚兵 政府軍閃電壓制

雲貴總督（雲南、貴州聯省總長）伯麟不久前提出一份報告，指稱臨安（雲南境內）地區的哈尼族人高羅衣，因為與當地的土司（獲清廷認可的邊疆民族世襲頭目）有一些矛盾，加上外來漢人在當地買賣取利過苛所引發的糾紛，於是便糾眾起事。不但殺了土司，四出劫掠，還自稱是「窩泥王」，號召了二萬餘名的兵士，公然與政府對抗。不過這一股力量來的急去的也快，在不到一個月的時間之內，就被官軍給盡數剿平，窩泥王也因戰敗遭到凌遲處死。

■ 健忘官員糊塗蟲 行事離譜遭革職

山西布政使（省級行政長官）習振翎因為生性健忘，所以在政治圈中被取了個「習健忘」的外號。據聞他不但接見屬員時記不得人家的名字，每一次都需要家丁在旁提示，連稟見巡撫（省長）時，也都要一位親信偷偷站在窗外，把和長官討論的公事竊聽默記下來，等回到辦公室之後再膳抄備忘。更扯的是，所有的公務他從不自己處理，全聽任師爺或家人來主持決斷。而這種誇張的行徑不久前終於被上級發現，習健忘也被以年老不稱職的理由革職解任。只是不知道他隔天起床之後，會不會根本忘記自己已被炒掉的事實，然後還四處尋找那一頂已經不存在的官帽。

武舉考試冒名嚴重

原來不止文舉考試可以作弊，連武舉考試也是弊病叢生。據了解，各地參加武舉的考生，冒名頂替的情形可說是十分嚴重，光是湖北轄下的各州縣加起來，不符身分的總數就有好幾千人那麼多。另外，還有僧人、屠夫、皂役、腳夫等不符報考資格的，也都統統偽造身分證明企圖蒙混。雖然目前政府相關單位已經開始介入調查，但實際上能收到多大的效果仍是令人存疑。

官員怠政　積案如山

近年來吏治可說是越來越敗壞，各地官員政務廢弛，光是山東一省到目前為止所累積未結的案件，就高達了六千餘件之多。地方官員寧可費盡心思想如何巴結升官，也不願意把時間花在處理這一些要耗費心神的人民訴訟以及公共建設的案件上。雖然顒琰（清仁宗）已經再三通諭並告誡官員要實心做事，但從各方面的跡象看來，卻仍是一點也沒有改善。

正稅之外層層剝皮　海關貿易的潛規則

總攬洋人在中國進出口買賣的廣州（廣東境內），近年來隨著貿易數額的增加，海關也不斷流出收賄嚴重的傳聞。據記者深入調查之後發現，政府懷著天朝大國嘉惠遠人的想法，對前來中國貿易之洋船所徵收的稅賦，與西洋各國的關稅比起來簡直是低到個不行。以一艘七百噸的大型貨船來說，內務府（宮廷事務部）大約只由海關收取五百兩左右的正稅。但實際上洋商真的有享受到低稅額的優惠嗎？其實並沒有，因為想要讓進口的洋貨可以順利的登陸買賣，洋商們所必須付出的代價，實際上大概都要付出五千兩左右，也就是正稅十倍的費用。而這些錢除了海關以各種藉口收取的手續費之外，更大的部分是行商（代理並監督洋人在中國進行貿易的保商）們以各種代收代辦的規費為名目，輾轉收進了官員們的口袋之中。通常，貨主會在行商的陪同下，先去拜會海關的承辦文員與巡岸武弁等第一線的人員，並依行情孝敬規禮、火足、開倉、驗倉、押船……等等各種私人賄賂，以便讓貨物可以順利通關。但

原來如此

收取賄賂的可不只這些低階官吏，行商們還會從所收取的各項規費之中，拿出適當比例的金額，定期的貢獻給海關監督（海關督察長）、巡撫（省長）、總督（聯省總長）等高階官員以打好關係。大官們在收了錢之後，自然會在其職權內讓這些行商們方便行事，或定出一些符合某人利益的決策來圖利商人。而官老爺所收到的這些錢，一部分當然是用來滿足自己的豪奢生活，但另一部分則是用來採買各種進獻給皇帝的貢品，以為自己的將來鋪路。也就是說，這個綿密的賄賂網，自皇帝開始，總督、巡撫、海關監督、承辦官員、巡防軍官，一直到第一線的兵丁及辦事員，可說全都捲入其中。面對這整群嗷嗷待哺的收賄者，行商們只好再把壓力轉嫁到洋商的身上，而洋商們只好提高售價，從消費者身上把錢撈回來了。

> 最近越來越多當官的買我們的貨，我打算把這一塊獨立成新的部門，就交給你負責吧

> 遵命，我一定會服侍好官老爺們，替公司賺進大把鈔票的，請老大放心…

政府各級官員吸食鴉片的情形已經越來越氾濫，甚至嚴重影響到公務及軍隊的戰力

傳臚大典搞烏龍 竟因侍衛吸鴉片

不久前，嘉慶帝於太和殿傳臚（皇帝親自宣布殿試名次的典禮）時，竟然發生因前引侍衛烏凌阿、廣喜未按預演路線行走，弄得配樂、唱名全都不對，而打亂了整個典禮的烏龍。為此，顒琰（清仁宗）還氣得革去了和碩定親王（第一等爵位）綿恩領侍衛內大臣（侍衛親軍大統領）的職務。事後調查發現，當天之所以會出錯的原因，是由於原本被安排擔任導引工作的侍衛德麟缺席，所以才會臨時改由沒事先預演過的廣喜來代替。顒琰在看到報告之後，痛批德麟這個人根本

是卑汙下賤，還說他已經有好幾次因吸食鴉片而誤事的紀錄，嚴重玷辱了父親福康安的名聲。最後更傳下諭令，革去德麟的貝子（第四等爵位）及二等侍衛，同時重責四十大板、管押在家。不過，德麟倒也不是唯一一個因吸毒而遭到懲處的官員，因為在沒幾天之後，另一個御前侍衛安成也因吸食鴉片過量精神恍忽，在當差時疏懶遲誤而被處以革職的處分。連皇帝身邊的侍衛們吸食鴉片的情形都這麼氾濫，更不用說底下各級機關的官員，以及八旗、綠營的兵士們了。

皇帝六十壽誕 恩澤被及全國

今年因適逢嘉慶帝六十歲萬壽，政府為了慶祝這一個偉大的日子，不但在年初的時候頒詔進行全國性的大封賞，實施了罪犯的減刑，之後更下令普免各省積欠未繳的稅款。戶部（財政部）表示，這次減免的稅銀高達二千一百萬兩，免徵的糧食也有四百萬石之多，雖然對中央財政來說是一項沉重的負擔，但為了慶祝皇帝壽誕，為了讓全國上下都能夠蒙受皇帝恩澤，這個政策仍是十分值得的。

政府核准近千萬兩 治河經費

由於黃河各處決口，四漫的水患對百姓的的生命財產造成極大的損害，所以清廷特別核准了一項九百六十萬兩預算的治河工程，希望可以有效的解決這個問題。但由於之前官員們藉著治河的機會，挪用工程款、虛報帳目、浮濫核銷的弊案層出不窮，所以嘉慶帝也特別要求負責的官員一定要嚴禁浮靡，並嚴行約束所有相關人員，絕對不可以借機謀利肥己。

武狀元點名遲到 嘉慶帝下令除名

上半年度文科傳臚（皇帝親自宣布殿試名次的典禮）時才剛出了烏龍，十月下旬於太和殿舉行的武殿試傳臚，也跟著出了狀況。在皇帝親點唱名時，一甲第一名的武狀元與第三名的武探花竟然都未到場，皇上當場臉色一變，便要求相關單位立即弄清楚到底是怎麼一回事。後來才姍姍來遲的二人，才慌張的解釋說其實他們為了怕來不及，所以早在大半夜就出門了。但是因為寓居城西，去到西華門之後發現門沒有開，又繞了大半圈紫禁城改從東華門進宮，因此才會遲到。不過顒琰並不相信他們的這一套說法，而兩人經過重重關卡，好不容易才得到的進士及侍衛資格，也就這樣變成泡影了。

大清時報

GREAT QING TIMES

西元一八二〇年

庚辰

嘉慶二十五年

─ 兵部大印憑空消失　半年期間無人知曉 ─

負有國防軍政大責的兵部（國防部）竟然傳出遺失大印的事件，而且還是在弄丟了半年之後才被發現。據了解，兵部的大印有兩顆，一顆是專為隨大營攜帶鈐用之「行印」，另一顆則是本衙署辦公所用之「堂印」。今年三月，兵部發現「行印」無端消失後，經過相關單位長達一兩個月時間的審查，終於查出此印早在去年（一八一九年）八月底往熱河途中便已遺失。當時弄丟「行印」的書吏（辦事員）為了怕因出包而遭到處罰，便將備用的空印匣加封冒頂，然後再交回部庫收貯，同時賄賂收印的書吏含混接收，將此空無一物的印匣入庫，而負責勘驗的官員竟也沒有開匣查驗檢視。一連串的疏失，最後造成多名官員被革職，失職的書吏也被發往邊疆當奴隸去了。

嘉慶暴亡避暑山莊 次子旻寧道光續統

皇上突然駕崩了，您被指定為繼承人，請準備登上皇帝寶座

啊!! 這麼突然，我一點心理準備也沒有

我也沒有心理準備啊…

嘉慶皇帝突然死亡，二阿哥綿寧依早就擬好的傳位密詔接掌大位

今年夏天，嘉慶帝一如往常的啟程行圍，但七月二十四日才剛抵達熱河避暑山莊，二十五日便傳出了皇帝駕崩的噩耗。由於事出突然，隨行的群臣並未能在當下找到要公布的建儲密旨。而是到了第二天，諸位要臣在內室翻箱倒櫃之後，才終於找到了傳位小金匣。不過因為小金匣被上了鎖，而一時之間又找不到鑰匙，所以最後只好決定當眾將鎖撬開。果然裡面有著嘉慶皇帝的御筆親書，於是在場所有人都跪下，由軍機大臣（皇帝高級機要秘書官）托津宣讀：「嘉慶四年四月初十日卯初立皇二子綿寧為皇太子」，才

確定了繼位的人選。綿寧奉梓宮（先帝棺柩）還京之後，於八月二十七日在太和殿即皇帝位，以明年為「道光」元年，並依乾隆皇帝生前的指示改名為「旻寧」（清宣宗），以避免臣民避諱時之困擾。至於顒琰（清仁宗）的死因，因為實在是過於突然，所以目前各種傳聞又已經傳了開來，甚至還有許多人相信嘉慶帝是被落雷給劈死的。不過由於在前往避暑山莊的途中，顒琰就已經有中暑的現象，所以醫學專家認為極有可能是中暑導致的熱衰竭，讓年事已高的皇帝承受不住，而激發了心腦血管的疾病所致。

大清時報

GREAT QING TIMES

辛巳

西元一八二一年

道光元年

雲民動亂迅速剿平
清廷究源處理善後

不久前永北、大姚（皆雲南境內）的少數民族聚數千人之眾，在鄰近的地區焚劫滋擾。政府也隨即調動了八千餘名的官軍，外加四千名當地百姓組成的民兵前往圍剿，在歷經幾個月的作戰之後，才總算將此一動亂給平定下來。事後，經過調查發現這次動亂的起因，主要是由於外來的漢人進入這些較晚開發的地區之後，開始與當地的原住民有了一些經濟上的往來。因為漢人們在買賣放貸上的一些操作，使得許多的原住民們最後都把土地典押給了漢人，造成當地百姓無田可耕，為了解決生活的窘境，才會聚眾劫

只要在這張紙上蓋個手印，這棒棒糖馬上就是你的了，很划算吧

雲南地區的少數民族在與漢人有往來後，很多人都失去了自己的土地，結果還變成地方上的動亂

掠，造成這麼大的亂事。旻寧（清宣宗）於是下令對此情況做一妥善之處理，規定土司（獲清廷認可的邊疆民族世襲頭目）必須將歷年來原住民典賣抵押之土地清楚造冊，並向上級呈報，然後由官府派員一同勘查，並定立一個合理的取贖期限。要是超過時間原住民仍不能將地贖回，該地便歸持有債權的漢人所有，然後另行編入納糧清冊之中統一管理。而為了維護當地原住民的生計，同時也下令嚴禁漢人進入該地區的山林之中，從事砍伐或拓墾的工作。

霍亂疫情強襲京城

今年夏秋之際，京城內外爆發了嚴重的霍亂疫情，目前為止已有許多人被奪去生命。由於其中有許多貧民，是因為患病時沒有錢就醫買藥而延誤了病情，所以清廷已令相關單位在城中開設多個據點，免費替病患看診施藥。同時政府也出面將病死者的屍體加以掩埋，以免疫情更加擴大。

清廷再申宣諭 不准白銀流出 嚴禁鴉片進口

雖然之前政府就定有要求行商與洋人只能以貨物轉貿，而不准用銀兩直接交易的規定，但近年來民間有越來越喜歡使用西洋銀元的趨勢，使得行商們紛紛在私底下以白銀向外國人收買洋元，而造成了白銀不斷的流出。同時，隨著鴉片走私情形的愈加氾濫，大批的白銀也就跟著洋船被運往外國去了。而白銀的嚴重外流，已經對國內的經濟造成極大的不良影響，銅錢與銀兩之間的兌

水快流光了啦…怎辦？

噴！！

白銀外流的問題已經日趨嚴重

換匯率失調，國內市場的交易成本也隨之提高，以及金融秩序混亂等等的問題也都開始浮現出來。為了解決此一問題，道光帝旻寧（清宣宗）已傳諭兩廣總督（廣東、廣西聯省總長）、廣東巡撫（廣東省長）、粵海關監督（廣東海關督察長），要嚴加查禁以防白銀繼續流出，並加強防堵鴉片走私進口。但財經專家表示，由於政府部門行政效率的低落與索賄貪瀆的情形十分嚴重，這種口號式的政策改革，恐怕又難以收到具體的成效，只會再次出現皇帝在上面喊得很用力，而下面官員一動也不動的情況吧。

整飭吏治 氣象一新
道光皇帝開出藥方 下令停止捐錢納官

百年前由雍正皇帝胤禛（清世宗）參考了中國歷代的方法而劃定的捐納體制，日前已在旻寧（清宣宗）的一紙命令之下廢除，自此以後政府將不再提供捐錢買官的管道。目前道員（省與府兩級之間的行政單位長官）的行情價為一萬三千一百二十兩，知府（府行政首長）為一萬零六百四十兩，郎中（中央部會司長）為七千六百八十兩，而三千七百兩則只夠買個知縣（縣長）。這個制度實施到今，確實是讓政府賺進了一些銀子，但排隊等著當官的人卻也越來越多了。其實雍正原本的用意是想要藉著授職給這些有錢人，讓他們來牽制那些以科舉正途出身的官員，以杜絕門派串連、循私結黨的現象。但這些捐官們在花了大筆銀子之後，又有哪一個不是想盡辦法要在任內連本帶利撈回來呢？結果卻反而使得官場的貪瀆變得更加嚴重。而道光帝能在繼位不久後，便捨了銀子來整飭吏治以革除積弊，所展現出的新氣象著實令各界為之期待。

—— 俄人吞併哈薩克受挫　改以蠶食大戰略推進 ——

由於俄國人不斷的向外侵吞土地，不但在大清帝國的東北地區動作連連，還把黑手伸進了西北的哈薩克地區（新疆西北以外的中亞北部）。當地的哈薩克人因無法忍受俄人的武力侵擾，便集結了各部族的力量爆發了大規模的抗俄行動，使得俄人一舉吞併哈薩克的計畫為之破滅。但是，被稱為戰鬥民族的俄國人似乎並沒有就此放棄，據聞俄人已經改變戰略，打算用逐步蠶食的方法，在邊境建立堡壘線，然後再逐步的向前推進。而在一份俄人內部所頒布的正式文件中，甚至還明白的講出了這種「防衛性」的推進，會一直前進到最後的國界線為止。至於所謂的「最後國界線」到底在哪裡，依俄國人對土地的占有慾及貪婪惡行看來，恐怕得一直到世界的盡頭吧。

皇帝中秋送禮　…四盒水果

中秋節對國人來說可是一個重要的大日子，家人們在這一天團圓賞月，朋友之間也藉著相互送禮來傳達最真摯的感情。而今年的中秋佳節，道光皇帝也特別賞給翰林院（職掌修史編書、文詞翰墨、皇室侍講的核心官員儲備所）的官員們四盒水果做為獎賞鼓勵。只是，並非每人四盒，而是上百位官員去分那四盒，平均下來，每個人連一顆都不到。這樣的檢樸作法與乾隆時代手擲千金的闊氣比較起來，簡直就有如天壤之別。不過，旻寧（清宣宗）倒也不是只對別人小氣，他自己的節儉也是出了名的，他不但日常飲食與穿著都十分簡單，就連宮中的花用也是能省則省。據說後宮中有些基層的工作人員，因為皇帝大肆壓縮開銷，都已經是每天餓到頭昏眼花了。

計算機借一下

幹嘛？

就老闆中秋節拿了四盒水果，說要分給全公司，我得算一下要切多大塊…

厚！這樣也要用計算機，不會心算哦…

拜託！除出來是小數欸

豪雨重創 河道決堤　數百萬兩經費投入救災行動

今年入夏之後由於豪雨不斷，武清、香河、天津（皆河北境內）等地都發生運河漫堤的情形。另外，永定河也因為河水暴漲，而沖垮了好幾個正在施工的區段，數十丈的塘岸決口，使得河水滿溢而出，淹沒了鄰近地區。除了因直接受災所造成的生命財產損失之外，各種民生物資，尤其是主要糧食的價格也隨之飆漲，對百姓的生活形成極為沉重的負擔。

目前政府已釋出數萬石的倉米，在京城設廠平糶，將糧食減價出售。不過為了防止有人惡意囤積，也規定了每個人的購買上限，不准多買。這次的連日豪雨，不但重創直隸地區，連東南地區也無法倖免，嚴重的程度更是百年來所罕見。預計政府從府庫提撥的救災經費，加上民間各項資源的總和，將需要耗去數百萬兩之多。

東南地區鴉片橫流 雙槍部隊竟占七成

清廷在八月時頒布了「失察鴉片煙懲處條例」，要求地方文武官員務必詳加查緝洋船走私夾帶鴉片，或內地人私種鴉片煎熬煙膏等情形。辦法中規定，各級官員如能自行查獲者可免其議處，但若有得賄故縱者則一律照例革職，至於失察未辦者則罰以降級或調用之處分。據統計，隨著鴉片走私量的增加，國內吸食鴉片的情形已經是越來越嚴重了。其中最誇張的東南沿海地區，毒品已經氾濫到走沒幾步路就有一家煙館的地步，部分地方甚至有一

東南沿海地區毒品氾濫，鴉片煙館隨處可見

半的人口都在吸食鴉片。不只民間如此，軍隊中毒品的滲透程度，更是已經超出一般人的想像。據說沿海部隊的官兵之中，染有鴉片癮者竟然將近百分之七十。看來這幫守衛疆土的士兵們，已經成了一手扛著生鏽的鳥槍，而另一手則握著一桿發熱鴉片煙槍的「雙槍軍」了。

【專題報導】鴉片

鴉片（opium）是由罌粟未成熟的蒴果經割傷果皮後，將滲出的白色乳汁收集後再加以乾燥而成。成品為黑褐色、帶有刺激性氣味的塊狀物，表面乾燥而脆，裡面的質感則是呈軟粘狀。將上述的半成品再經過燒煮和發酵後，便成為表面光滑且有油膩感的條狀物，然後鴉片業者再將這些已精製的鴉片包覆在薄布或紙張中賣給吸毒者。根據記錄，大約在西元前五世紀時，希臘便已經發現了罌粟具有鎮靜、興奮、去瀉、止痛等等的療效，而後來西方的醫學界也都一直把鴉片當作是一種藥物來使用。明代以後，鴉片被當成進貢給皇帝的貢品（稱為「烏香」），或是在繳納稅銀之後當成藥材進口。到後來不知道是哪一個天才的中國人，竟然發明了鴉片煙膏的吸食法，把這毒品當成香菸那樣吞雲吐霧，使得吸食鴉片的惡習迅速傳播開來。據毒物科醫師表示，吸食鴉片後，初期會有愉悅感、無法集中精神、產生幻覺等現象，在上癮之後，便會在心理及生理上產生高度的依賴性而難以戒除。在成癮之後停止吸食的話，會產生不安、流淚、流汗、流鼻水、易怒、發抖、寒顫、厭食、抽筋等戒斷症狀。而長期的吸食鴉片，則會造成昏迷、呼吸抑制、血壓過低、瞳孔變小等急性中毒現象，嚴重者還會致死，對人體健康危害極大。

張格爾試探性侵擾邊境

乾隆年間帶領著回部維吾爾族人，在新疆一度重創清軍的布拉尼敦、霍集占兩兄弟，雖然最後首級被砍下快遞至北京城，但其後代卻一直流亡在外，始終沒有放棄捲土重來的想法。今年八月間，布拉尼敦的孫子張格爾，便率領了二百餘名的部眾入犯西北邊境的巡邏哨，並造成哨站三十多名官兵的傷亡。雖然後來邊防軍又調來部隊追出哨口圍捕，但仍被張格爾給脫逃而去。為此，清廷已下令附近的每一個哨點都再增置四十五名兵力，以避免類似的事情再次發生。根據資料顯示，張格爾早年曾在已受英國控制的喀布爾（阿富汗）求學，由於他時刻都在夢想著能夠回新疆再一次恢復他們和卓氏的統治，所以便接受了英國人相關的軍事訓練，並於嘉慶二十五年（一八二〇年）潛入南疆發動武裝動亂。如今張格爾又開始試探性的侵擾邊境，一般認為將有可能在短期之內，便會發動大規模的軍事行動。

大清時報

GREAT QING TIMES

西元一八二五年

乙酉

道光五年

政府決定試辦漕糧海運

於嘉慶年間曾經一度考慮試辦的漕糧（專供京城食用之米糧）海運，最近又因為運河的淤積情形越來越嚴重，而再度被搬到檯面上討論。在江浙諸位督撫討論之後，道光帝已經決定讓江蘇巡撫（江蘇省長）陶澍先行試辦。據相關單位的預估，屆時若漕糧由上海（江蘇境內）經海路運抵天津（河北境內），所需的運費可能只需要原本使用漕運的一半，就連花費的時間也是同樣直接打對折。如果在試辦之後成效如預期評估的話，將為政府節省一筆龐大的經費支出。

清軍無端屠殺婦幼　反遭報復全軍覆沒

七月間，喀什噶爾（新疆境內）參贊大臣（回疆軍政主管）永芹因得到情報，說之前屢屢犯邊侵擾的張格爾，目前人就在薩雅克（哈薩克境內）部落，而且身邊只有十八個隨行的護衛。於是永芹便令幫辦大臣巴彥巴圖帶領二百名兵士，以巡查邊哨為掩護前往緝捕。不過當巴彥巴圖深入當地搜尋之後卻一無所獲，沒能逮著有如鬼影一般的張格爾。原本事情也就這樣算了，但沒想到巴彥巴圖不知道發了什麼神經，竟然在回程的路上，屠殺與此案毫不相關的一群布魯特人，造成無辜的一百多名婦女及孩童慘死。而被害者的族人們發現之後怒不可抑，便集結了二千餘名的族人，向清軍展開復仇之戰。在一夜激鬥之後，巴彥巴圖因中槍不敵而自刎身亡，全隊二百名兵士也被布魯特騎兵給全數殲滅。此案發生之後，雖然永芹已經被下令革職，但無辜慘死的生命卻永遠也喚不回了。評論家認為，巴彥巴圖此次愚蠢且殘忍的舉動，將撕裂大清政府與邊疆民族之間的關係，而布魯特人成功復仇的行動，則會進一步強化當地反政府分子的信念，甚至有助於張格爾整合這一股勢力。

呼！官軍殺人還需要理由嗎…

清軍因無故殘殺布魯特族婦幼而遭到報復

張格爾勢力陡增 接連破新疆四城

喂…回來！
不是去那邊…

咩！

咩！

咩！

咩！

謝囉！
我正缺羊呢…

清軍屠殺事件反而幫助張格爾成功整合反政府勢力

原本一直無法形成氣候的張格爾，竟然因為去年（一八二五年）清軍無端屠殺的事件，順利的整合了新疆境內的反政府勢力。已經被激起反清情緒的邊境各族，都先後響應集結，讓張格爾的勢力一下子就壯大了起來。於是反抗軍開始全面性的對喀什噶爾、葉爾羌、英吉沙爾、和闐等新疆要城發動攻擊。雖然政府急調各地援軍前往支援被圍困的這些戰略要城，但到了八月底，士氣高漲的反抗軍仍是將其攻陷，喀什噶爾參贊大臣（回疆軍政主管）慶祥也在城破之後自盡身亡。

紫禁城太監逃走嚴重 內務府奏准處罰條例

太監們在宮中當差雖然不必從事過於勞動的工作，溫飽也不是問題，但在長期的壓力之下，被限制行動的自由，又加上因生理缺陷所導致的苦悶，使得每年都有不少受不了的太監私自出逃。為了解決這個問題，內務府（宮廷事務部）所想到的辦法並不是去改善太監們的工作條件，或是營造一個更友善的職場環境，而是定出了一套「逃走太監治罪條例」，以更嚴格的方式來加以控管及約束。依據這條剛出爐的規定，如果是第一次逃走又自己回來的，需杖責六十並減薪、罰賞銀一年；如果是初次逃走被抓回來，或是第二次又逃走然後自己回來的，則必須杖責六十，然後外放去做除草苦役一年。罰責會依逃走次數不斷累加，一直到五次逃走，不論是自行投回或是被捕獲，都要杖責一百然後外放除草五年。之後要是再逃走的話，就要被永遠枷號（將方形木質項圈，套住脖子及雙手，強制於監獄外或官府衙門前示眾的懲罰）了。

政府財政困難　特准富商捐助

政府近年來因天災不斷，水旱災情遍及十幾省，二月時山西平陸一帶又傳來地震的消息，造成了五十五間房屋坍塌、八十四人罹難的慘劇。加上張格爾軍又橫掃回疆，必須從各地徵調部隊前往新疆鎮壓。這些事件，每一項都得支出極為驚人的經費，戶部（財政部）就算絞盡了腦汁也想不出有效的辦法，來解決政府超支的問題。這使得道光帝旻寧（清宣宗）不得不放棄才執行了四年的禁止捐納之旨，開始變通辦理，特准廣東洋商、鹽商以及浙東鹽商各捐助一百萬兩、淮商輸銀二百萬兩以供軍需。雖然軍需問題暫時獲得解決，而政府軍也在伊犁將軍（伊犁指揮官）長齡的帶領之下開始取得優勢，連敗張格爾軍主力。但捐錢納官的通例再開，只怕不久後官職買賣的熱度便將會更盛於以往。

政府軍平定疆亂　張格爾走到盡頭

當清軍陸續從各地調入之後，政府軍與張格爾反抗軍的情勢開始逆轉，到了三月時，之前丟失的疆西四城都已被官軍收復，不過張格爾仍在混亂之中再次脫逃。而追捕的行動一直進行到八月，卻仍是毫無進展，使得旻寧（清宣宗）對此感到十分憤怒，還下令將伊犁將軍（伊犁指揮官）長齡，以及參贊軍務的楊遇春、楊芳、武隆阿等人全都革職留任以做為警惕。到了年底，原本清廷已經放棄了追捕張格爾的行動，並下令大軍班師，只留部分兵力繼續駐守在新疆。但此時張格爾卻誤以為清軍已經全數撤退，而帶了五百人回到新疆察看。當他行至中途發覺不太對勁，勒了馬韁正要反向奔逃時，早已埋伏在旁的楊芳便率領部將殺出，在經過一整個晝夜的疾馳追趕後，僅剩三十餘騎跟在身邊的張格爾逃至喀爾鐵蓋山，在進退無路的狀況下只好棄馬登山，最後遭到清軍生擒。目前官軍已啟程準備將張格爾押往北京，預料將難逃寸磔之刑。

張格爾誤中楊芳的埋伏而被生擒

哇…你這全身都是寄生蟲啊

……

由於有太多官員及民工依附在原本的漕運過程之中，讓政府也不得不放棄新的海運辦法

政策背後另有考量 漕糧海運確定停辦

就在江蘇巡撫（江蘇省長）陶澍於道光六年（一八二六年），順利的將一百多萬石米糧，分由九百餘艘米船，以海運由上海（江蘇境內）運抵天津（河北境內）之後，各界的反對意見便如雪片般飛來。雖然從客觀的角度看來，海運的確省去了不少的花費及時間，但實際上卻有為數不少的政府要員，採取堅決反對的立場。評論家表示，這些反對的原因雖然冠冕堂皇，但實際上與官員的私利都脫不了關係。因為原本漕糧（專供京城食用之米糧）從產地沿著運河送抵京城的這條路上，大小官員們可以用各式各樣的理由徵收法定稅額外的附加款項，然後放進自己的口袋之中。但要是從今以後全都改走海路的話，那長久以來，靠著漕運吃飯分贓的官員豈不全都要喝西北風去。加上萬一靠運河為生的數十萬船民及河工，要是聚集起來鬧事的話，那情形便極有可能失控。所以道光帝在幾經考量之後，還是下令將一切回復原狀。畢竟多花點錢，多花點時間，讓官員們私底下撈些油水，總比整個國家陷入動盪不安要來得好。

政府重申禁用洋銀交易

　　雖然金管單位多年前已經發文要求各地方禁止使用洋銀，同時也定有相關罰則，但時間久了之後，大家好像又無視於規定的存在，又開始互相用洋銀交易。這種情況，尤以外商雲集的廣東最為多見，省內各商家貨舖，甚至市街買賣，都幾乎把使用起來較方便的洋銀給當成了標準交易貨幣。為免金融市場陷於混亂，政府日前已經要求廣東地區的舖戶民人，在六個月之內，必須將所積存的洋銀全都收繳呈報，並以一斤洋銀發給六十文制錢的代價做為補償。之後若再有逾限不繳，或又使用洋錢交易者，一經查出都會依例治罪。同時也將對前來貿易的西洋商船進行查驗，如有夾帶洋銀者則不准開艙交易。不過財經專家也表示，其實清廷所要注意的金融問題，不只是市面上普遍使用洋銀所帶來的負面影響，為數可觀的鴉片走私所造成的紋銀大量外流，以及洋行保商們與外商之間的一些問題若無法妥善解決的話，只怕又將會颳起一陣經濟風暴。

鷹洋　　　　　　　　　　　　　　　　本洋

俗稱為「鷹洋」的墨西哥銀元，以及被稱為「本洋」或「佛洋」的西班牙銀元，
因為在交易的時候比較方便而成為國際通用貨幣，連在中國境內也被普遍的大量使用

大清時報

GREAT QING TIMES

西元一八三○年

庚寅

道光十年

回亂再現星火　官軍強力鎮壓

在張格爾勢力被消滅之後，清廷原本以為至少可以有一陣子的平靜，但沒想到今年時序才剛入秋，新疆的回族便又起兵復叛，突入喀什噶爾（新疆境內）邊防哨之內襲擊駐地的官兵。幫辦大臣塔斯哈在得到消息之後立刻領兵追擊，但沒想到才出了哨口沒多久，就誤中埋伏而陷歿身死，連隨後前往策應的部隊也被圍困。目前政府已命鄰近官軍前往馳援，同時並急調固原、甘州、肅州、吉林、黑龍江等地軍隊進入甘肅協防。軍事分析師評估，由於此次軍事衝突的規模並不大，也沒有其他足以讓事態擴大的潛在因素，所以預估此次的動亂應該在幾個月之內便會平定。

洋婦乘轎入城　意外引發衝突

不久前廣州（廣東境內）地方因有外國婦女乘著轎子逛大街而引起一陣騷動，差點造成兩國之間擦槍走火的衝突事件。據了解，英國東印度公司（British East India Company，BEIC）新任的大班（區域主管）盼師（Beynes）到任之後，一時興起便與其夫人一同乘著轎子大喇喇的前往廣州商館。廣州雖然常有外商出入，見識遠較內地的城市為廣，但民風仍屬純樸，看到洋婦入城已經是一件前所未有的事，更何況這洋婦的穿著與中國婦女比起來，實在是暴露的不像話，所以自然吸引了一大堆

有一個洋妞…

你又跑去看別的女人！

洋婦入城意外引發衝突［不是這種吧…］

的人圍觀，造成不小的騷動。一些觀念較保守的人看不下去，便跑去向官府告狀。由於清廷原本就瞧不起這些蠻夷之邦，所以早就有不准夷人坐轎、也不准番婦進城的規定，所以兩廣總督（廣東、廣西聯省總長）李鴻賓便下令要求盼師夫婦即刻退回澳門。走過大半個地球的英國人認為這樣的規定十分不合理，便提出異議要求撤銷命令。李鴻賓見勸諭無效，便聲稱將派兵以武力驅逐，但英國人也不甘示弱的派水手把短炮帶入商館之中，大有準備與官府對幹的態勢。而這樣緊張的情勢在僵持了五十多天之後，才因盼師夫人返回澳門而落幕。不過事情倒是還有後續發展，當初那個送綠呢小轎給英國人乘坐的中國商人，事後便被官府給押了起來，最後在被解往伊犁（新疆境內）充軍之前死於獄中。

民間因為官鹽的品質差價格又高，所以習慣買物美價廉的私鹽來用，造成官鹽銷路越來越差

官鹽滯銷私鹽搶手　政府裁撤兩淮鹽政

由於江南一帶販賣私鹽的情形非常嚴重，使得官方的鹽引（由戶部發給的販鹽許可證）銷路越來越不好，而相關單位查緝私鹽的成效又不彰，所以清廷已經決定裁撤兩淮鹽運使（淮河南北鹽政主管）一職，把當地的鹽務畫歸兩江總督（江西、江南聯省總長）來管理。據記者深入了解，發現官鹽之所以滯銷，主要是因為其中弊端叢生，讓人民對官鹽失去了消費信心。兩淮地區所行運發售之合法官鹽，一向都有被混摻泥土的問題，使得民間嫌惡這種劣等貨色，轉而購買純度較

高且價格較便宜的私鹽。這些合法的鹽商們不但大賺這種黑心錢，連在向煮鹽的灶戶們收購時，也時常不於收鹽時就付給貨款，總是以賒欠的方式拖延付款。結果使得灶戶們越來越不願意將鹽賣給鹽商，寧可循著一些地下管道，把煮好的鹽私自販售給私梟。諸如此類的弊端，已經嚴重的打擊到官鹽市場，造成政府發售的鹽引乏人問津。雖然清廷已經對於主管鹽政的單位做出調整，但如果無法從根本解決這些弊端的話，恐怕販賣私鹽的情形還會一直持續下去。

鴉片問題日趨嚴重
政府再祭懲處條例

雖然政府一再的嚴令說要查禁鴉片，但每年經由海上走私進口的鴉片數量卻是不斷的成長，甚至虎門（廣東境內）外海還出現為數不少的躉船，專門用來囤積鴉片，做為海上的大盤倉儲。一直想要杜絕鴉片問題的旻寧（清宣宗），終於在日前下了一劑猛藥，不但要求兩廣總督（廣東、廣西聯省總長）李鴻賓要確實的查緝這些躉船，還頒布了「買食鴉片懲處

老大，政府又說要查緝毒品了⋯

沒關係啦，又不是第一次了⋯免驚，照賣不誤⋯

雖然政府一再嚴查鴉片，但效果卻始終不彰

條例」，希望能從末端根除人民吸毒的惡習。辦法中規定，凡是有買食鴉片被查獲者，將處以杖責一百並枷號兩個月的刑責，同時還要指認供出販賣鴉片的藥頭。不能指認者，就會被當作是販毒者的從犯，而被處以杖責一百併三年的有期徒刑。如果是在職官員或是在政府部門當差的衙役買食鴉片的話，便罪加一等。而各省督撫及以下各地方官員，也必須每年出具該管署內無人買食鴉片的證明，要是主管循隱不究的話，則將被從嚴參處。

改革鹽政弊端　票鹽法開新頁

去年兩淮地區因鹽引（由戶部發給的販鹽許可證）滯銷，而接手鹽務的兩江總督（江西、江南聯省總長）陶澍在苦思之後，終於找到可行的解決方法，並於日前奏准在淮北一帶試行辦理。這項新的辦法，是將原本「引鹽法」，也就是由官府發給壟斷之商人鹽引並課稅的方法，改成只認票不認人的「票引法」。新法中，由官方印具三聯票，一留存根、一存分司、一給民販行運之用。並於各適當地點開設辦事處，無論何人，只要照規定繳交一定的稅額，便可以領票在指定的口岸運銷。如此一來，不論資本多寡，都可以量力販運，而不會再受到大鹽商的壟斷。一般認為，此法一旦實施，預計將會有很好的效果。

大清時報

GREAT QING TIMES

西元一八三二年

壬辰

道光十二年

英商船阿美士德號鬼祟　沿海北上蒐集戰略情資

近來東南沿岸各處都陸續回報有外國船隻鬼鬼祟祟靠近的情報，清廷在聞訊之後已經諭令沿海地區加強整飭水師，並密切注意洋船的行動。一旦發現有洋船過境的話，則必須立即驅逐，不准停泊靠岸或有任何交易行為。雖然地方官員已向中央回報，說洋船只是因避風暫時近岸停靠且無滋事意圖，但據本報記者所拿到的獨家消息則顯示，這其實是英國東印度公司（British East India Company，BEIC）所屬的一艘秘密偵察船。這艘由胡夏米（Hugh Hamilton Lindsay）及傳教士郭士立（Karl Friedrich August Gützlaff）等一行七十多人，所乘坐的武裝商船阿美士德號（Lord Amherst）從年初開始，便由澳門北上，先後經過廈門、福州、寧波、上海、山東等地，不斷尋找藉口企圖上岸。用意就在於沿路刺探當地駐軍人數與

我這是新型迷彩，敵人不容易發現

我這是終極傳教士迷彩，敵人不可能會發現

傳教士郭士立已經多次參與了侵略中國的情報蒐集行動

郭力士在去年（一八三一年）就曾搭乘一艘福建商人的船沿岸北上，並詳細記錄了天津、大沽等地的航海路線及港口的水文情況。這次，阿美士德號又在尋求貿易的掩護之下，再次成功的完成情報蒐集的任務，已對大清的國防安全造成嚴重的威脅。據胡夏米身邊的友人轉述，說胡夏米在看到清軍裝備陳舊、紀律鬆弛的情況後，還一度戲稱只要給他一艘兵艦，便可以擊垮全中國的一千艘水師船隻。以此看來，英國政府若採信了胡夏米的看法，便極有可能在必要的時候以武力來達成他們在貿易上的各項需求了。

軍事裝備、海灣河道、炮台軍營等等的機密情報，並將這些資料繪製成了航海圖。而海防部隊卻糊里糊塗的放任英人測量水域，甚至有些單位還讓他們參觀軍營，取得了許多重要的情報。其實，

各地再傳動亂 官軍強力壓制

今年國內又有許多地方出現反政府的武裝抗爭，先是年初連山（廣東境內）的傜族人趙金龍，因無法再忍受官役和漢人地主長期的暴虐，便招聚廣東和湖南的傜族群眾，以賽神為名起事。不但在藍山（湖南境內）等地大敗官軍，還擊斃了提督（軍區司令）海凌阿與新田知縣（縣長）王鼎銘。後來官軍調來外援並重新部署，將反抗軍誘至山外圍剿，才終於在八月底陣殺趙金龍，平息了這場動亂。但就在此時，臺灣的天地會又很有默契的也在各地發動武裝抗爭。清廷在得報之後，立刻派兵渡海，以優勢兵力在十二月鎮壓了天地會的行動。另外，在四川方面，越巂的彝族人民，不久前也揭竿而起，雖然目前動亂已經迅速擴大到清溪、峨邊等地（皆四川境內），但是由於入援官軍也已陸續就位，所以預計在明年入冬之前，便可以將動亂完全壓制下來。

官員建議復設天津水師 皇帝為求省錢予以否決

經過之前的英船阿美士德號事件之後，有官員意識到鄰近京城的北部海域門戶洞開，儼然已是國防上的一大漏洞，於是便建議復設天津水師。為此，道光帝旻寧（清宣宗）就命直隸總督（直隸、河南、山東聯省總長）琦善對此案提出看法。琦善認為，天津外海自有天險，只需在近海口處設陸軍駐守便足以負起捍衛京師之責。而節儉成性的道光帝，最後還是以「錢」當作終極考量，決定不再重新設置天津水師，以免得政府花太多錢。戰略專家指出，道光帝與琦善兩人不但對軍事及海防極度無知，也嚴重的輕忽了阿美士德號的偵察活動。因為英國如果有意用兵的

老公，要不要叫人來修大門啊，都壞好久了…

修理門要花好多錢呢…不如先用膠帶貼一貼好了

那遭小偷怎辦？

哪有那麼衰

猛按

話，極有可能會以這些情報中去制定一套針對中國的作戰計畫，甚至選定了未來戰勝之後要求中國開放的通商地點。同時，也有學者提出警告，由於英國胡夏米（Hugh Hamilton Lindsay）等人的勘察之下，已經發現中國的海防呈現真空狀態，沿海炮台既無炮也無兵，陸上守軍的裝備更是老舊的不堪一擊。加上清廷在處理外船事件時，展現了極端的懦弱無能及膽小怕事，這些都會強化英國人以武力進犯的信心，並讓英國人將來在談判桌上有了更多的籌碼可用。說不定僅憑出言恫嚇，不必真的動刀動槍，便可以取得經濟上極大的利益。

大清時報

GREAT QING TIMES

癸巳

西元一八三三年

道光十三年

穩賺不賠循環套利驚人　洋元換取紋銀狠削一筆

近年來由於紋銀外流嚴重且屢禁無效，已對國內的金融秩序造成極大的影響，所以政府在五月時又立法通過一項禁止紋銀出洋的條例。依規定，今後凡是內地人民到廣東省從事貿易活動，都只准以貨物或者是之前留存的洋銀來交換貨物，不能再用紋銀向外國人買貨。反過來，外國人到廣東做生意，則是只能以貨物交換，或者是用紋銀來向中國人買貨，不准使用洋銀。財經專家指出，由於外國銀元是以一枚一枚的數量做為計量標準，在交易時遠比要秤重的紋銀來得方便許多，所以大受人們歡迎。這些在廣州（廣東境內）流通比例將近百分之五十四的外國銀元，其純度都不到百分之九十，但卻因為使用上的便利性，使得價格竟高於純度多在百分之九十三以上的國內紋銀。而外國的不肖商人，則利用純度及價格上的差異，先用銀元購買大量紋銀，然後再於境外將白銀鎔鑄成純度較低的銀元，之後再運入境內銷售。在這樣每次獲利可達一成的套利之下，不斷的循環，成為一門穩賺不賠的生意。甚至還有洋船根本就是在買空賣空，沒有任何實際貨物的交易，只是到各個海口去收買紋銀。紋銀的大量外流，不但加重了人們在匯兌成銅錢時的負擔，也已經使得政府的財政危機日益嚴重。

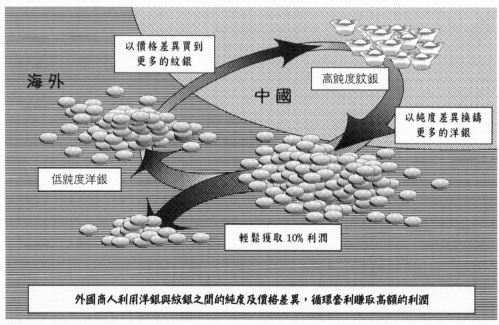

外國商人利用洋銀與紋銀之間的純度及價格差異，循環套利賺取高額的利潤

─ 林則徐建議自鑄銀錢　只可惜遭到道光封殺 ─

為了解決外國銀元嚴重擾亂國內金融市場的問題，江蘇巡撫（江蘇省長）林則徐之前便提出了一套自鑄銀元以抑制洋錢的方案。林則徐在給道光帝的摺子中建議，由官方鑄造每枚價值紋銀五錢的銀幣，以漸次取代現在市場上可兌換紋銀六錢五分的洋銀。經濟學者表示，林則徐此法確有可行之處，以市場需求為導向，用自製銀元衝擊外國銀元，在一定程度上確實可以削減鴉片走私及洋銀套利所造成的危機。只不過行事保守的旻寧（清宣宗）覺得這樣做變動實在太大了，簡直是不成事體，洋錢都已經禁之不暇了，哪有自己還加鑄銀錢來湊熱鬧的道理，所以便否決了林則徐的這項建議。看來在短期之內，政府應該是不會採取什麼幣制改革措施來改善金融亂象了。

貪瀆嚴重操練荒廢　水師戰力令人擔憂

近年來，不但陸上的八旗及綠營部隊已失去了作戰能力，連海上的水師部隊也開始出現了積疲不振的現象。據了解，沿海各地的水師戰船在維修時，武官們索取賄賂的情形可說是十分的嚴重。當文員領來公款修船時，武官就會趁機索賄，如果給的錢多，就算爛船沒有修復也可以幫你驗收呈報說已經修好了，要是錢給少了的話，就算船修好也不會幫你驗收。不僅如此，聽說江南某個地方的水師部隊，居然每

水師不但操練敷衍草率，連維修也是弊端叢生，根本毫無戰力可言

年只會實際駕著戰船操演一次，要是操演日當天風浪太大了，便乾脆就這樣取消。結果日子一久，戰鬥技術根本全忘光了，別說是炮彈打不準，連操艦都還要臨時雇用舵工來幫忙。目前的水師戰力已經是越來越弱，簡直有如虛設一般。

第二章

鴉片戰爭　天朝夢碎

（西元一八三四年～一八四九年）

驚天一轟　東西首度對決
英艦炮擊　虎門炮台被毀

英國政府在去年（一八三三年）決定取消東印度公司（British East India Company，BEIC）的中國貿易壟斷權之後，便任命了律勞卑（Napier）為首任的駐華商務監督。但律勞卑在今年七月抵達澳門時，卻因能否進駐廣州以及交往禮儀等等的問題與兩廣總督（廣東、廣西聯省總長）盧坤發生了爭執。由於雙方各持己見，彼此間的關係也不斷惡化，

到了九月初，盧坤與廣東巡撫（廣東省長）祁貢終於使出殺手鐧，下令所有英船封艙，停止中英貿易，同時撤出英國商館中所有的華人買辦及役工，然後派兵包圍英國商館，斷絕其交通及物資供應。但是新官上任的律勞卑也不甘示弱，除了致書英國外相主張以武力解決問題之外，也下令兩艘英國兵船闖入珠江。當大清守軍發現英艦闖入時，虎門

分處世界兩端的英國與大清，終於爆發了歷史上第一次的空前對決

炮台便立刻發炮阻截,而英艦也不客氣的以重炮回擊。但沒想到就在這樣的一來一往間,虎門、橫檔等炮台竟毀於英國人的炮火之下,而英艦卻沒有受到損傷。失去攻擊能力的大清帝國海岸防線,就只能聽任敵艦進泊黃埔(皆廣東境內)而無力加以驅逐。唯一的補救措施就是調集水師船艦警戒,並找來許多的石碑沉入水中,再將木柵橫置水面以做為攔阻。所幸律勞卑也考慮到自己只有兩艘兵艦與上面的三百多名士兵,所以才請傳教士透過行商們居中與盧坤展開協商,而沒有採

取更進一步的軍事行動。最後雙方達成共識,律勞卑與英艦退回澳門,盧坤則解除禁令恢復了中英間的貿易關係。此事件過後,清廷為了加強防禦能力,已命關天培為廣東提督(廣東軍區司令),並將盧坤給革職留任(免除官位,但仍從事原來職務,若表現良好才能復職)。至於離開時信誓旦旦的對英商們說,「將來有一天必以武力洗雪此次退兵恥辱」的律勞卑,也於返抵澳門後不久便因病去世,並由德庇時(John Francis Davis)繼任商務監督一職。

政府立法嚴懲槍手加入械鬥

因廣東沿海地區械鬥成風,有許多手持鳥槍的射手時常受雇於人來壯大聲勢,以至於造成比傳統械鬥還要嚴重的人員傷亡。為此政府特頒規定,若鳥槍手有傷人或致死者,仍照原本的刑責擬罪。但如果在械鬥中沒有傷人但確有擔任幫手的,則必須依照教師演弄拳棒之罪再加一等,杖責一百並發附近充軍。未加入鬥毆者,則受一百杖並流放三千里外。

全國人口總數突破四億

大清帝國的人口總數,從乾隆六年(一七四一年)政府第一次統計時的一億四千三百萬人,到乾隆二十七年(一七六二年)時突破兩億大關,乾隆五十五年(一七九〇年)再破三億,一直到今年統計的時候已經超過了四億人,約占全世界十二億多人口總數的百分之三十二左右。其中江南(江蘇、安徽)、山東、河南、浙江、江西、湖北、四川、廣東等,都是人口總數超過了兩千萬人的省分。

亡羊補牢 清軍增修虎門炮台

在經過上次英國兵艦炮轟虎門炮台的事件之後，為了加強海岸線的防禦能力，清廷日前已經批准了兩廣總督（廣東、廣西聯省總長）盧坤、廣東提督（廣東軍區司令）關天培之請，對虎門炮台進行增修補強的計畫。預計將會增置到十一座新舊炮台，共配置三百三十門炮位，以符合實戰之需要。而英國方面在和清軍對幹一場之後則是信心大增，近來更是屢有商船駛入近洋，試圖在非規定的口岸通商進行貿易活動。雖然這些違規的外國商船都已被大清水師給一一逐出，不過由於旻寧（清宣宗）一再強調不可對洋人輕開邊釁，已使得海防部隊在戰略上失去主導的地位。評論家表示，由於道光皇帝對之前英軍等同宣戰的行為過度寬和解釋，現在又對海防採取過於保守的態度，已使得英人認定中國政府根本不敢使用武力，如此一來將會更挑起英國人以武力進犯的強烈慾望。

節儉成性 道光龍袍滿是補丁
官員跟風 奢靡外罩清廉破衣

補丁是今年流行款…

賣二手舊衣沒什麼稀奇，但是舊衣賣得比新衣貴，還把舊衣舖開在繁華的北京城中，甚至專賣給官老爺們，這可就厲害了。而之所以會有這麼奇特的情形，完全是拜旻寧（清宣宗）之賜。據不願透露身分的皇帝近侍表示，以節儉出名的道光皇帝，不但吃的東西和尋常百姓沒什麼兩樣，連尊貴的龍袍也開始東補一塊西補一塊的。結果這個節儉風一吹開來，大臣們只好紛紛跟進，也都開始穿著補丁的官服上朝。要是聽說有人要來家裡拜訪，還得趕快在華麗而貴重的衣服外面，再穿上一件特別買來的破舊衣服。連上奏的摺子裡，也是動不動就要提到如何節制靡費的作法。節儉現在可說是已經成了一項全國性的運動，只不過，這都是在檯面上的政治表演。在皇帝看不到的地方，官員們依然過著奢華的生活。聽說有位高官光是要吃一盤豬肉，便必須宰殺五十幾頭豬，然後每一頭只取其精華的一小部分，其餘的部分則全部丟棄。吃一盤駝峰，也要宰掉三四頭駱駝才行。我們只能說，在廉潔節儉的表面之下，賄賂公行、奢靡依舊，只有被蒙在鼓裡的皇帝老爺刻苦的過著清貧的生活。可笑的是，其實龍袍的補丁費用，也是被收了個不像話的高價呢。

大清時報

GREAT QING TIMES

丙申

西元一八三六年

道光十六年

洋商們在聽說清廷有可能開放鴉片合法化之後，都紛紛砸重本增加進貨量，準備大撈一筆

許乃濟提出弛禁鴉片獲青睞
鴉片商興高采烈增加進口量

日前太常寺（祭祀司）少卿（次長）許乃濟對於查禁鴉片的問題，提出了一套與以往那種嚴行查禁完全不同的方法。他認為光是一味禁煙是沒有辦法收到具體成效的，倒不如改採弛禁之法，也就是只禁官員兵丁，而開放民間百姓吸食鴉片。同時將鴉片走私合法化，改成以貨易貨的方法輸入鴉片並照藥材的稅率課以關稅，以杜絕白銀不斷因鴉片走私而外流的情形。然後再開放民間種植鴉片，以國內自行生產之鴉片來抵銷進口之壓力。由於一直以來，中央政府便對白銀外流以及鴉片氾濫的問題束手無策，不管頒布了多嚴格的禁令也沒有看到具體的成效。而如今許乃濟的弛禁論一出現，果然令道光皇帝頗為所動，便下令要群臣對此都提出自己的看法來討論。評論家指出，弛禁論的提出，實際上所代表的是中外鴉片商人以及從中貪贓官員們的利益，所以也不難理解為何兩廣總督（廣東、廣西聯省總長）鄧廷楨、廣東巡撫（廣東省長）祁貢、粵海關監督（廣東海關督察長）文祥等人都大力贊成。而認為大清政府將會開放鴉片進口的洋商們，更是興奮的將此一奏摺翻譯成英文並到處傳播，然後砸重本增加進口數量，一口氣把總數從去年度的二萬六千餘箱，提升到超過三萬箱，準備從中大賺一筆。

關稅大不同 中外相差數十倍 英國狠賺茶葉稅

由於中國政府對於進出口貨物所徵收的關稅，一向是採取嘉惠遠方來人的原則，在貨物進口時只象徵性的課徵總價值百分之四的進口稅，而貨物出口稅也只有百分之十六，再加上本地的物價便宜，使得外國商人得以用極低的成本買進中國貨物。雖然這些貨物到了歐洲，他們自己的國家會再徵收百分之二百至百分之三百五十的高額關稅，但對商人來說仍有極為可觀的利潤。這些從中國出口的貨物之中，又以茶葉為最大宗。據統計，從中國輸往英國的茶葉量，可說是每年都持續成長，從道光十年（一八三○年）的三千萬磅，一直增加到今年的四千九百萬磅。而英國政府今年光是靠茶葉的進口關稅，就賺進了四百六十七萬英鎊之多，占了大約國家財政總收入的一成。

嚴禁論者炮火猛烈 鴉片問題尚未定局

在弛禁鴉片的論述抬頭之後，主張嚴禁的朱嶟、許球、袁玉麟等官員便先後上摺加以反駁。他們認為許乃濟的論點簡直是荒謬至極，怎麼可能只禁官員兵丁吸食，而對於一般民眾則予以放任，難道愚賤無職之流就是可有可無的人嗎？要是百姓們都沉溺在吞雲吐霧的迷幻快感之中，那國家永遠只能向下沉淪。至於鼓勵種植本土鴉片以抵制洋貨，來達到防止白銀外流的方法，雖然在經濟學的理論上是行得通的，但問題是鴉片乃一種會對健康造成嚴重傷害的毒品，如果只是為了經濟上的考量，那要付出的這個代價未免也太沉重、太不值得了。目前嚴禁、弛禁兩派各有支持者，而具決定性關鍵的道光皇帝到目前為止，則是仍未做出最後的裁示。

對於鴉片到底是要弛禁或嚴禁，目前為止清廷仍未定論

粵督要求遣去鴉片躉船 義律推拖導致關係緊張

　　義律（Charles Elliot）於去年（一八三六年）繼羅賓臣（George Best Robinson）成為英國駐華商務監督之後，便代表英商向中國政府提出處理行商（洋人到中國貿易時的中間商）欠款之要求，兩廣總督（廣東、廣西聯省總長）鄧廷楨在深入了解以後，已責令各行商共同負責償還積欠洋人的三百萬洋元。在債務問題得到善意的回應之後，義律又更進一步的提出不再經由行商，直接與兩廣總督文移往來之請。但因直接與夷人往來一向是大清官員們所不恥的事，所以這個要求當然被鄧廷楨給直接打槍。到了七月時，鄧廷楨飭令義律立即將停泊在伶仃洋（廣東珠江口海面）的鴉片躉船（停泊在海上的倉儲船）遣去，但一直催促到十月，義律始終以這些船並非從事正規貿易的英國商船，所以他無權過問為理由而沒有採取任何動作。這時有點被惹毛的鄧廷楨便下達最後通牒，表示英方如果無法於一個月內將躉船遣去的話，就要祭出對所有英船進行封艙並停止交易的處分。而義律方面也因為收到英國外相巴麥尊（Henry John Temple Palmerston）的訓令，要求他一定要跳過行商直接與總督對話，而且不

可以使用承認對方地位高於自己的「稟」字，所以便終止了與兩廣總督之間的溝通。據可靠消息指出，義律在發現弛禁鴉片的主張並未取得優勢之後，便立即向英國政府回報，說原本期待鴉片可以大規模合法輸進中國的情況可能有變，雙方極有可能因為鴉片問題而發生衝突，請派專使來華交涉相關事宜。而英外相在收到報告後，已經請海軍大臣派遣東印度艦隊司令海軍少將馬他倫（Admiral Sir Frederick Maitland）率領艦隊前往中國，以強大的武力來保護英人貿易，並作為義律談判之後盾。

Honey！
好想和你面對面
說話哦…出來嘛

噁心死了…

英國商務監督義律想要跳過行商
直接與兩廣總督對話，但仍遭到鄧廷楨的拒絕

【專題報導】鴉片的走私手法

從事鴉片事業的英國商人在印度的拍賣場上買到鴉片之後，便會以大型商船運抵中國近海，然後存放在固定停泊於伶仃洋（廣東珠江口海面）的「躉船」（停泊在海上的倉儲船）上面。同時，暗中與廣州當地的不肖商人或土豪惡棍聯手，在城內開設所謂的「大窯口」，以合法商舖來掩飾非法買賣。而中國的鴉片販子到大窯口看樣品並繳交貨款之後，便拿著大窯口所開具的提貨清單，到躉船上去領取鴉片。然後以稱為「快蟹」或「扒龍」的武裝走私船來運送。這些二十公尺長、五六公尺寬的走私船上槍炮皆具，每艘都有一百多人，其中六七十個負責划槳的水手則分坐左右兩舷。由於武裝走私船行駛的速度極快，一般的水師巡邏船根本就只能遠遠看著濺起的水花徒然嘆息。當走私船把鴉片運到各地之後，再經由毒梟開設的「小窯口」，轉賣到各城鎮中的鴉片煙館中讓人吸食。至於政府方面，雖然定有極嚴格的查緝辦法，但無奈的是那些應該要查緝鴉片的各級官吏及海關人員們，早就被毒販的賄款給餵得飽飽的，而根本沒有在執行任務了。據說每一箱四百多元的鴉片，其中就有一百五十元是拿來作賄賂官員之用。而每艘水師巡艇，一個月收到的賄款就高達三萬六千兩之多，而且隨著查禁辦法越來越嚴，所收的黑錢也就越多。況且根據一項非正式的統計，大清帝國的官員中，在中央任職的官員大概有一成染上毒癮，而地方官吸食鴉片的比例更是將近三成。也難怪清廷不斷嚴令禁煙，而在執行上卻是明查暗放，毫無成效。同時也使得鴉片走私的數量，從乾隆晚年的四千箱一路激增，在道光初年達到九千箱之多，而現在則是已經超過一萬八千餘箱了。

在洋商、本地土豪惡棍，以及一些貪贓官員的通力合作之下，鴉片走私數量一路攀高

英政府重申立場 不贊成鴉片走私

一向善於講場面話的英國人，恐怕實際上還是無法抗拒每年可賺一千萬兩的鴉片走私誘惑

許乃濟弛禁鴉片的奏摺，被翻譯並傳回英國之後，英國政府也對此表示樂見其成。自己國內也嚴禁人民吸食鴉片的英國政府，其實一開始的態度並不是很贊同將鴉片走私到中國，畢竟這種極不道德的行為對英國紳士來說，簡直就是一種恥辱。但如今中國官方竟然出現了將鴉片貿易合法化的聲音，這對英國人來說當然是再好不過的事情，因為如此一來，既可以獲取暴利，又不必背負走私毒品的惡名。但英國外相巴麥尊（Henry John Temple Palmerston）為此還是特別寫信給駐華商務監督義律（Charles Elliot），說明英國女王的立場。表示在鴉片貿易合法化以前，英國政府不會因為英商們觸犯中國禁煙的法令而加以干預，英商們若有因從事非法走私而遭受損失的話，必須由他們自己承擔所有責任。同時也認為中國政府有權決定是否禁煙，並查緝走私進入中國領土的鴉片。不過，大家也都知道，英國人一向會說場面話，在這麼漂亮的外交辭語背後，每年將近一千萬兩白銀的鴉片交易金額，恐怕是怎樣也無法割捨的吧。

廓爾喀進貢先進火炮 道光帝退回錯失良機

廓爾喀（尼泊爾）近年來不斷遭到英國武力霸凌，甚至到了已經被迫割讓領土的地步。但廓爾喀人並不願就此屈服，對他們來說，還存有最後一絲對抗英軍侵略的希望，那就是老宗主國大清。於是他們就把在作戰中所擄獲的新式英軍銅炮，大老遠的從西藏、青海運抵北京，以進貢的名義獻給道光皇帝。希望擁有較高科技水平的大清帝國，可以從這些貢品中獲取一些可用的技術，甚至自行仿造出與西方武力同等級的重型火炮，然後

反過來擊退英國人。但是這個讓武器科技大幅進步的機會，就在道光帝認為沒有這個必要，並要廓爾喀將這種不在定制內之貢品帶回的命令下達時消失了。軍事專家表示，中國目前所使用的火炮技術與西洋各國差距甚遠，如果能藉此機會獲取珍貴軍事科技的話，相信不久之後便有能力可以與之抗衡。此次白白放過這麼好的機會，只怕雙方差距將會越來越遠，到時候一旦真的發生衝突，就只能被人打好玩的了。

清廷因為把廓爾喀進貢的英製火炮退回，而失去了一次獲取先進軍事科技的大好機會

大清時報

GREAT QING TIMES

西元一八三八年

戊戌

道光十八年

鴉片嚴禁派再度出招 黃爵滋、林則徐具摺上奏

前年（一八三六年）許乃濟提出弛禁鴉片之論，在政壇掀起一陣論戰之後，今年黃爵滋與林則徐提出的觀點，又重重的打了弛禁派一巴掌。黃爵滋在摺本中，力陳鴉片輸入及白銀外流之害，同時建議應以一年為戒煙期限，逾期仍繼續吸食的平民須處以死刑，官員及其家屬另依例治罪，併罰子孫不得參加科舉考試。而林則徐除了大力支持黃爵滋的看法外，還擬出了一些具體作法，例如：徹底收繳煙具；將禁煙的一年期限畫分為四個時限，然後遞加罪名，以免百姓因循觀望；加重販毒及製毒者的刑責，並定出自首的期限……等等。同時，為了不冤枉好人，在審斷嫌犯有無毒癮時，捨棄嚴刑拷打的方法，改成讓有嫌疑者靜坐一段期間，再觀察是否出現一些成癮性症狀便可令其現出原形。湖廣總督（湖南、湖北聯省總長）林則徐等人的強力論述，再加上他在轄區內已經破獲大批鴉片煙的成果，似乎已經讓旻寧（清宣宗）的態度，開始傾向於嚴禁派這邊了。

在黃爵滋及林則徐等人力奏之下，道光對於鴉片的立場，已經逐漸的轉變成支持嚴禁

馬他倫率領英艦進入穿鼻 鄧廷楨態度強硬要求駛離

五月下旬時，奉命來華做為英商後盾的英國海軍少將馬他倫（Admiral Sir Frederick Maitland）抵達中國近海，在將家眷於澳門安頓妥當之後，便率艦隊往虎門方面移動。兩廣總督（廣東、廣西聯省總長）鄧廷楨得到消息之後，便派人向英國駐華商業監督義律詢問馬他倫來華的原因，但義律卻回覆說只是來華稽查貿易而已。這樣的回答自然無法令人滿意，所以鄧廷楨便下令海防部隊嚴密監控。果然不久，馬他倫便藉口一艘欲駛入虎門（廣東境內）的英船遭到炮台發炮警告

及搜查，而率領三艘戰艦至穿鼻洋面（廣東南沙區與東莞、深圳之間的海面）停泊，並為此提出嚴正抗議。不過鄧廷楨的態度十分堅定，不但拒其所請，還以武力驅逐及停止貿易做為威脅，要求英船立刻駛離。馬他倫見清方不為所動，也只好鼻子摸了先退出穿鼻洋面。原本各界還認為馬他倫接下來會再採取什麼挑釁行動的，但此時他的妻子卻正好因病在澳門去世，所以傷心欲絕的馬他倫在辦完愛妻的喪禮之後，便於八月中率艦離去，而中英雙方的衝突也暫時告一段落。

官員監守自盜
鴉片不翼而飛

在不久之前，廣州（廣東境內）英國商館前的一艘貨船上，被官府查抄到八箱正準備上岸的鴉片煙，並當場依規定將這批違禁品給充公沒收。不過等到整個查抄行動結束，回到廣州知府衙門的時候，這八箱贓物居然莫名其妙的只剩下四箱。之後這四箱上等的「公班土」再從衙門抬出來的時候，更是異常神奇的變成了品質低劣的「金花土」。而這

這裡常有靈異事件，東西都會不翼而飛⋯

真的假的？

陰森恐怖

官府查扣的鴉片時常會憑空消失不知去向

種偷天換日的手法其實還算是客氣的了，據聞，有一個水師提督（水軍司令）的行徑更為囂張，他因為怕分贓分得少了，所以索性每個月自己登上私梟的躉船（停泊在海上的倉儲船）上，去核計新運到的鴉片數量，然後直接在船上以每箱一元的價位收取贓款，甚至還開了收據做為憑證。諸如此類的索賄貪瀆事件要是沒辦法徹底根除的話，那不管是弛禁還是嚴禁，恐怕都只會淪為紙上作業，或成為另一種官員索賄的藉口罷了。

道光拍板嚴禁鴉片　廣州嗆英民情沸騰

在黃爵滋嚴禁鴉片的主張提出後，各省督撫支持嚴禁的奏摺也陸續到京，弛禁派的說法被攻擊的體無完膚，毫無招架之力。尤其是林則徐「今天如果不嚴禁鴉片，不但國家財政將會破產，不久後軍中也沒有一個健康的軍人可以打仗」的一席話，更是深深的打動了道光皇帝。於是旻寧（清宣宗）終於決定採取嚴禁措施，不但立即召見林則徐，還將之前奏請弛禁的許乃濟降為六品頂戴並即行致仕（退休）。而當朝廷決心嚴禁鴉片的消息一傳到廣州之後，官吏們也一反常態的動了起來，開始認真的查緝鴉片。不但逮捕了一些走私商人，還查封了幾個平常等於是公開營業的大、小窯口。為了向英商們施加

壓力，相關部門還特別將一個叫做何老金的煙館老闆押到商館前廣場，準備公開執行死刑，給洋人一點警告。不過就在快要行刑的時候，一群英國水手竟然衝入刑場，將刑具搗爛，強迫官員改往別的地方行刑。在英國人干涉行刑的消息傳出之後，上萬名當地百姓憤怒的將商館區給包圍了起來，並開始丟擲石塊砸破窗戶，還用力推倒館外柵欄。商館內的洋人則是嚇得面色鐵青，急忙找來重物頂住大門，阻止民眾們闖入。最後還是知縣（縣長）帶了數十官兵到場維持秩序，在逮捕了幾個鬧事者之後，群眾才逐漸散去。看來，廣州的社會情緒已經開始鼓動起來，準備向鴉片宣戰了。

林則徐受命欽差　赴廣東查禁鴉片

　　由於廣州民眾反毒情緒高漲，兩廣總督（廣東、廣西聯省總長）鄧廷楨又勒令偷運鴉片的英商立即離境，為了不影響到正常貿易，自知理虧的英國在華商務監督義律（Charles Elliot）迫於形勢，只好下令所有的英國鴉片煙船在三個月之內離開廣州，並聲稱不會給予走私者任何保護。同時，道光帝也任命湖廣總督（湖南、湖北聯省總長）林則徐為欽差大臣，馳赴廣東專門辦理禁煙事宜，並令廣東水師歸其節制。以目前的局勢看來，禁煙行動已經有了一個很好的開始，接下來就看林則徐要怎麼接著把這一盤棋下完了。

驚人發現！！　洋人弱點大揭密

在許多官員的想像中，洋人既不能正常行走，也無法正常排便，是極容易對付的

　　直隸總督（直隸、河南、山東聯省總長）琦善在不久前公開表示，說依據他所得到的情報，西洋人因為每天都以牛羊肉做為主食，不利於腸胃消化，所以如果沒有在每餐飯後飲用大黃（一種通便瀉火的藥材）及茶葉的話，就會因為無法排便而給活活憋死。所以如果西洋人不乖的話，就只要停止貿易，不再賣給他們大黃及茶葉，那西洋人便會跪地求饒了。另外，聽說此次到廣東查禁鴉片的欽差大人林則徐，也曾經表示西洋人其實弱的很，因為他們生下來就有缺陷，兩隻腿根本無法彎曲，在船上放放火炮或許還行，一旦上了岸就會很容易摔倒了。諸如此類的種種說法雖然荒誕而且毫無根據，但似乎已經成為了官方的一種主流思想。

【專題報導】鴉片危機

由於中國茶葉在歐洲占有很大的消費市場，使得英國政府每年光是茶葉稅的收入，就從一七九三年的六十萬鎊，變成現在的超過三百多萬鎊，替國庫賺了不少稅收。但因為英國的工業產品一直無法在中國打開市場，這使得他們必須以大量的白銀來換取茶葉，而白銀的大量出超卻令英國的資產階級無法忍受。於是在一七九七年英屬東印度公司（British East India Company，BEIC）取得製造鴉片的特權後，便以墊款的方式讓印度農民大量種植罌粟，同時並設立工廠，特別研發中國人愛好的口味，以達到傾銷中國、平衡貿易逆差之目的。雖然表面上東印度公司在拍賣鴉片之後，便不再介入對中國的行銷事務，甚至還明文禁止公司所屬的船隻運送鴉片到中國。但實際上這些鴉片輸入中國的

鴉片已經造成中國在人民健康及經濟上的重大危機

煙霧迷漫

爽斃了

爽斃了

數量，已從一八○○年的四千多箱，增加到每年四萬多箱，足足成長了十倍之多，而英國政府今年光是靠鴉片賺取的稅收就超過了一百萬英鎊。據熟悉鴉片市場的人士指出，鴉片的成本僅占拍賣價的十分之一左右，獲利極為驚人。而且英國藉著不斷向大清輸出鴉片，以換取更多的白銀來購買茶葉輸入英國，徵收更多的茶葉稅。然後英國人又用賺的錢生產更多的工業產品傾銷到印度，以便生產更多的鴉片來賣給中國，獲得的利益便如此不斷循環翻滾。目前在中國的鴉片市場中，大部分都是英國的高檔印度鴉片，出售次等波斯、土耳其鴉片的美國，則是以將近四成的市占率，穩居削錢榜的第二名。而中國的對外貿易，也由全盛時期的大量出超轉為入超，白銀的大量外流造成了國內金融市場的混亂。原本一千文錢兌換一兩白銀的匯率，現在已經飆升到要一六○○比一。這對普遍使用銅錢的中下階層來說負擔更為加重，因為他們在出售物品或勞力所掙得的全是銅錢，等到要繳稅時卻必須折算成銀兩，等於是加重了百分之一百六十的稅率，幾乎把百姓們都快逼到無法存活的地步了。

76

在取得了中國的關鍵茶葉技術之後，英國人已成功的在印度培育出新的茶，
並成立了「英國阿薩姆茶葉公司」，開始集資準備與中國搶食這塊市場大餅

── 盜取中國茶葉技術 阿薩姆茶培育成功 ──

當英國東印度公司（British East India Company，BEIC）對華的壟斷權在道光十四年（一八三四年）被取消後，英國便成立了專門的茶葉委員會，負責調查及引進中國的茶樹及茶種的工作。道光十六年（一八三六年）時，茶葉委員會印度區負責人戈登（G. J. Gordon），在廣州（廣東境內）找到願意前往印度的中國工人，取得了栽種的技術，並在阿薩姆地區進行當地原生種茶樹的試種。據資料顯示，阿薩姆地區降雨量充沛，還有茂密的森林，非常適合茶葉的栽種。雖然林中有許多野象和老虎會傷人，但他們卻馴服野象來代步種茶並避開老虎的攻擊。在經過三年的培育之後，首批的阿薩姆茶終於在今年的拍賣會上以高價賣出。同時並吸引了大批的英國資金前往印度投資，成立了「英國阿薩姆茶葉公司」。財經專家表示，由於產品成功的迎合了消費者的口味，生產的技術也相當成熟，產地的供應也相當穩定，相信在集資之後，阿薩姆公司將會以驚人的速度成長，可能在不久之後便會威脅到中國茶葉的龍頭地位。

大清時報

GREAT QING TIMES

己亥

西元一八三九年

道光十九年

玩真的!! 林則徐包圍商館 英商承諾繳煙

身負重任的欽差大臣林則徐於二月抵達廣州之後,便開始雷厲風行的展開了禁煙的行動,要求洋人限期呈繳所有鴉片,並出具甘結(切結保證書)保證永不再犯。英商們基於以往的經驗,原本只打算先做做樣子敷衍一下,然後再伺機送錢賄賂,於是便繳出了一千多箱的鴉片煙充數。但他們沒想到的是,林則徐不同於那些嗜錢如命的貪官們,他要的是收繳全部的鴉片,而不是區區的一千箱。為了展示決心逼洋人就範,林則徐不但以武力封艙,停止了與英國之間的貿易,還包圍

英國的商館,下令所有華人買辦及工役全部撤出。英商們不論有沒有參與鴉片走私,全都遭到嚴密的封鎖隔絕。商館中沒了食物來源,也沒有華人僱傭的幫忙,使得洋人不但行動失去自由,甚至連吃飯都成了問題。最後英國駐華商務監督義律(Charles Elliot)只好要求英商們開具鴉片存量清單給他,同時承諾英國女王會對這些鴉片的貨價損失負責。在義律回覆將會呈繳二萬零二百八十三箱鴉片之後,林則徐才解除包圍,答應把食物送進商館之中。

虎門銷煙 大快人心
二萬箱鴉片全數銷毀 市值近一千二百萬兩

雖然之前義律(Charles Elliot)已經承諾會要求英商們繳出所有的鴉片,但英商們還是害怕血本無歸,而一直採取觀望的態度,四月一日整天下來,官方居然只收到五箱鴉片。由於收繳狀況不如預期,林則徐便提出以茶葉來做為獎勵,只要英商每繳一箱鴉片,就給予五斤茶葉做為補償。果然這個方法實施以後,英商們便把鴉片一箱一箱的交了出來。在兩廣總督(廣東、廣西聯省總長)鄧廷楨的大力配合之下,到了五月中,便已經收繳了二萬一千三百零六箱的鴉片,比當初義律承諾的數目還多了一千多箱。之後林則徐於虎

林則徐在虎門銷毀
鴉片的行動大快人心

門(廣東境內)海灘公開銷毀這總計二百多萬斤、成本六百多萬兩、市值高達一千二百萬兩的鴉片。同時,清廷亦頒布了《欽定嚴禁鴉片煙條例》,三十九條的內容,刻意的加重對販賣及吸食者的處罰,並強化對執法者的約束,然後要求人民於一年半之內斷絕煙癮。此辦法條款之細、懲辦之嚴,實在是歷來所未有,全國進入禁煙的高潮。

【專題報導】林則徐的銷煙法

以往在銷毀鴉片時，都是用桐油先拌入鴉片煙之中，然後再放火焚化。但這樣的作法，一來在焚毀之前，便有許多不肖官吏會從中調包，以假貨或是劣質品將高級鴉片換出。二來是鴉片經火化之後，仍會有部分沒有燒盡的殘餘膏土滲入土中，於是一些有心分子便會在事後掘土重熬，以取得約百分之二三十的殘存鴉片。這次，為了防止有人從這批高價值的贓物中作弊取利，林則徐在與當地人士討論之後，從收煙開始，就制定了接收、檢驗、入庫、看守、巡查五道關口，由不同的人員分權負責。另派十二名官吏負責看守已繳的鴉片，再

為了避免夾帶，參與銷煙的民工不僅只能穿短褲，還要接受搜身

命十名武官帶隊日夜在庫房區巡邏，以免贓物流出。之後再以掘池銷煙、沖灰入海的作法銷毀鴉片。先在海岸邊掘好兩個十五丈見方、底部平鋪石板的銷煙池，在其中一池放入適量並切成四瓣的鴉片後，引入海水，並撒下大量的食鹽及生石灰。一時之間只見池水沸騰、濃煙滾滾，最後再將廢水引入大海之中，並引水將池底沖刷乾淨。在一個池子沖洗時，另一個池子則開始銷毀的動作，兩個池子不斷交替輪流，直到所有煙毒都銷毀為止。而實際操作的五百位民工，則只能穿著一條短褲工作，並在收工離場時搜身以防夾帶。各級官員也都必須負起檢查與督導的責任，由於數量龐大，需要多日才能執行完畢，所以連兩廣總督（廣東、廣西聯省總長）、廣東巡撫（廣東省長）、廣州將軍（廣州指揮官）等要員也都要到現場輪流坐鎮。雖然銷煙是一件大快人心之事，不過對現場的工作人員來說，這可是苦差一件。在有毒濃煙彌漫的連日工作下，已有許多人因此生病不適了。

作賊的喊捉賊 英人拒簽切結 反控中方侵權

英國商務監督義律不但拒簽切結，還致函英國外相控訴林則徐嚴重侵害英國女王的財產

林則徐於虎門（廣東境內）銷煙的同時，為了防止之後再有走私的行為，便要求洋商們都要簽具切結保證，同意一旦被查獲走私鴉片的話，「物即沒官，人即正法」。除了英國以外，那些不以鴉片為主要獲利的洋商們，為了能夠盡速恢復貿易，都很快的照式具結，唯有英商們在商務監督義律（Charles Elliot）的堅持下拒簽。義律隨後不但帶領英船離開廣州，還同時拒絕領取清廷因徵繳鴉片而賞給的一千六百四十箱茶葉。據了解，英商人不願具結的原因，一方面是因為對大清帝國這種落後司法制度的不信任，另一方面則是另有打算。其實，早在義律答應繳出鴉片，並表示女王將會負責所有價款的同時，便已致函給英國外相巴麥尊（Henry John Temple Palmerston），強調林則徐已經侵害到英國女王與人民的財產。他還建議應該立即出兵中國，以武力的方式來解決問題。由此可見，義律就是想藉此將林則徐查禁鴉片的行動，硬拗成是對英國的嚴重侵略，以取得一個可以武力出兵的堂皇藉口，而最終的目的當然還是要謀取英人最大的利益。

英國拒絕交出林維喜命案的嫌犯，已經導致了中英兩國之間十分緊張的局勢

林維喜被毆致死 義律拒交凶嫌 中英情勢緊張

　　五月底，一群英國水手在九龍尖沙嘴（廣東境內）酗酒鬧事，並和當地的村民發生鬥毆，在衝突過程中一位名叫林維喜的村民被嚴重毆傷，並於第二天不治死亡。案發後，英國商務監督義律（Charles Elliot）便私下拿了一千五百銀元給死者家屬作為賠償，還又另外付了好幾百元打通關係，希望能壓下此事。但林則徐認為不能就此輕縱，在查辦之後仍是要求義律將凶手交給中國官方審問。義律對於中國嚴刑取供的審問方式向來就嗤之以鼻，所以便拒絕把凶嫌交出，而自己在英艦上設了個法庭來審訊此案。要是英國人能秉公審問也就算了，到最後宣判時，竟然以毆斃林維喜之英人主犯遍尋不到，而僅判

了五個涉入此案的印度水手監禁六個月、兩個月，以及分別罰款十五至二十英鎊之處分。而實際上，連那五個印度水手也都沒有真的關進牢裡，一切根本只是做做樣子而已。林則徐為此還找人翻譯了西洋律例，在了解西洋法律也是規定案件所在地的國家有審判權之後，他再次要求義律交出凶手，否則將停止供應英人所需、撤回中國買辦和工役，並限期英人離開澳門。但態度強硬的義律既不想講理也完全不願妥協，為免再次陷於被困的窘境，已經帶著二十七家英商寄居於貨船之上。目前雙方情勢十分緊張，隨時有大打出手的可能，連葡萄牙澳門總督也嗅到這股不尋常的氣息而宣布中立了。

要求補給　四英艦入九龍灣
雙方駁火　英暫退等候援軍

由於大清官方斷絕了供應，到了七月底時，退居於船艦上的英商們便已因為物資缺乏而快要活不下去了。但英國商務監督義律（Charles Elliot）解決這個危機的方法，並不是以平和的方式重啟與林則徐的談判，而是直接帶了四艘戰艦強行駛入九龍灣，以威脅的口氣，要求大清官方必須在半個小時內提供淡水及其他生活所需，否則便要開火擊沉中國船隻。面對如此蠻橫的態度，林則徐當然嚴拒所請，而義律也真的就命英艦窩拉疑號（Vogale）向停泊於口岸的大清水師開火，早有準備的清軍則是立馬開炮回擊。在激戰

五個小時之後，雙方可說是互有傷亡，其中英軍的死傷人數還比中方來的多，最後義律因無法占到便宜，也只好悻悻然的退走。而英人原本所煩惱的糧食供應問題，也因為有許多的小蜜蜂（無照營業的中國民間小船）願意以高價賣給他們糧食，而暫時得以舒緩。此外，由於英國內閣會議已經形成對中國出兵之共識，正準備向國會做出正式提案，所以義律也決定等強大的英國艦隊到達之後再另作打算。依此發展來看，英國極有可能在短時間內便會用武力來打通中國大門，以取得最大的經濟利益。

——— 英阻商船入港貿易　穿鼻海戰清軍不敵 ———

由於在虎門銷煙之後，林則徐曾經明白表示，只要肯出具甘結（切結保證書）便可以入口貿易。雖然英國商務監督義律（Charles Elliot）不同意，但仍有許多的英國商船為了能夠正常的做生意，而打算簽下切結以便盡速的入港貿易。在「湯瑪士‧葛」號商船背著義律偷偷簽下具結開進黃埔港交易後，義律便調來軍艦守在海口警戒，以免同樣情形再度發生。但是不

久，另一艘「羅伊亞‧撒克遜」號貨船便也簽了具結，並越過警戒線直往虎門（皆廣東境內）駛去。義律發現後，立刻登上軍艦「窩拉疑」號予以追趕。到了穿鼻洋面（廣東南沙區與東莞、深圳之間的海面）時，「羅伊亞‧撒克遜」號被追上並勒令調頭。但這時水師提督（水軍司令）關天培因發現有英船追逐，所以也率領著二十九艘的水師船艦前往探查。由於關天培所在的船，依大清水師慣例掛著一面代表指揮官的紅旗，結果英艦誤以為清軍是依國際慣例懸掛起開戰的紅旗，為求先發制人，義律便下令英艦開火向大清水師轟擊。關天培見狀也立刻下令發炮反擊，雖然其他水師船隻都在打了一兩發炮彈之後便逃離現場，但關天培的指揮艦卻持續應戰，雙方開火近二個小時。不過最後英國軍艦雖稍受創但無人傷亡，而裝備差了一大截的大清水師則是嚴重受損，不但有三艘船艦當場沉沒，還有十五名士兵死亡。

官涌山擊退英艦　林則徐誇大戰功
道光下令斷絕英國貿易

英艦於穿鼻洋（廣東南沙區與東莞、深圳之間的海面）退回之後，次日又對尖沙嘴北方官涌山的清軍營地，先後六次發起了挑釁攻擊。但因為林則徐早就於此處設置了炮台，又駐有足夠的守軍，加上英國船艦上的大炮在仰攻炮台時較為吃力，所以屢被居高臨下、占有地利之便的大清守軍給發炮重創。英軍見無法突破，只好退出尖沙嘴海面，將艦隊分散於長沙灣、赤瀝角等處外洋，並宣布封鎖廣州（皆廣東境內）口岸。清軍在此役雖然扳回一城，但在向清廷匯報時，林則徐以及其他官員卻將過程與結果都做了誇張的調整及美化。道光帝旻寧（清宣宗）在獲得海陸連戰皆大勝英軍的報告之後，意氣風發的決定嚴懲這些不知好歹的夷人。於是便下令永遠斷絕與英國的貿易，並調林則徐為兩廣總督（廣東、廣西聯省總長），要他以武力好好的懲戒外夷。原本只打算以封鎖的手段，迫使義律（Charles Elliot）同意具結，盡速讓一切回到正常貿易的林則徐，在收到將所有英船驅逐出口，不必再管具結，亦不必再令其交出凶手的聖諭之後，也只能拒絕義律再次談判的提議，而走向與英國開戰這一條路了。為此，林則徐還特地從美國旗昌洋行購得一艘排水量一千二百噸的英國商船，並加裝三十四門的英國大炮，將其改裝成戰船，同時加緊水陸軍的操練，以準備對付英國戰艦的再次來犯。

道光在得到連戰皆捷的報告之後，決定永遠斷絕貿易，並以武力來大大的懲戒英國

大清時報
GREAT QING TIMES
西元一八四〇年

庚子

英國國會通過侵華提案 龐大艦隊遠征東方古國

英國女王維多利亞（Queen Victoria）不久前親臨國會發表演說，強烈指責大清帝國的禁煙事件除了使英商蒙受重大損失之外，同時也影響了英國王室的尊嚴。而內閣也正式向國會提案對中國用兵，並在下議院以二百七十一票對二百六十二票的些微差距，通過了這一項侵華提案。雖然有少數議員認為鴉片貿易是極為骯髒並違反基督教義的，但是上議院在權衡利益與道德之後，竟也棄基督教義於不顧而通過此一提案。於是英國政府便任命海軍少將懿律

YES 271　NO 262

英國女王親臨國會發表演說，最後以些微差距通過了侵華提案

（Admiral George Elliot，義律堂兄）為統帥，指揮印度洋艦隊司令伯麥（Commodore James John Gordon Bremer）准將所統率的十六艘戰艦、四艘輪船、一艘運兵船、二十七艘運輸船，以及布利爾（Colonel Burrell）上校所統率的四千名陸軍向中國進發。同時也授命懿律與義律（Charles Elliot）為對華談判全權公使，並以印度總督負責對華行動的監督與布置。

英軍抵華封鎖珠江口 閃電北上奪得舟山島

五月底，英國的東方遠征軍抵達廣州（廣東境內），在留下五艘戰艦封鎖珠江海口之後，懿律（Admiral George Elliot）便率英艦隊主力北上，以避開防禦能力較強的廣東，準備直上防務廢弛的長江口及大沽口。不久，英國艦隊抵達廈門（福建境內），表示要上岸遞交「巴麥子爵致中國欽命宰相書」，在被拒絕之後，雙方便相互交火。雖然英國軍艦在相持了三個小時之後便退去，但第二天，卻又毫無預警的闖入了定海（浙江境內）水域並要求獻城投降。不肯屈從的總兵（軍長）張朝發在英艦的炮轟之下，使用二百多年前的洋炮回擊，但由於裝備差距過大，所以沒

三兩下炮台就被英軍轟垮，上千名的士兵也命喪炮火之中，張朝發更是因傷重而殉職。隨後英軍派出陸戰隊輕鬆攻占定海城，知縣（縣長）姚懷祥見大勢已去便投水自盡。擁有二千六百名兵士駐防，占地五百平方公里的舟山島，竟然在反掌之間就被占領，丟失的速度之快，也遠超乎英國人的意料以外。而英軍在占領舟山島與其上的定海城之後，便立刻拆毀城牆、修築炮台、建造洋樓，準備將控制南北海上航線咽喉的舟山島，經營成他們的供應與行動基地，以作為北上的中繼站，然後壓迫清廷不戰而降，答應英國所開出的所有條件。

── 黑的說成白的！

據不願透露身分的清廷高層表示，最近道光皇帝的心情可真是好的不得了，因為打從清軍與英國人正式開戰以來，各地便不斷傳回大捷的消息。這些動不動就是夷人被岸炮轟擊落水者不計其數，或是敵艦因戰敗竄逃並撈獲死屍無數的捷報，著實令旻寧（清宣宗）覺得振奮不已。不過，在記者深入挖掘後發現，這些送到皇帝眼前的匯報，與實情之間還頗有差距，可以說絕大部分都是無中生有，或是誇大其辭的。官員們把英艦擊毀守軍炮台，並登岸焚毀營寨、填塞清軍所有

各地捷報頻傳？ ──

大炮的火門，然後回到艦上駛離，硬說成是敵艦在受到清軍重擊之後敗退外洋；還把在海上撈來的洋人帽子，數字乘上十數倍之後，硬當成是砍下來的夷人頭顱數量。雖然這種虛報戰功的方式，在中國歷朝以來皆是如此，擁有優勢兵力的謊報者，最後還有可能因為打敗了較弱的反抗軍而得以自圓其說。但是這次遇上武裝力量純然是不同層次的英國現代化軍隊，要是清軍還繼續這麼玩的話，只怕被捷報沖昏頭的皇帝，極有可能會做出一些自取滅亡的決策了。

未逢海上入寇　天津幾無防備
英國艦隊直指心臟　道光皇帝終於驚醒

懿律（Admiral George Elliot）六月底又有新動作，在下令封鎖寧波及長江口，並讓布利爾（Colonel Burrell）上校及其所統率的四千名陸軍留在定海（浙江境內）駐守之後，便與義律（Charles Elliot）、伯麥（Commodore James John Gordon Bremer）同率艦隊北上，目標則是直指天津（河北境內）。由於中國領土實在太大，所以當清軍在廣東、福建、浙江等地與英軍周旋時，人在北京的皇帝一點感覺也沒有。現在夷人竟然已經即將抵達天津的消息一傳來，令不久前還沉醉在捷報喜悅的旻寧（清宣宗）嚇了一大跳。天津和北京不過只距幾天的日程，而且數百年來，從來也沒有人想過敵人竟然會從海上入犯，所以天津幾乎是處於一個完全不設防的狀態。幾十萬的政府大軍都分散在全國容易發生變亂的地方，天津不僅沒有水師部隊，炮台也都毀塌多時無法使用，甚至連大炮也盡是些準頭很差的過時鐵炮。道光帝發現當地的駐防兵力竟不足千人，幾乎只夠防守一些倉庫或監獄之後，心裡開始發毛，便特別交代直隸總督（直隸、河南、山東聯省總長）琦善謹慎的跟夷人交涉，盡量不要刺激對方，先用哄騙的手法，把英艦弄出大沽口再說。

英國艦隊忽然之間打到了天津，讓之前還沉醉在捷報喜悅的道光皇帝震驚不已

英人含冤求昭雪？　道光允懲林則徐！

七月中旬，由懿律（Admiral George Elliot）所率領的艦隊在清廷的恐慌之中抵達天津白河口（河北境內），並向直隸總督（直隸、河南、山東聯省總長）琦善遞交了公文，文中不但譴責林則徐的禁煙行為，還以此舉造成英方的重大損失而要求清廷割島、賠款。只是不知道是有意還是無意的，翻譯人員竟將文中「要求皇帝給予滿意的賠償」意思的原文字句，擅自翻譯成「求討皇帝昭雪伸冤」。這可讓原本已煩惱的不知要如何是好的道光皇帝，忽然之間出現了解套的曙光。在旻寧（清宣宗）與幕僚們研究後發現，原來這所有的一切禍端，都只是因為林則徐得罪了英國人所惹出來的大禍。而英人之所以北上，並不是要來興師問罪，而是要懇求偉大的皇帝為他們討回公道而已。放下心中大石的道光，至此嚴禁鴉片的態度大轉變，便回覆英人說一定會替他們主持公道並重治林則徐的罪，同時也任命琦善為欽差大臣赴廣東處理後續問題。而此時英國艦隊的食物飲水即將耗盡，便向琦善要求准許他們購買食物。一心安撫英人的琦善，便大方的送了大批食物給這些侵犯中國領土的敵人，說是要表示天朝厚恩之類的，而且還

前後送了兩次。原本正愁如何取得補給以繼續其侵略行動的英國人這下子可樂了，糧食不但不用買不用搶，敵人還自動送上門來。隨後，英方派義律（Charles Elliot）及傳教士馬禮遜（Robert Morrison）等人至大沽口南岸與琦善會談。懿律考量到即將入冬，他的大噸位主力戰艦到時恐怕沒有辦法駛入白河口，而剩下的小型船艦也沒有能完全壓制清軍的把握，所以便答應清廷提出南下繼續和談的要求，而率領艦隊離開了白河口。

原來是林則徐得罪你們哦，這樣好辦，我一定替你們作主

由於翻譯上的一些問題，使得道光皇帝將此次紛爭的起因都歸咎於林則徐的處理不當

英軍餘姚失利軍官被俘　道光拉下林鄧裁撤守軍

英人南返之後，於八月底又再度闖入了餘姚（浙江）近海，還對守軍主動挑釁。不過這次倒換成清軍占了上風，在兩相交火後不但強壓米字旗，還俘擄了包括英國海軍上校助治爹利（Douglas）、陸軍上尉宴士打剌打厘（P. Anstruther）在內的近三十名英軍官兵。但此時道光帝卻因為英軍已同意南下，而諭令沿岸督撫不得再對南返之英國船艦開火，

一切當以守衛為重，勿以攻擊為先。所以在清軍獲得此勝之後，各沿海口岸的部分防軍便依聖諭開始裁撤，不再對英軍發動攻擊。評論家認為，旻寧（清宣宗）天真的認為派琦善南下與英人商談便可以解決一切問題，而將屢次成功阻擊英人入侵的林則徐、鄧廷楨給革職，甚至裁撤守軍的作法，無疑是自廢武功，將整個戰略規畫給完全放空了。

遠征軍水土不服　染疾逾三分之一

遠征軍最害怕的事終於發生了，日前得到消息，英軍因為水土不服而爆發了傳染病，駐於定海（浙江境內）的四千名陸軍之中，竟然有一千五百人染疾，還有四百四十八人因此病死他鄉，戰鬥力已急速下降。於是懿律（Admiral George Elliot）便派人與兩江總督（江西、江南聯省總長）伊里布接觸，試探停火及交還被俘的海軍上校助治爹利（Douglas）等人之可能性。經過多次會談之後，雙方同意停止軍事行動，清方不禁止民眾提供英軍物資，而英軍也

入侵中國本土的英軍因水土不服而爆發了嚴重的傳染病

不可在超過舟山島及附近小島的範圍外活動。至於英方所提出的釋放俘虜，以及清方所希望的交還定海這兩件事，則於日後再另行商議。在完成協議之後，英軍便將大部分的兵士與病員撤出定海，只留下少數軍力繼續在此占領，以做為日後進攻之根據地。

沿海督撫奏請添設船炮
小氣皇帝只允修補古董

之前奉命前往福建查辦鴉片走私的祁㒞藻和黃爵滋，會同閩浙總督（福建、浙江聯省總長）鄧廷楨、福建巡撫（福建省長）吳文鎔等人聯名上摺，建議沿海省分極需添設船炮，才能與英軍的船艦相對抗。但一向節省成性的道光，似乎還沒有從英艦已直抵大沽口的經驗中得到教訓，完全沒有弄清楚現階段的水師及各地炮台，根本不足以抵禦英人的進攻，便指示說只要將原有炮船損壞之處予以修復即可，而駁回了另行添造戰艦、大炮的請

求。軍事專家表示，廣東、福建、浙江等地還稱得上有防禦火力的船炮，都是由林則徐等地方督撫自行籌款進行的，中央從頭到尾就沒有把這件事給放在心上。以目前中國的技術水平，如果全力投入船炮之研發及製造的話，應在短時間之內便有能力可以仿造出先進的戰艦大炮。但是目光短淺的道光皇帝卻為了省錢，而只願修補這些老古董，恐怕以後一但英軍再次入侵，口袋的破洞將會更大。

雙方議和未有共識　義律揚言再啟戰端

英國遠征軍統帥懿律（Admiral George Elliot）不久前因病辭職返國，由伯麥（Commodore James John Gordon Bremer）繼任英軍統帥、義律（Charles Elliot）接管外交事務後，英方便向剛抵達廣州（廣東境內）的欽差大臣琦善提出了議和的十四項條件。包括：賠還鴉片煙價及兵費；償還洋商欠款；英人可直接呈遞公文給大皇帝；給予一處如澳門樣式的大碼頭讓英人永遠居住；另開六處貿易碼頭；在北京建造英館；英人在貿易碼頭犯罪由英官自審；貿易碼頭建造教堂；

貿易不由洋商經手；額定出口稅銀；降低商船費用等項。但琦善隨後照會義律，只答應賠償煙價六百萬，然後加開一處的貿易港口。據聞英方對此答覆十分不滿，已經揚言再次訴諸武力解決。而此時當地的守軍已遵循道光帝先前的諭令裁掉了二千人，防禦已經明顯的過於單薄。原本琦善打算要增兵防守，但英人得知消息之後卻又警告琦善，說如果發現清方有增兵行為的話，就不再進行對話而會直接開戰。所以琦善也不敢明目張膽的擅動軍隊，目前可說是陷入一個兩難的局面。

琦善撤炮入城　廣州門戶洞開

琦善將之前林則徐成功阻截英艦於虎門之外的兩座炮台撤掉，宛如門戶大開歡迎英軍入城

之前林則徐為了有效的抵禦英國軍艦入犯，特別選在官涌山及尖沙嘴等處增設了兩座炮台，成功的將敵艦阻截於虎門之外，並在多次對戰中取得優勢。但琦善在取代林則徐之後，卻認為這兩處炮台孤懸於海外，根本不足以防衛海岸線，於是便下令將兩座炮台的士兵及大炮都撤回縣城內重新部署防守。同時，還以經費籌措困難為由，停止了所有造船製炮的工作。軍事分析家指出，以戰略角度來看，官涌山、尖沙嘴炮台確實是防守新安（皆廣東境內）的最好屏障。此二炮台一經撤除，新安縣城則將會直接暴露在英軍的炮火範圍之內，可說是完全無險可守。把大炮移至縣城內，可說是一點用處也沒有。加上造船製炮的工程又忽然停止，也將使得雙方的武力懸殊越來越大。看來，要是英軍再次進犯的話，想要保住廣州的機會可能就微乎其微了。

英艦強壓虎門炮台 琦善口頭答應割地賠款

因之前琦善所提出的條件無法滿足英方的需求，所以十二月中英軍統帥伯麥（Commodore James John Gordon Bremer）便又率領二十餘艘的大小兵船，以一千五百名的軍力，對虎門的大角、沙角炮台再次發起攻擊。雖然炮台守將奮力抵抗，但最終仍因兵力及戰備均處劣勢而相繼失陷。此役中英軍雖然有三十八人受傷，但反觀清軍卻有二百九十二人死亡，還有四百六十三人受到輕重傷，比數可說是十分懸殊。不過因為英人還是想要同時保持貿易的進行，所以並沒有繼續的深入攻擊，只留部隊占領炮台，然後等候琦善進一步的回應。而琦善在獲報之後，也正如英人所預料的一樣，立刻派人接洽議和。極力想避免英人拿槍扛炮的琦善，最終應允了讓英人可以暫時寄居在香港島的部分地區，並答應代為向皇帝懇奏義律（Charles Elliot）所提出的請求。但沒想到義律卻於十二月底，單方面宣布已與琦善簽定了《穿鼻草約》，並說雙方已達成割讓香港；賠償煙價六百萬銀元；中英平等外交；廣州恢復貿易；英軍退出大角、沙角炮台等幾點共識。不過據記者了解，事實上琦善最後並未在此約上簽字，而清廷也沒有承認此項約定。義律之所以這麼做，無非是想以此為藉口，在明年初出兵強占香港島（皆廣東境內）。

軍事裝備懸殊 宛若不同時代

軍事專家指出，在英軍強攻大角、沙角的戰役中可以明顯發現，兩軍的配備簡直就是分屬於不同的時代。英國士兵手上拿的是燧發式的滑膛槍或來福槍，而清軍手上拿的卻是長矛、弓箭和藤牌，鳥槍士兵拿的也是早就在西方戰場被淘汰的火繩槍。英國軍艦上的新式大炮，射程又準又遠，還裝有殺傷力極強的開花彈。而清軍由手工鑄造的舊式鐵炮，鍛鑄件上滿布蜂眼，炮膛更是完全沒有經過精確的計算。火藥裝少了打不

中英雙方的軍事裝備差異十分懸殊

出去，裝太多還會自爆傷到自己。雖然清軍也有幾座裝有瞄準鏡的西式大炮，但卻因為士兵缺乏訓練而無法在戰場上發揮實戰效用。難怪英國士兵們，一直在臉書上發文，說清軍的炮彈才一打出炮口便會掉下來，還推薦大家一定要看看那些企圖以畫了虎頭的藤牌，來抵禦槍炮的清軍士兵被他們擊倒時滑稽可笑的模樣。

英軍強占香港　大清向英宣戰

今年剛過完春節，英軍便以迅雷不及掩耳的速度，出兵強占了香港島。而道光帝旻寧（清宣宗）在得知英軍於去年攻占大角、沙角兩炮塔之後，也決定對英國宣戰，並命伊里布立即出兵收復定海（浙江境內），另命奕山為靖逆將軍，以戶部尚書（國防部長）隆文、湖南提督（湖南軍區司令）楊芳為參贊大臣（將軍輔佐官），馳赴廣東督辦軍務，同時調動各省兵力一萬六千名前往赴援。

釋俘還城仍談不攏　雙方再戰無可避免

清廷在不久前才命伊里布出兵收復定海（浙江境內），但才過了沒幾天的時間，便又以伊里布沒有作為，而令其回調兩江總督（江西、江南聯省總長），另派裕謙為欽差大臣至浙江專辦攻剿事宜。而在廣東方面，原本琦善已經和義律（Charles Elliot）約定好，在清方釋放戰俘、英方歸還定海之後，雙方便

正式簽約。但幾天後當雙方都已經完成承諾，琦善卻因為收到清廷已向英國宣戰的通知，而用生病為理由遲遲不肯簽約。但義律也不是那麼好擺弄的角色，在發現琦善有意拖延之後，便立即命英艦進發，並於二月初駛入虎門並焚毀鹽關，看來雙方的再次戰鬥已無可避免。

洋艦攻陷虎門炮台　直入珠江進逼廣州

雖然琦善最後並沒有真的在和約上簽字，但由於他擅自答應割讓香港，導致英國人找到藉口出兵強占這一件事，卻成了他被革職鎖拿並籍沒家產的主要原因。而琦善惹怒的還不只是皇帝老子，連英國人對他的拖延技倆也不買帳。二月五日當天，英軍便從橫檔登陸，向虎門諸炮台發動攻擊。儘管提督（軍區司令）關天培率領部屬頑強抵抗，但第二天虎門炮台仍被英軍攻陷，關天培也在此役中壯烈戰死。這一仗打下來，清軍總共丟失了三百八十門大炮，還有數百名官兵陣亡，而英軍方面卻只有幾艘船艦的桅桿和帆具受到破壞。在獲得壓倒性的勝利之後，英軍又乘勢進攻，在二十天之內，又相繼攻陷了七座炮台。於是英艦如入無人之境般的駛入珠江，進逼廣州（皆廣東境內）而來。到了二月二十六日，義律（Charles Elliot）向楊芳發出照會，聲稱只要清方能優待外國人並恢復通商，英軍就會撤軍並停止所有軍事行動。而深受清廷倚重，身經百戰的白鬍子老將楊芳，在抵達廣州接任軍務之後，發現各項戰備根本沒有到位。於是同意了義律的要求，恢復廣州的通商貿易以為緩兵之計，爭取備戰的時間。

在英軍獲得壓倒性的勝利之後，老將楊芳臨危受命，接任廣州防務

為了破解洋人大炮百發百中的妖術，楊芳下令在廣州城內大量收集女人的尿罐來破敵

洋人大炮既遠又準必有鬼 楊芳徵集尿罐褻衣破妖術

在停戰的這段時間裡，不但英軍忙著修補軍艦帆具並補充彈藥，清方也是自四川、湖南、湖北等地陸續調來部隊，同時並修築炮台、加鑄大炮以增強戰備。但在楊芳親督水師操演大炮，以及在江岸大築沙城的同時，記者也得到一項確切消息。就是擁有多年對付反抗軍經驗的楊芳，從來沒有看過大炮可以打得像洋人這樣既遠又準的，所以他認定了這其中一定有施了什麼妖法。為了破解洋人的邪惡法術，他老已經下令在廣州城內大量收集女人的尿罐，以便在將來開打時將其開口轉向英軍，以作為破解之道。這妙招宣布之後，各界不但踴躍貢獻愛國尿罐，甚至還有一些特種營業的風塵女子，也願意捐獻出她們的貼身內衣褲，來協助楊老爺破解洋人的暗黑妖術呢。

靖逆將軍突襲反潰敗 廣州和約賠銀六百萬

　　皇帝授命專門前來剿滅英軍的靖逆將軍奕山於三月抵達廣州之後，義律便先發制人，在閏三月下旬趁著河水高漲之時，把軍艦駛入了內河之中。而已經被旻寧（清宣宗）多次催促進軍的奕山，在發覺英軍的動作之後，也決定立即予以反擊。奕山調應了一千七百名兵力，於四月一日分兵三路，以火攻突襲停泊在白鵝潭上的英船。但由於清方的整個行動計畫決定的過於倉促，所以並沒有能對英軍造成太大的傷害。反倒是第二天，當英軍一發動反攻，前來接仗的清軍便立即潰敗散逃，還在潰逃時順便將洋行給洗劫一空。幾天後，英軍逼近廣州城下，原本意氣風發的奕山，只好派廣州知府（廣州府行政首長）余保純向英軍乞降，並於次日簽定了《廣州和約》。和約中明白約定，奕山及外省調援的部隊，必須在六日內退出廣州城六十英里以外，並於一周內賠償清兵毀壞洋行之損失，同時向英國政府賠款六百萬元（相當於四百二十萬兩白銀），其中一百萬元必須於當日預付，而英軍則會在所有賠款都收到之後，依約撤出虎門以外。

殘暴英軍誤捅馬蜂窩
三元里民狂電正規軍

　　占領四方炮台的一小股英軍，不久前流竄到廣州（廣東境內）以北的三元里附近騷擾當地百姓。這一批惡劣的英國軍人，不但強行搶奪民眾的財物、牲畜，甚至還做出挖墳盜墓、性侵多名婦女的齷齪行徑。原本百姓們對於誰得了天下，誰又打贏了誰這種事其實並不是很在意，但是當族人受到侵害、祖墳被人掘開，這口氣是怎樣也嚥不下去的。結果被激怒的村民們便群起反抗，拿起鋤頭鐮刀把入侵的英軍痛毆了一頓，還造成數名士兵的傷亡。事後，三元里居民害怕英軍會回來報復，便集結了附近一百零三鄉的民眾共一萬餘人的力量準備力抗英軍。第二天，英軍果然如預料中一樣前來，三元里的民眾且戰且退，將英軍給一步步的引誘到了附近的丘陵地上。不熟悉地勢的英軍就這樣陷入無法行動的爛泥地之中，並受到如蜂群般湧至的民眾分割包圍。加上又時值大雨，英軍的火器全被淋濕而無法發揮應有的戰鬥力，只能被迫與憤怒的民眾進行近身肉搏。在傷亡數十人之後，這批捅了馬蜂窩的英軍才狼狽的逃到四方炮台死守，而放眼望去周圍則全都是數也數不完的忿怒民眾。最後由於英方威脅當地官員，說如果不解散這些武裝民眾的話，那這些攻擊英軍的行動便會被視為是中國官方所認可授權的，而英軍也將不承認雙方的和約並繼續之前的攻擊行動。奕山等官員為了避免好不容易用四百二十萬兩白銀以及屈辱買來的和平就這樣沒了，所以便讓廣州知府（廣州府行政首長）余保純在第二天出面去向鄉民們好言勸解，之後民眾才漸次散去。

有夠會掰… 奕山打仗不怎麼行 編起故事無人能敵

清廷日前批准了奕山所提出與英協議停戰的奏摺，不但答應恢復與英商之間的貿易，還撥款賠償給英國政府。不過，據可靠消息來源指出，道光帝之所以會批准奕山之請，是因為被英軍打得灰頭土臉的奕山居然隱瞞了停戰協議的簽訂，然後向清廷謊報說在戰鬥中英勇的擊沉了英艦，還說他傳諭三元里的民眾向英軍發動攻擊，打了個大勝仗。而對於需要賠償的六百萬元（相當於四百二十萬兩白銀），則說成是當地商戶積欠英人的款項，但因為商戶在自行籌措之後還短少二百八十萬兩，所以請准由政府撥款補足。為了迎合皇帝的胃口，奏摺中還謊稱英人在對戰後，把武器投

擲於地，然後深深的向城中恭敬行禮，卑微的請求大皇帝替他們主持公道，幫他們追完商欠款項並准許通商，以便讓他們可以早日退出虎門並繳還各炮台，也保證從此以後再也不敢繼續滋事。屁股被抬得老高的道光皇帝，於是便慷慨的同意先由政府代為撥款墊付，以讓廣東早日回復平靜。同時由於英人已經認錯悔改並保證不會再犯，所以便將各地調駐廣東的守軍一一裁撤，以節省軍費。

強颱來襲 阻斷義律北征計畫

六月初襲擊廣東的強烈颱風，雖然造成了當地居民及駐香港英軍的嚴重損失，但卻也意外的阻止了一項軍事侵略行動。據記者所得到的內幕消息指出，不久前從廣東當局手中敲詐了六百萬元賠償金的義律（Charles Elliot），原本是想把這筆錢拿來當作是舉軍北征的軍費，以換取更大的利益。就在主力艦隊即將出發的同時，忽然襲來的強颱卻把整個計畫全給打亂了。停泊在香港的英軍艦艇以及許多為牟私利而投效英軍陣營的中國私人船隻，都因此次的風災而受損嚴重，人員也多有傷亡，使得義律這次的北征計畫就此破滅。

璞鼎查上場　英艦隊北進
定海、鎮海、寧波相繼陷落

英國外相巴麥尊（Henry John Temple Palmerston）在得悉之前義律（Charles Elliot）與琦善議定的《穿鼻草約》內容後十分不滿，認為義律在談判時要求的利益太少。而義律原本要藉著北征以索取更多利益的意圖，也因為被颶風所阻而未能即時展現出成果，所以巴麥尊便下令召回義律，改派璞鼎查（Hemry Pottinger）為全權大臣兼貿易監督。態度更為強硬的璞鼎查抵達中國不久後，之前因颶風受損的軍艦也一一修復完成，於是他便在七月上旬讓五艘軍艦留守香港（廣東境內），然後率領裝配了三百多門火炮的十二艘軍艦、四艘輪船，以及二千五百餘名的陸軍向閩浙一帶進犯。先是輕鬆的攻陷了廈門（福建境內），又於八月中再一次拿下定海（浙江境內），在稍作修整之後，又兵分三路向鎮海（浙江境內）發動猛攻。最後在清軍數百人陣亡，大量無辜平民死於炮火，而英軍只有三死十六傷的懸殊比數之下，鎮海終於宣告失陷。鎮海丟失之後，由於寧波（浙江境內）已無險可守，英軍艦隊便溯江而上，對

英國在改派態度強硬的璞鼎查為新任駐華監督後，已連續攻下多個沿海要城

寧波進行軍事偵察行動。原本應該負起守疆衛土之責的浙江提督（浙江軍區司令）余步雲，一見英軍出現竟未加抵抗調頭就跑，使得英軍不費吹灰之力的進占寧波。目前清廷已令奕經為揚威將軍，馳赴浙江督辦軍務，而英軍方面也決定先將軍隊停駐在定海、鎮海、寧波過冬，等待明年更多的援軍抵達時，再進行下一波的軍事行動。

鍾勤王湖北舉反旗

數年前因得罪權貴被罷黜功名，並被發配到孝感（湖北境內）的生員（秀才，具有參加鄉試資格的知識分子）鍾人傑，不久前潛返鄉里，剛好遇到民眾抗糧起鬨的事件，於是便藉機聚眾起事。結果在很短的時間內便攻克了崇陽、通縣（皆湖北境內）等地，並自稱為「鍾勤王」，樹起了都督大元帥旗。目前附近的反政府人士正陸續往崇陽附近聚集，聲勢已經快速的增加到了一萬餘人。

英艦犯臺擱淺　洋人上岸被俘

一艘乘載了二百七十四名官兵的英國運輸船，在去年（一八四一年）八月駛往浙江洋面時，因遭遇風浪而進入雞籠（基隆，臺灣境內）避風。只不過這艘船躲過了風暴，但卻又因為對該水域不熟而誤觸礁石，而同樣難逃沉船的命運。過程之中有一半的人因而溺死，剩下奮力游到岸上的一百三十三人則被當地的大清守軍所俘擄。一個月之後，英軍為了索回被俘人員，便派出一艘配有重炮的戰艦進犯雞籠，並炮擊二沙灣炮台。而臺灣的守軍當時也是奮勇還擊，與對方持續戰鬥到第二天，才終於讓得不到便宜的英艦悻然離去。不

咳…咳…終於游上來了

得救了…

……

英艦因觸礁擱淺而沉沒，許多掙扎上岸的士兵都遭到清軍俘擄

過這可沒有讓英國人完全放棄，到了今年元月，三艘英國兵艦便又再次入犯。臺灣鎮總兵（軍長）達洪阿與臺灣道台（省、府之間的行政長官）姚瑩又利用英軍對水道不熟的弱點，設計將其誘入大安港之中觸礁擱淺，生擒四十九名的敵軍及部分的炮火軍械。

政府軍掃平湖北動亂

去年底在湖北一帶號稱「鍾勤王」的反抗軍，在清廷從各處調來強兵之後，原本占領的崇陽（湖北境內）便很快又吐了出來。接著政府軍展開強力掃蕩，很快的便抓了反抗軍的領袖鍾人傑，也在很短的時間內將這一次的動亂給完全鎮壓住了。看來政府軍雖然在遇到洋人的戰艦大炮時灰頭土臉，但對於關起門來打自己人這件事，還是挺在行的。

虎年虎月虎日虎時

奕經擇吉時出戰浙江　英軍獲情報痛宰清兵

受命為揚威將軍的奕經在去年（一八四一年）九月受命馳赴浙江抵禦英軍之後，經過了四個月沿途淫娼酗酒、索財貪賄的緩慢行程，終於在今年初抵達紹興（浙江境內）。但奕經備戰的最大重點，不是武器糧草，也不是戰略兵法，而是執意一定要在元月二十九日上午四時這個時間點發動攻擊。而之所以選定這個時間，唯一的原因竟然是因為他從某位高人那裡得知，只要在這樣一個「四寅期」（壬寅年、壬寅月、戊寅日、甲寅時），也就是虎年虎月虎日虎時行動，就一定會取得空前的勝利。於是奕山便在尚未做好充分準備，戰略也沒有謹慎沙盤推演的

情況下，就調集了一萬多人兵分三路，對定海、鎮海、寧波的英軍發動夜襲。不過軍中有許多英國人花錢布下的耳目，使得英軍早已獲得情報並做足了準備。原本想一舉殲滅敵軍的清兵，最後竟然在只有殺死一名英軍，而自己卻傷亡近六百人的懸殊比數之下遭到擊潰。數日後，英軍更發起強力反擊攻占慈溪，而一開始虎虎生風的奕經，也只好虎頭蛇尾的敗走杭州（皆浙江境內）。由於戰況不如預期，目前清廷也只好再緊急任命廣州將軍（廣州指揮官）耆英為欽差大臣，代理杭州將軍（杭州指揮官）職務，趕赴浙江主持軍務。

揚威將軍奕經堅持要在所謂的「四寅期」對英軍發動攻擊

> 超快！超級快！
> 新的紀錄出現了！

上海守軍在得知友軍被殲滅後，以驚人的速度扔下軍備調頭就跑，英軍兵不血刃的輕鬆入城

乍浦堅守不敵洋炮 士兵戰死婦女自盡

英軍在擊潰奕經部隊之後，決定繼續北上對清廷施壓，於是便陸續將寧波、鎮海的兵力抽調回來，然後集中力量於四月九日對乍浦（皆浙江境內）發動攻擊。清軍雖然在此地布有七千名重兵防守，但卻因為防禦工事過於簡陋，在頑強抵抗之後仍告陷落。不過，這使清軍卻一反未戰先逃的常態，打得十分慘烈，有好幾處的部隊都是堅守不退，一直打到被敵軍全數殲滅為止。也由於這樣的誓死抵抗，讓這場戰役的戰死清軍人數多達上千人。更慘烈的是，在城破之前，乍浦全城更掀起了自殺的風潮。不但許多守土失敗的士兵們集體自盡，還有士兵跑回去含淚殺死全家再自我了斷的，更有數以百計的婦女，為免城破之後貞潔被洋人所奪而自殺身死。放眼的斷壁殘垣，滿地的屍體血漬，加上不絕於耳的哭泣悲鳴，就是現在乍浦的寫實景象。

吳淞炮台頑抗全陣亡 上海守軍落跑丟重鎮

英軍在奪下乍浦（浙江境內）之後，並沒有派兵留駐，而是全軍繼續北進，於五月上旬將戰船又開進了長江口。這時從新加坡前來支援的數艘戰艦也同時到達，於是英國艦隊便開始對吳淞炮台發動猛烈的轟擊。身為商業重鎮上海藩衛的吳淞炮台守軍，面對具有完全優勢的敵軍，仍是堅守崗位不斷的頑強抵抗。只是意志力畢竟擋不住炮彈，在英軍狂轟濫炸之下，炮台終於在守軍全數陣亡之後宣告陷落。而緊臨其後的上海，雖然有著堅固的防禦工事和將近兩百門大炮可以與敵人一較高下，但在得知吳淞炮台陷落的消息之後，二千餘名的守軍便被嚇得扔下所有軍備調頭就跑。第二天，英人就這樣兵不血刃的進據了上海，同時也扣留了江中數百艘的貨船。

一人分飾傳教士、毒梟、間諜三種角色的郭士立，成為天主教「三位一體」教義的另一種代言

英部隊苦鬥奪鎮江 郭士立一人飾三角

在上海陷落之後才一個月的時間，英軍便又擺出六十五艘軍艦，以及將近七千名兵士的實力，對鎮江（江蘇境內）發動了攻擊。由各地前來支援的清兵奮勇頑抗，在激戰兩天之後，守軍因傷亡過於慘重而讓英軍攻入城中。此役中，清軍方面陣亡了二百三十九人、六十八人失蹤，還有二百六十四人受到輕重傷。而英軍則是陣亡三十九人、失蹤三人，另有一百三十人受傷，可說是英軍開戰以來傷亡最嚴重的一次。鎮江陷落之後，英人又如同去年（一八四一年）占領寧波（浙江境內）時一樣，授權傳教士郭士立（Karl Friedrich August Gützlaff）接管該城。之前郭士立就是坐在寧波知府（寧波府行政首長）的官椅上，下令強行搜括城中的富戶，並隨意押人勒贖。這次，郭士立雖然下令開啟北門讓民眾可以出城，但所攜帶的財物則全部被英人給收繳了。不但如此，據說他還縱容英軍及印度兵燒殺擄掠、性侵婦女，真不知道一個傳教士為何可以做出這樣的事。更早以前，郭士立在阿美士德號（Amherst）船上，也曾為英國的侵略進行了情報蒐集的行動，還嚴重的涉入了鴉片的走私。一人分飾傳教士、毒梟、間諜三種角色的郭士立，或許就是天主教會「三位一體」教義的最佳另類代言人吧。

——《南京條約》簽定 全照英方所求 ——

耆英在收到旻寧（清宣宗）全力與英人完成和局的密諭之後，便開始積極與璞鼎查（Hemry Pottinger）接觸，最後在七月二十四日答應了英國人的全部要求，在南京簽訂了條約。據官方不久前所發布的新聞稿，條約中的主要內容有：割讓香港；開放廣州、福州、廈門、寧波、上海等五處通商口岸；英國可在以上五處派設領事以管理在華英人；大清需賠款二千一百萬元；議定英商應納之稅率，今後不得隨意更改；廢除公行制度，開放自由貿易；中英雙方官員平等往來等項。但是，對於引發此次戰爭的主因，即鴉片貿易的問題，卻在條約中隻字未提。通常在國際慣例中，停戰和約一定會清楚的交代要如何去處理引發戰爭的紛爭之處。而這次一反常態的雙方都沒有提及，極有可能對英國來講這畢竟不是一件名譽的事，所以中國不說，他便也不提。而對大清來說，為了禁煙而打了個大敗仗，那更是丟臉至極，所以便也假裝沒有這件事的存在了。

《萬年和約》永杜兵萌 皇帝駁回造艦計畫

大清政府替這次中英兩國在南京所簽訂的條約取了一個正式名稱，叫作《萬年和約》，也就是希望在此條約簽訂之後，可以換來永久之和平。而為了達到這個偉大目的，議定和約內容時，道光皇帝幾乎是不計代價的承受了鴉片戰爭所帶給中國的永久傷害。但是最令人擔心的，倒還不是條約的內容，而是聽說旻寧（清宣宗）竟然以簽了《萬年和約》之後將永杜兵萌為由，而駁回造艦製炮的重大國防計畫。國際情勢專家指出，如果道光皇帝只是抱存著條約簽訂之後便可以長保和平的心態，而不知道要臥薪嘗膽以洗雪前恥，加強武備以求禦敵的話，只怕這種軟弱且盲目的態度，將會變相的鼓勵英國甚至其他有野心的國家，開始擴大對中國的侵略。而戰前作為商品貿易的通商口岸，從今以後，不但變成是雙方不平等的貿易據點之外，還有可能會成為洋人從事各種形式侵略的通道，中國也將從此永無寧日。

……

你不是喜歡那個馬尾妹嗎？真的不用去約她嗎？

放心啦，我們讀幼稚園以前在扮家家酒時，她就答應要嫁我了

道光天真的認為和洋人簽約之後便可永保和平

被俘英人遭正法　有功官員遭逮問

由於之前英艦進犯臺灣時，先後兩次都因不熟海道而觸礁沉沒，使得前後共有一百八十二名的船員兵士遭到清軍俘擄。在雙方已經簽約停戰之後，璞鼎查（Hemry Pottinger）又向清方要求交還所有的俘虜。但是因為之前臺灣的官員已經奏准，把除了頭目以外的一百多位俘虜給全部正法了，所以到最後英方只索回了十一個人。這樣的結果令璞鼎查十分不滿，便向清廷提出嚴正之抗議，要求將肇事的官員給正法謝罪。在強大的壓力之下，清廷也只好將沒有任何過失的臺灣鎮總兵（軍長）達洪阿與臺灣道台（省、府之間的行政長官）姚瑩給革職逮問。雖然法界人士預料最後應該不至於將二人判死，但整場鴉片戰爭打下來，在初期能有效克敵的林則徐、鄧廷楨，以及在後期擊退英艦的達洪阿、姚瑩都相繼遭到革職處分，實在令人感到格外的悲哀。

廣州仇外情緒高漲　英人被毆不敢進城

長久以來行動一直被局限在商館區的英國人，在《南京條約》簽定之後，便迫不及待的想要享受條約所帶給他們自由出入廣州（廣東境內）的新權利。於是一時之間，英國商人們無不爭先恐後的雇了轎子，有些還公然帶著娼妓，就這樣招搖上街。而戰敗之後，民族自尊心嚴重受挫的廣州民眾，對英人的仇恨早就日益加深，現在又看到英國人這種囂張的氣燄及不堪入目的言行，使得廣州百姓對立的情緒不斷的沸騰起來。十一月六日那天，英國商館的人外出買食，不但不付錢還與商販發生爭執，之後還回到商館內糾集英人持槍回來尋仇。結果意外的激起民眾聲援對抗，而隨著圍聚的人越來越多，情況也逐漸開始失控。積怨已久的民眾們憤怒的包圍了商館並強行衝入，在搗毀館內的東西之後，還有人縱火焚燒英人的樓館。官府雖然派兵前來鎮壓暴動並救火，但由於現場的民眾實在太多了，所以什麼事也做不了，一直

等到第二天火勢停熄之後，民眾才漸漸的散去。事後璞鼎查（Hemry Pottinger）向清方提出強烈抗議，以再次動武為威脅要求賠償懲凶。最後幾經斡旋，清方才終於以賠款了事。隨後官府也貼出布告，要求當地民眾不得再行滋擾洋人。不過實際的情況卻不是官府一紙文書可以掌控的，雖然英國人依法可以入城，但只要城中一出現洋人，當地居民便會大哄群集，以竹桿、長鞭或赤手空拳，群起而上將洋人痛毆一頓。所以目前英國人根本也不敢進城，只能就此問題繼續與大清官方積極交涉。

大清時報

GREAT QING TIMES

西元一八四三年

癸卯

道光二十三年

魏源鉅作問世 《海國圖志》編成
輯錄最新西洋地理人文科技

之前林則徐擔任禁煙欽差大臣時，為求更了解西洋各國的背景資料，特別命人將一本洋人的著作《世界地理大全》，重新編譯成《四洲志》一書。但此書還來不及出版，林則徐便因鴉片戰爭而被遣戍伊犁（新疆境內），只好將已完成的書稿全部交給好友魏源，希望他可以繼續完成這件極具跨時代意義的事，讓中國政府及人民可以對這些西洋國家有更多了解認識。於是魏源便以這些書稿為基礎，又蒐集了更多的世界地理資料，經過一年的時間，編撰成了初版五十卷

魏源的《海國圖志》開拓了中國人的世界觀及視野

這學期開始，我們要加修外國地理

啊…都已經讀不完了說…

YES！！

的《海國圖志》在揚州（江蘇境內）刻印出版。在這部書中，魏源除了告訴國人我們所居住的地球是一個球體，全球分為五大洲，而中國只是其中的一部分之外，還分別敘述了數十個國家的地理、人口、政治、歷史等概況，更介紹了美國民選且不傳子的統領（總統），以及歐洲重女輕男等等怪異的風俗。《海國圖志》不但傳達了最新的世界地理概念，介紹了西方先進的科學技術及新式戰艦、火器、練兵法等知識，還提出了「師夷長技以制夷」的思想。作者同時也表示，未來將繼續增補本書的內容，可能會以一百卷為最終目標。

維多利亞女王簽署 香港成為英殖民地

英國維多利亞女王（Queen Victoria）日前簽署了一份《香港憲章》，將香港正式納為英國的殖民地，並以璞鼎查（Hemry Pottinger）為首任的香港總督。在此法中規定，香港總督由英國外交部與殖民地部委派，並以英王的名義任命，享有代表英王統攝香港文武百官的權力，兼任駐港英軍統帥，同時為行政局及立法局的當然主席。並在英王及英國國會的節制之下，經由立法局的協助，訂立各項維持香港行政、秩序及稅收的法案。

國庫存銀短缺九百萬兩

您這幾張卡全都刷爆了哦…
請問還有別的卡嗎？

這…這…借書證可以嗎？

國庫從乾隆晚年的八千萬兩結餘，花到現在竟然已經出現了九百萬兩的虧損

　　近年來由於天災頻傳，又屢屢用兵鎮壓國內的反抗勢力，加上一場鴉片戰爭下來又賠給英國人不少錢，使得國庫開始出現不足的現象。戶部庫銀從乾隆五十六年（一七九一年）的八千萬兩結餘，弄到現在變成短虧了九百多萬兩。除了應付洋人的軍艦大炮之外，要如何去填補這一個財政大洞，已經成了政府最傷腦筋的事情了。

領事裁判 關稅協定　大清主權正被逐步侵吞

　　在《萬年和約》議訂開放廣州、福州、廈門、寧波、上海等五處貿易口岸之後，日前政府公布了相關的《中英五口通商章程》。在這一份較為詳細的文件中，明白規定了在華英人享有「領事裁判權」。也就是說，從現在開始，只要英國人與華人之間有任何的官司訴訟，則依英國法律由英國領事館加以審判裁定，中國對此將無權干涉。另外，英商在中國出口的貨物關稅，經雙方協議之後已經將稅額定為百分之五，開了中國與外國協定關稅之先例。從此大清帝國將無法再自己決定要收多少關稅，不管是利用關稅來增加國庫收入，或是利用關稅來保護國內的產業，都變成是一件不可能的任務。因為雖說是共同商議，但當你打輸人家的時候，哪還有什麼談判空間，只怕最後還是得被牽著鼻子走。不管是「領事裁判權」還是「關稅協定」，都已經嚴重的侵犯了一個獨立國家的主權，更方便帝國主義進一步的侵吞中國的領土、治權以及經濟權益。

耶穌之弟現身　拜上帝會成立

今夏，有一名自稱是上帝幼子、耶穌之弟的人，在廣州（廣東境內）附近創立了「拜上帝會」吸引民眾入教。本報記者透過關係找到了這個拜上帝會的創始者洪秀全，據他本人的說法，他是上帝爺火華（耶和華）的小兒子，耶穌的幼弟，是上帝專門派到這世上來帶領眾人的。但據資料顯示，洪秀全本名洪火秀，原本是廣東花縣的生員（秀才，具有鄉試資格的知識分子）。在道光十七年（一八三七年）參加考試第三度落榜時，因承受不了壓力而崩潰生了一場大病。在昏迷中，他夢到一位白袍老者告訴他，說他奉了上天的旨意到人間來斬妖除魔。不過病癒之後他仍是繼續的準備應試，一直到今年榜單上又沒有他名字後，失意的他無意中翻閱到了基督教宣傳品《勸世良言》一書，才終於明白了自己的「身世」及任務。為了避開上帝「爺火華」之名諱，他把自己名字中的「火」字去掉，然後取「人王」的字形加了個「全」字，改名成洪秀全，成立了拜上帝會。不過，由於廣州地區接觸外國文化較早，上帝、基督等教義對當地人來說並不陌生，所以一般民眾對於他是耶穌之弟的說法接受度並不高，也沒有幾個人加入這個拜上帝會。或許，洪秀全得轉移到較落後、民智尚未開啟的地方去傳教，才比較有機會能吸收到信徒吧。

對聖經及天主教義一知半解的洪秀全自稱是耶穌的弟弟，並創立了拜上帝會的組織

大雨連月 黃河決口　河南直隸受災嚴重 ─────

　　由於今年夏天已經連續下了一個多月的雨，使得黃河的水不斷高漲，最後在中牟（河南境內）地區決口，堤壩一口氣坍塌了三百六十餘丈，鄰近的十幾個州縣全都被無盡的大水給淹沒。不久後，直隸地區（河北境內）的永定河也跟著決口，目前大水已經淹漫了二十餘里之廣，受災百姓陷入一片愁雲慘霧之中。

鴉片戰後未思求變 國家未來令人擔憂

　　據可靠消息來源指出，日前耆英向道光皇帝進呈了一把最新式的英國火槍，並建議政府予以仿造，然後大量配發以提升軍隊戰力。不過，旻寧（清宣宗）在把玩之後雖然愛不釋手，但卻仍然駁回了仿造的要求。之前廣東省也曾建議撥款建造輪船和火炮，但一向節儉成性的道光皇帝當時也是認為沒這個必要而否決了這項提議。國際情勢專家認為，鴉片問題固然是這次戰爭最直接的導火線，但其實在中國與西洋各國接觸後，局勢的演變卻使得中英之間的武力衝突早已走

向不可避免之路。就算今天不以鴉片開戰，明日還是會以其他的原因駁火。因為早就已經工業化，國勢正如日中天的英國，絕對不可能長期忍耐中國對於貿易上的限制以及不平等的外交關係。而中國也毫無可能會放棄天朝上國的思想，而改變所謂的朝貢貿易。所以到了最後，英國為了打破這種現況，一定會挾其全球海軍第一強國的力量對大清帝國用兵。而雙方在科技與軍事實力上的懸殊，也使得成敗早已成為定局。但令人感到嘆息的是，清廷未能在這次沉痛的打擊中清醒過來，在鴉片戰敗之後，竟然沒有革新求變的一絲企圖心，天朝上國的心態沒變，短視逃避的習慣未改。集大權於一身的皇帝只將這次的戰敗視為單一偶發事件，而不替未來規畫準備的想法，已經把整個國家推到火坑的邊緣了。

你都沒看清楚就直接按同意，這樣沒關係嗎？

拜託，誰會看那些小字啊，而且你不按同意也沒有辦法繼續安軟體啊…

●同意　○不同意

CLICK!

耆英在與璞鼎查簽約時，因未能深思條約字句內容而嚴重的影響了大清的權益

片面最惠國待遇　英艦五口岸停泊
補充條款詞句未深思　幾行文字嚴重失權益

耆英與璞鼎查（Hemry Pottinger）於八月中，在虎門（廣東境內）簽訂了《南京條約》的補充條款。這份被稱為《虎門條約》的《善後事宜清冊附粘和約》中，同意讓英國享有「片面最惠國待遇」。也就是說，日後大清政府若給了其他國家任何權利的話，英國都可以自動升等，同享這些權利。學者指出，片面最惠國待遇一旦確立，日後與其他國家簽約時，恐怕無法避免被其他國家所援引。到時所有國家都有了這項優惠，各國在華權益的不斷擴增將是一件恐怖的災難。另外，和約中也規定英國人可以在五個通商口岸租地建屋，永久居住，並享有「領事裁判權」。而同時耆英為了要讓英國領事可以更有效的約束英人，竟然同意每個口岸准予停泊一艘英國軍艦。而且還載明當此官船將離去的同時，可以有另一艘前來接替。意思就是，官方已經同意英國戰艦航行並停泊於中國的港口，而且可以有另一艘前來接替的船也同時存在。但如此一來，善於詭辯的英國人便會開始鑽法條漏洞，毫無顧忌的任意增加軍艦的數量，以後中國的船隻、港口，以及所有的軍事設施，將完全暴露在英國軍艦的炮火威脅之下。

大清時報

GREAT QING TIMES

西元一八四四年

道光二十四年

中美簽定《望廈條約》

美國政府在得悉大清與英國之間簽定了《南京條約》之後，為了能夠像英國人一樣可以在新的口岸做生意，便派顧盛（Caleb Cushing）為公使來華商談，希望能享受和英人一樣的待遇。而兩廣總督（廣東、廣西聯省總長）耆英果然也沒有讓遠來的貴客失望，五月中便和顧盛在澳門附近的望廈村（廣東境內）簽訂了《中美望廈條約》。秉於對待夷族一視同仁的立場，清方在這條約中規定美國可以獲得中英《南京條約》及附約中，除了割地及賠款以外的所有特權，同時還在條文中將鴉片正式列為違禁貨品。不過，在「領事裁判權」一項中，耆英又做出了一些讓步，規定不僅美國人與中國人之間的司法案件大清不得干涉，連美國人與其他外國人的訴訟，中國也都將不得過問。未來不管這些外國人在你家裡做了什麼事，中國官方都沒有任何過問的權力，一切只能交給洋人去裁決了。

美國欲贈軍事新知

據聞，由於這次簽約的結果令美國方面非常滿意，讓他們在不費任何心力之下，便取得了巨大的商業利益。所以美國公使顧盛（Caleb Cushing）為了表達友善之意，在簽完約之後原本還想送兩廣總督（廣東、廣西聯省總長）耆英一些新式大炮的模型、許多關於現代陸海軍戰術戰略，以及防禦工事的相關書籍。雖然顧盛表示這類的知識將對中

耆英輕信和約婉拒

國具有極大的價值，可以讓中國的軍備迅速提升起來，但耆英卻認為既然中英之間的《萬年和約》已經簽訂，相信以後再也不會發生戰爭，於是便辭謝了所有的禮物。軍事專家認為，中國官方一再輕信和約的魔力，而忽視這些可以提升國防科技與軍事實力的大好機會，勢必將在這場已經落後的軍備競賽之中，輸得更為徹底。

好康相報　法國也來簽條約

繼英、美兩國相繼與大清簽訂條約之後，法國政府也不落人後，派遣專使剌萼尼（Théodore de Lagrené）抵華商談，然後於九月中在法國停泊於黃埔（廣東境內）的軍艦上，與兩廣總督（廣東、廣西聯省總長）耆英簽署了《中法黃埔條約》。在此條約中，一樣讓法國享有了「五口通商」、「協定關稅」、「領事裁判權」、「片面最惠國待遇」等諸項特權。另外還准許法國人在通商口岸興建教堂，並明定中國負有保護之義務。評論家指出，由於法國每年來華的商船總數只有一兩艘而已，所以剌萼尼此次前來談判的重點原本就不在於開放通商，而是另有目的。

從法國一口氣派了八艘軍艦前來，要求取消對天主教的禁令，讓傳教士可以在通商口岸自由傳教，同時又企圖以武力恫嚇提出進京、互派使臣，以及准其占據琉球（沖繩，日本境內）、虎門（廣東境內）之要求看來，法國的真正目的其實是在於取得實質領土的割讓。不過，這次耆英似乎並沒有被這八艘軍艦給嚇到，所以除了應允法國與英美適用相同的貿易條件之外，並沒有答應這些額外的要求。而法國本身也因為阿爾及利亞（位於北非地區）方面的戰爭正在進行，沒有餘力再於中國發起另一場的戰爭，所以也就沒有對割讓土地一事繼續堅持了。

法國在看到英美都與大清簽了肥約之後，也跑來湊上一腳

大清時報 GREAT QING TIMES

西元一八四五年

道光二十五年

地震颱風襲臺 三千多人喪命

今年對臺灣來說是個多災多難的一年，先是元月時彰化地區發生大規模地震，造成四千二百餘戶的房屋倒塌，以及三百八十餘人死亡。就在政府的撫卹工作還沒完成的時候，六月又遭到強烈颱風的侵襲，造成三千餘名沿海居民被淹死的慘劇。

上海官員自動奉上 英國租界正式成立

原本在之前與英美法等國所簽定的條約之中，只規定了洋人得以在五處通商口岸建屋居住，並享有領事裁判司法案件的權力。但是當英國首任駐上海領事巴富爾（George Balfour）赴任後不久，蘇松太道台（上海道台，上海市長）宮慕久便因害怕中國人和英國人雜處、滋事而影響個人仕途，於是便主動向巴富爾提議，把黃埔江河灘上的無人居住土地，租借給英國，做為英國人建房及居住之用。於是雙方在十一月時，簽訂了《上海地皮章程》，正式將上海界內的一塊約八百三十畝的地區畫為英國租界，讓英國人可以有一專區租地蓋屋並集中管理。不過也有評論家提出警告，未來必須提防英國人以各種理由，強行將租界的管理權占為己有，或是利用租界來進行一些對中國不利的行動。

英國正式取得上海的部分地區成為租界

長官只出一張嘴　出包又是下屬扛
廣州反英運動鬧大　知府劉潯替罪丟官

　　雖然在政府與外國人簽的條約中明文規定，洋人享有進入各通商口岸並建屋居住的權利，但有許多地方的百姓仕紳，說怎樣也沒有辦法容忍這些怪模怪樣的夷人，大搖大擺、態度囂張的踏在祖先留下來的土地上。這種情形又以廣州（廣東境內）最為嚴重，去年底（一八四五年）還掀起了一波反英人進城的運動。由於事情鬧得很大，到最後還得由兩廣總督（廣東、廣西聯省總長）耆英與廣東巡撫（廣東省長）黃恩彤出面，聯銜張貼禁止紳民阻撓英人進入廣州城的告示。廣州知府（廣州府行政首長）劉潯也在兩人的指示之下，與英人商定可以進城的時間。但官員與洋人接觸這件事，卻意外的被地方人士得知。消息傳開後，一時之間鄉民們憤怒異常，數千民眾群集在知府衙門前面大聲抗議。隨後失控的民眾們不但衝入府衙之中，還一把火把知府的朝珠、官服全都燒了，劉潯慌忙之間狼狽的從後院翻牆逃出。事後，耆英與黃恩彤不敢與高漲的民意衝突，也不敢出來扛責，便在日前找了些藉口把劉潯當作替罪羔羊，奏請將其革職了。

澳門馬禮遜學院資助 容閎三學生赴美留學

千百年來，都是周圍的蠻夷之邦派人到中國來學習文化，如今情勢逆轉，西洋各國的知識水平早已凌駕於這個古老的泱泱大國之上。於是接觸與吸收西方新知，變成是現今極為重要的一件事情。透過書籍的翻譯固然可以促進文化的交流，但如果能有學生前往外國留學，在完全不同的環境中培養世界觀，將來回國之後對整個國家的發展一定有更大的幫助。今年底，在澳門馬禮遜書院就讀的容閎、黃寬及黃勝等三個學生，就獲得了這樣的機會。該校校長勃朗（Rev. Samuel Robbins Brown）夫婦因病準備返國，在臨行前便決定帶這三名優秀的學生前往美國留學，並由書院資助所需的費用。容閎等人不但成了中國有史以來的第一批留學生，也成了中國培育未來希望的第一批種子。

中國將淪為第二個印度！？ 美使對英人野心有所警覺

據可靠消息指出，美國首任駐華公使義華業（Commisioner Alesander H. Everett）在日前抵達廣州後不久，便向美國總統及國務卿提出了一份報告。義華業從英人對中國主權恣意侵踏的種種行為，研判英國極有可能是想把中國變成第二個像印度一樣的殖民地。但如果英國的計畫得逞，就勢必會對其他國家在中國的利益造成極大的影響。所以他在報告中強烈建議，希望美國政府可以採取實際的行動，聯合歐洲其他國家，尤其是法、俄兩國，一同出面來制止英國遂行這樣的野心及陰謀。

英國想將中國變成像印度殖民地的野心被美國公使發現

大清時報

GREAT QING TIMES

西元一八四七年

丁未

道光二十七年

外國人口販子大賺黑心錢　本土華工遭拐騙塞滿貨艙

環境惡劣　九死一生

滿載貨物的洋船從廈門（福建境內）離港不是什麼新鮮事，但船上裝運的不是貨品而是數百個華工，這可就沒聽過了。據了解，這艘在貨艙塞滿了中國民工的外籍貨船，是外國的人口販子，為了賺取高額的利潤，用盡誘騙加脅迫的手段，在各地拐騙農民及貧民，準備運往外國從事苦力工作的。由於船上的條件極為惡劣，一堆人擠在不見天日的貨艙之中，暈船的嘔吐物及排泄物弄

得臭氣熏天，伙食又根本像豬吃的一樣，能夠撐過長達幾十天航程的人恐怕只是少數。由於在船上開伙時，都用一個木盆盛飯，然後用那種農家叫喚豬隻的聲音要他們前來吃飯，所以這些前往國外的民工也被叫做「豬仔」。在人口販子大賺黑心錢的同時，只怕這些可憐的華工要踏上的將是九死一生的旅途。

英人藉細故再動干戈　兵艦入虎門武力恫嚇

隨著開放洋人進入通商口岸，當地百姓與外國人之間的衝突事件也愈趨頻繁。今年二月時，因佛山（廣東境內）民眾毆傷了七名進入當地遊覽的洋人，還意外引發了中英兩國之間的緊張情勢。英使德庇時（John Francis Davis）在聽到英國人被欺負的消息之後，便帶著二艘火輪船及二十餘艘小船，上面載著一千餘名的英國士兵。趁著虎門炮台守台軍官不在，而兵丁僅剩數人的機會，強行占據了虎門炮台並釘塞了沿途八百二十七門大炮的炮眼，完全解除了清軍的防衛力量。隨後並進入內河，以開戰為威脅向清方提出抗議，並提出懲治凶犯、賠償和准許進入廣

州等要求，還限清方於八個小時之內答覆。最後兩廣總督（廣東、廣西聯省總長）耆英在與英人進行四次會議之後，杖責了肇事民眾並賠了一大筆的錢。但進城一事則因民情沸騰，所以仍商定於兩年以後再行實施。不過經記者深入調查，當初那七名闖入佛山的洋人中，包括了六名英國人和一名美國人，他們雖然因為和當地民眾起了衝突而被丟以石塊。但官兵在不久後便趕到現場處理並將他們救出，在當時也確認過並沒有受傷。不過，德庇時仍是抓住了這個機會，以此細故當做藉口，發起新一波的軍事行動，以謀取更多的利益及談判空間。

自稱耶穌之弟的洪秀全想要接受洗禮卻被傳教士所拒絕

洪秀全洗禮被拒　棄廣州另覓舊友
馮雲山積極耕耘　上帝會廣西蓬興

　　幾年前與好友馮雲山一同草創了「拜天地會」的洪秀全，由於自己對基督教義一知半解，招收信徒的工作也一直沒什麼進展，於是便決定前往廣州（廣東境內）參加美國傳教士羅孝全（Issachar Jacob Roberts）開辦的讀經班學習福音知識。在羅孝全的指導下，自稱上帝幼子、耶穌之弟的洪秀全，才終於讀到了新舊約聖經。不過羅孝全卻認為他的思想有問題，而拒絕為其洗禮，於是洪秀全只好於今年七月，到廣西紫荊山去找馮雲山

會合。相較於洪秀全在廣州屢受挫折，馮雲山於幾年前到廣西之後可說是大有發展。在紫荊山區中，有許多長年住在深山中斫木燒炭，食不充飢、衣不蔽體的燒炭人。馮雲山便時常去向他們噓寒問暖或提供一些服務，然後利用機會傳教，宣揚洪秀全奉天誅妖的偉大使命，並建立當地拜上帝會的組織。如今，信眾們日夜企盼的救世主洪秀全竟然真的出現在他們面前，更是形成了一股令人無法忽視的力量。

放槍打鳥任意入村　中英人民再爆衝突

今年十月間，有幾個英國商人乘著雇來的船在廣東內河打鳥遊玩，當他們來到黃竹歧（廣東境內）附近時，見到附近景色不錯，便登岸擅自進入村中，並肆無忌憚的放槍獵鳥。村民們聽到槍聲後，以為發生了什麼大事便紛紛趕來，結果竟然發現是英國人在他們村子裡胡鬧，而圍觀的村民們也開始鼓噪起鬨。被圍在中間的英國人見到這種情形，害怕自己被這群暴民給生吞活剝，於是情緒由驚恐轉變為暴怒，便試圖拿起手中的長槍來逼退鄉民。不過此舉卻激怒了群眾，導致失控的村民們一擁而上，在混亂中毆斃了數個外國人，而村民也有一人死亡及一人重傷。事後，英人要求中國官方將本案凶嫌全部處決，並威脅要燒毀鄰近的數個村落。在官府逮捕了當時參與的十五個村民，並與英人據理周旋，處死了為首的數名嫌犯之後，才平息了這件事。

宣教損地主權益　馮雲山被捉送官

在洪秀全抵達紫荊山（廣西境內）後，他與馮雲山更積極的展開宣傳拜上帝會的行動。不久，附近鄉村的貧苦農人及遊民，都因為嚮往那種只要拜了上帝便人人有衣有食、無災無難的生活，而紛紛入教，人數也一下子增加到好幾千人。為凝聚會眾們的向心力，他們對外採取了激烈的行動，搗毀了鄰近地區的許多社壇廟宇。然後向當地的民眾公開宣傳教義，要所有人都一起來敬拜上帝。講到最後，幾乎變成了是要基層農民擺脫地主控制、甩掉政府捆綁的政治挑動秀。眼看著底層農民的情緒被

廣西很多基層百姓在馮雲山的鼓動之下入教

我們要去拜上帝了

別走啊，都沒人做事了

逐漸挑起失控，鄉紳地主們為了怕自己的權益受損，所以也採取了相應的行動。十一月時，身兼地主身分的生員（秀才，具有參加鄉試資格的知識分子）王作新，便組織了當地的武裝民兵把馮雲山給捉了起來，準備押往官府問罪。不過才押到半路，便被拜上帝會的信眾們把馮雲山給搶了回去。可是王作新並沒有就此放棄，一個月之後，他又組織了一支武裝民兵，再度活捉了馮雲山。在有了上次人半途被搶走的經驗之後，王作新加強警戒，終於順利的把馮雲山押到了桂平（廣西境內）縣衙，並用結盟聚會、不從律法的罪狀來控告他。目前洪秀全等人已經急得如熱鍋上的螞蟻，正在想盡各種方法籌錢，想透過賄賂官員的手段來把馮雲山解救出來。

教士與民人又起糾紛
英領事越權發最後通牒

有三名英國的傳教士，在二月時違反只能在通商口岸活動的規定，從上海跑到青浦去散發宣傳小冊。當時因為民眾及水手爭相索取，使得場面非常的混亂。為了維持秩序，其中一位傳教士竟拿起手杖，像是打狗一樣的在民眾們的頭上亂打，而且不小心把一個水手的臉給弄傷了。於是氣憤的水手們群起抗議，將傳教士們給團團圍住。雖然情況一度緊張，但不久後當地官府便派衙役將傳教士救了出來。只是，英國上海領事阿禮國（Rutherford Alcock）卻以此為藉口，又向蘇松太道台（上海道台，上海市長）提出懲凶賠償的要求。同時還蠻橫的以武力封鎖了港口，然後派人乘艦前往南京，向兩江總督（江西、江南聯省總長）李星沅發出最後通牒，以開戰作為恫嚇。為了安撫英國人，李星沅便上奏將青浦知縣（縣長）、蘇松太道台（上海道台，上海市長）兩人雙雙革職，還把那天起來反抗的水手們枷號（將方形木質項圈，套住脖子及雙手，強制於監獄外或官府衙門

洋艦鎖港口武力恫嚇
清政府怕事竟不吭一聲

前示眾的懲罰）示眾，並賠償了英國傳教士的財物損失。評論家指出，在此事件中，被革職的兩名官員其實根本沒有任何過失，而清方竟在阿禮國的威嚇之下便滿足其無理的要求。同時，對於阿禮國以武力封鎖中國港口、僅以領事的身分便向中國政府發出最後通牒，以及未經允許便派軍艦進入長江的種種脫序行為，竟然都沒有提出抗議或發表任何譴責，無疑是讓英國人以為中國默許這樣的行為，而更加助長其氣燄。

你給我小心一點！

是…是…

彰化奪命強震　一千多人死亡

位處地震帶的臺灣，繼道光二十五年（一八四五年）發生嚴重地震，造成三百多人死亡及七千多棟的房屋倒塌的慘劇之後，日前又傳出災情。一起臺灣有史以來最嚴重的超強地震，又奪去彰化地區一千零三十條的人命，近一萬四千座房屋全毀，受災面積廣達二百餘里之遠。目前政府正全面投入救災之中，財產損失則是難以估計。

天父耶穌相繼附身顯靈　楊秀清蕭朝貴躋身高層

　　近來於廣西急速成長的「拜上帝會」，在首腦之一的馮雲山被捕入官之後，陷入了一片混亂。由於絕大部分的會眾都是貧窮人家，所以光是為了籌集把馮雲山救出來的賄款，就已經幾乎清空了所有人手頭上的那一丁點銅錢。而洪秀全也不得不為此，回到他的老家廣東去到處奔走，以便能夠盡快的把人救出來。但由於兩大領袖都不在其位，使得幾千名的會眾一時之間失去了中心，沒有人可以出來領導。這時，一名叫做楊秀清的會眾，便在大家面前搖頭晃腦的起了乩，宣稱天父附體在他身上，然後發號施令，穩住了局勢。等到洪秀全及馮雲山回來之後，由於局勢已

成，所以也不得不承認楊秀清確實是代天父傳言的。過了沒多久，另一個會眾蕭朝貴也在一個機會中加以模仿，號稱他被耶穌給下凡附身了。而諷刺的是，當初洪秀全是以天父幼子、耶穌之弟的身分創立拜上帝會的，如今楊秀清讓天父附身，蕭朝貴則是耶穌的代言人，只要他們起乩的話，那洪秀全的身分反而在他們之下了。而這兩個人也因為這樣，擠入了拜上帝會的領導階層之中。不知道洪秀全這時會不會有點後悔，當初幹麼說自己是耶穌的弟弟，要是那時說他是耶穌的爺爺、天父的老爸，今天可能就不會出現這種問題了吧。

大清時報

GREAT QING TIMES

西元一八四九年

己酉

道光二十九年

房客自動升等變房東　葡國總督無理占澳門

　　葡萄牙澳門總督亞馬勒（Joan Maria Forreira do Amaral），見英國香港總督文翰（Samuel George Bonham）派軍艦進入廣州（廣東境內），認為這是他奪取澳門的最佳時機。於是便逕自宣布澳門為自由港，下令封閉大清的粵海關辦公處，並驅逐澳門同知（府級行政副首長），還停付了每年五百兩白銀的租金。更令人生氣的是，他不但規定華人擅離澳門者，將馬上沒收其家產，還強占澳門以北的部分地段，然後毀平許多華人的祖墳拿來修建馬路。亞馬勒種種行徑，已經激起了當地華人極大的不滿與仇恨。

法國取得上海租界

英國在數年前（一八四五年）取得上海的租界地之後，不論是管理、建設都可以依照自己的意思去進行，連帶的也增加了許多附加的利益，使得其他國家也都想要像英國那樣，可以在繁華的通商口岸有一塊屬於自己的租界地。法國駐上海領事敏體尼（Louis Charles Nicolas Maximilien de Montigny）為此就多次向清方提出要求，直到日前，蘇松太道台（上海道台，上海市長）麟桂只好允其所請，發布了公開告示，將一片面積九百八十六畝的區域，畫為法國人的居留地。一般預料，此後西洋各國將援引此例，在上海畫出一塊一塊的租界。

俄軍艦入黑龍江
強占港灣還命名

趁著英國在鴉片戰爭中把大清弄得焦頭爛額之時，對中國領土一直存在著野心的俄羅斯也採取了實際的行動。今夏，俄國的海軍炮艦便由海上入侵了黑龍江口及庫頁島，不但硬是強占了黑龍江河口灣附近北岸的兩處港灣，還毫不客氣的分別將其命名為幸福灣及聖尼古拉灣。國際局勢專家表示，未來俄軍一定會在此建立軍事營地，以造成占領的既成事實。屆時不論大清帝國如何抗議，除非訴諸於武力，否則俄國人是不可能會將吞到肚子裡的領土給吐出來的。

在俄國強行占領港灣之後，未來中國政府將很難再從俄人的手中要回來

英人依約請求入城　粵督不甩斷然拒絕

由於之前兩廣總督（廣東、廣西聯省總長）耆英，在前年（一八四七年）時曾經允諾，一定會在兩年後開放讓英國人得以依法安全的進入廣州（廣東境內）城內。於是英國香港總督文翰（Samuel George Bonham）便於不久之前，再向清方詢問何時可以入城的相關事宜。但因為之前主事的耆英已被召回北京，繼任的兩廣總督徐廣縉、廣東巡撫（廣東省長）葉名琛又是強硬派，所以便斷然拒絕英人進城的請求，還組織了近十萬人的鄉勇民兵做為後盾。而文翰因為尚未做好戰爭的準備，也只好先將入城一事暫時擱置。不過，由於翻譯上一些技術性的問題，使得清廷以為英國人永遠放棄了入城的權利，便封爵獎賞立了大功的徐廣縉與葉名琛二人。結果此舉又引起英人的不滿，據說英國外相巴麥尊（Henry John Temple Palmerston）已經下令，要文翰率領兵船北上為此提出交涉。一般認為，若此事處理不當的話，又將引發另一波的軍事衝突。

葡督被刺身亡　凶嫌自首判死
澳門被占問題　政府無力追討

年初葡萄牙澳門總督亞馬勒（Joan Maria Forreira do Amaral）在沒有任何法律依據的基礎下宣布澳門為自由港，並將大清的官方人員逐出，任意損毀華人祖墳等種種的惡行，終於反噬在自己身上。日前，當亞馬勒騎馬行至邊界圍柵時，竟被突然出現的一群中國人給刺殺身亡。消息一傳出，西洋各國為之震動，不但葡萄牙方面於幾天後馬上派兵占領了邊界的巡哨及炮台，連英國也派出兩艘軍艦前來聲援葡人的行動。同時，他們還約了法國與美國的公使，一同向中國政府施壓及抗議。就在這起事件快要演變成國際衝突時，刺殺行動的主謀沈志亮就自己向廣州當局投案了，而中國政府也在各國不斷的施壓之下，將嫌犯處以死刑。雖然大清官方對此事件做出了交代，但對於澳門被葡萄牙人強占的問題，卻是無力抗議及追討。

政府出動大軍清剿反對勢力，結果使得各股的殘餘力量全都聚集到洪秀全的拜上帝會去了

廣西會黨遭官軍圍剿　拜上帝會聚各股殘部

廣西近幾年來，由於百姓們生活無以為繼，加上天地會、三合會等會眾又械鬥成習、結夥成黨，不但四處打家劫舍，甚至連官府也不放眼裡，使得當地的亂象已經幾乎到了無法收拾的地步。地方官員無力應付這些狀況，又怕向上呈報會影響自己的官途發展，所以便只好設法隱瞞，然後再予以招撫。只是隨著時間不斷的流逝，情況也愈加的惡化。直到中央政府察覺的時候，已經有二十幾股的反政府勢力各據山頭，甚至占領地方縣城了。

於是清廷派出欽差大臣，並從各省調來大批的軍力，對三合會、天地會等反抗勢力展開圍剿。經過政府軍的一番努力，已有許多的反抗軍遭到肅清。不過出乎官軍意料的是，這些被剿散的各股力量，因為無處可棲，竟然漸漸的匯聚到金田（廣西境內）附近洪秀全所創的拜上帝會去了。原本沒有把拜上帝會放在眼裡的官軍，在驚覺其坐大之後，也開始將矛頭指向金田，準備強力彈壓這股新興的反政府勢力。

第 三 章

太平建國　英法入京

（西元一八五〇年～一八六〇年）

大清時報

GREAT QING TIMES

西元一八五〇年

道光駕崩　奕詝建元咸豐　奕訢受封親王

道光駕崩之後，留下一大堆爛攤子等著新繼位的咸豐皇帝處理

　　元月十四日，享年六十九歲的道光皇帝旻寧（清宣宗）於圓明園中病逝，他在病危之時召集諸王公大臣當眾打開傳位密旨，將皇位傳給二十歲的皇四子奕詝，並同時冊封皇六子奕訢為和碩恭親王（第一等爵位）。政治評論家表示，在之前諸位先帝的傳位詔書之中，向來只會寫明接班的人選，像這樣還特地將另一個皇子加封為親王的不尋常情形，目前為止還是第一次出現。據聞，當初旻寧也曾為了立儲問題，一度在奕詝與奕訢兩人之間猶豫難決，但最後還是選擇了年齡稍長，

性情方面也較符合他要求的奕詝。縱使一般認為，六阿哥奕訢才智及應變能力均優於四阿哥，但當傳位鐍匣打開之後，仍是由奕詝（清文宗）坐上大位，建元「咸豐」。雖然奕詝繼位的年齡只比乾隆皇小了幾歲，但相較於弘曆（清高宗）從父親手中接下的強盛帝國，他接手的卻是道光皇帝所留下的一個爛攤子。如何餵飽這龐大帝國的四億人口、鎮壓國內永不停息的動亂、抵禦船堅炮利的洋人入侵，都是這位年輕皇帝將要面對的終極考驗。

廣西會黨四起　河南捻匪為亂

廣西諸多州縣由於會黨四起，已經造成地方上極大的動亂，雖然廣西巡撫（廣西省長）鄭祖琛已奉命督率文武官員分路掩捕，但三合會仍在陳亞瀆（原名為陳亞貴，官方為醜化故意將其改名）等人的帶領下，連陷修仁、荔浦等地，然後逼近省城桂林（皆廣西境內）。兩廣總督（廣東、廣西省長）徐廣縉在得報之後，已急調二千名廣東部隊前往助剿。另外，河南的情況也好不到哪去，四出橫行的捻匪不但劫掠地方，還竄入鄰近各省，令政府傷透了腦筋。由於各地民變四起，官軍的調度顯得有點捉襟見肘，所以不久前清廷已經傳下密諭，要督撫們就地勸諭仕紳商民舉辦民兵團練，或是出資助餉，以協助政府軍迅速剿平各地的動亂。

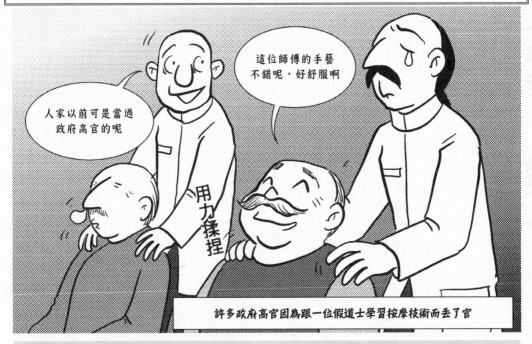

許多政府高官因為跟一位假道士學習按摩技術而丟了官

道士假行醫真斂財　官員學按摩也丟官

就在不久前，檢調單位破獲了一起道士假行醫真斂財的案件。已經遭到逮捕的道士薛執中，被控涉及多起改名易裝，藉著行醫治病或幫人按摩的名義，到處招搖撞騙的詐騙事件。在司法單位深入調查之後，嫌犯已依詐財行騙、煽惑人心、擅議時政之罪名而被判處斬監候（死刑，但暫時收押在獄等候執行）之刑。而受到本案牽扯的，除了因未及時緝拿而遭到革職的步軍統領（京城警備司令官）服濟之外，還有被查出曾經延請薛執中治病或隨其學習按摩的吏部（文官考核任免部）尚書（部長）文慶、護軍統領（禁衛軍司令）豐紳等高級官員，也都一併遭到革職的嚴厲處分。

港督文翰北上會商
入廣州事仍談不攏

因廣州（廣東境內）入城問題而率艦北上的英國香港總督文翰（Samuel George Bonham），於日前率艦抵達上海，與兩江總督（江西、安徽、江蘇聯省總長）陸建瀛就此事進行會談，並要求轉遞英國政府致首席軍機大臣穆彰阿，及大學士耆英的照會。但剛坐上大位不久的奕詝（清文宗）在收到報告之後，便命陸建瀛勸文翰南下，只准其與身兼五口通商事務的兩廣總督（廣東、廣西聯省總長）徐廣縉交涉。由於清方態度堅決，文翰在多次嘗試之後都毫無效果，所以最後也只能垂頭喪氣的返回香港。不過研究國際情勢的學者也提出警告，依英國人的行事風格來看，絕不可能對此事善罷甘休，清廷勢必要有再次面對軍事挑釁的決心，並做好萬全的準備，否則必將付出慘痛的代價。

四川再傳強震
二萬餘人殞命

不久前西昌（四川境內）地區又傳出強烈地震，在一陣天搖地動之後，不但縣城內的衙署、監獄、倉庫全數倒塌，還造成二萬六百餘人被壓死的慘劇。另外受傷的人則是不計其數，財產損失更是無法估算，目前政府已經全力的投入救災的行動當中。如何在財政短絀的狀況之下，盡速的做好賑災及撫卹的工作，將是對政府的一項嚴峻考驗。

不倒首揆穆彰阿議事模稜　內閣大學士耆英崇洋媚外
咸豐一紙詔書　雙雙被拉下台

繼位已經八個月的奕詝（清文宗）忽然於日前無預警的頒下了一道「罪穆彰阿、耆英詔」。以穆彰阿在道光朝辦洋務時排斥異己、誣陷達洪阿、姚瑩等人，又在咸豐帝親政後議事模稜，而耆英崇洋媚外，有損國體等等之罪名。下令將首席軍機大臣（皇帝高級機要秘書官）穆彰阿革職永不敘用，大學士（皇帝高級秘書官）耆英則是降為五品頂戴，以六品員外郎（副司長）候補。政治評論家表示，道光朝的

他額頭那麼發達，一定很聰明…

那是磕頭磕出來的

以「多磕頭少說話」的絕招走紅道光朝的首輔穆彰阿終於下台

當紅首輔穆彰阿，靠著他「多磕頭、少說話」的打混本事揣摩帝意，長居政壇而不倒。其間更利用職權拉攏官員，形成了一個人稱「穆黨」的勢力團體。種種的行為，早就讓奕詝想把這個前朝權臣給除掉，但又礙於朝中盡是穆黨，自己的權位尚未穩固，所以在經過幾個月的安排籌畫之下，終於在日前出手將他拉了下來。穆彰阿、耆英的倒台，除了宣告咸豐時代的來臨，也代表清廷今後將採取更為強硬的態度來對抗入侵的西方各國。

除了自稱是耶穌二弟的洪秀全之外，拜上帝會中也陸續出現許多耶穌的家族成員

拜上帝會金田起事　天父家族凡間無敵

　　由洪秀全所領導的拜上帝會在吸收了附近的會黨力量之後，於十一月底在桂平的金田村起事，向駐於平南縣（皆廣西境內）之官軍發動猛攻。雖然隨後政府便調來援軍進攻金田，並與一萬餘名的反抗軍激戰，但最後官軍仍是敗下陣來。而這一支反抗軍也在擊破官軍之後，聲勢迅速的擴大，在廣西造成極為嚴重的威脅。據了解，由洪秀全所創立的拜上帝會，是以天父及基督為信仰核心，所凝聚起來的一支武裝部隊。而在基督教義

中原本是天父獨生子的耶穌，也在這個奇特的教會組織中多了好多家人。除了精神領袖洪秀全是耶穌的二弟之外，創會元老馮雲山不知怎的也變天父的第三子，而之前被天父附身傳旨的楊秀清則成了天父的第四子。至於多次代耶穌發言的蕭朝貴，也因為娶了天父的女兒洪宣嬌（本名楊雲嬌，為洪秀全結拜的妹妹）而成了天父的女婿。看來，這個由天父家族組成的團體，在凡間應該是沒有人可以打得過他們了吧。

咸豐元年

哈哈…老爸還是比較厲害的啦…

洪秀全雖然自稱天王，但實際上大權都操在楊秀清手中

太平天國成立 洪秀全自稱天王

拜上帝會眾組成的反抗軍自桂平起事之後轉入武宣（皆廣西境內），隨後又兵分三路擊退了來犯的官軍。在取得初步的勝利之後，洪秀全便在眾人的擁立之下在武宣建立「太平天國」，於二月二十一日登基稱為「天王」。不過據了解，由於楊秀清、蕭朝貴三不五時的就會被附身顯靈，然後以天父或耶穌的身分來指導軍國大事，弄得身為耶穌弟弟的洪秀全，不得不對天父上身時的楊秀清，以及耶穌附體時的蕭朝貴恭恭敬敬的。所以太平軍的實權，可以說是大多掌握在楊秀清、蕭朝貴的手上，洪秀全已漸漸的被架空成為精神領袖了。

阿薩姆公司商業竊盜　茶苗及核心技術外流

由於之前英國人戈登（G. J. Gordon）從中國帶至印度試種的茶樹，在品質以及產量上都不是很理想，所以不久後阿薩姆茶葉公司便又派福瓊（Robert Fortune）再次前往中國本土盜竊茶種和茶苗，並偷學更多的種茶技術。福瓊為了怕被中國政府發現，還特地把自己的頭髮給剃掉，然後裝扮成中國人的樣子，深入一些官方禁止外國人進入的地區。

在前後四次到華期間，他可說用盡了各種手段及方法，才終於在今年年初經由上海將二千株茶苗、一萬七千顆茶樹發芽種子，以及八位身懷絕技的中國製茶專家，全都順利的運抵了加爾各答（印度境內）。產業專家評估，福瓊這項成功的商業竊盜行為，將導致中國製茶業的快速衰退，造成茶葉的出口貿易額大幅下降。

陸有捻匪水有海盜　大清官軍應接不暇

根據地方政府的回報，河南、安徽等地區近年來「捻匪」橫行，分別結黨數百或數千人，或是攔路搶劫傷人，或是四出劫掠，已經造成治安上的一大危機。而捻匪之所以形成，是因為在一開始，這地區的遊民會在節慶的時候，點燃浸泡了油脂的紙捻來作法，為人驅災以賺取香油錢。久了之後，這樣的遊民便聚成一小股一小夥的「捻子」，然後逐漸演變成恐嚇取財、勒索搶劫的盜匪。而每次只要是荒年欠收，百姓生活無以為繼，入捻為匪的人數也就跟著增多。雖然目前清廷已經下令地方官員盡力剿除捻匪，但令政府頭痛的是還不只於此，登州水師最近在對付海盜時也吃盡了苦頭。以布興有、布良大兩兄弟為首的閩粵海盜集團，已經將勢力範圍向北擴張到山東沿海，而且裝備及實力都不容小覷。之前海盜與登州水師才一交手，水師官兵便盡皆落水，還被擄去九艘戰船。目前清廷已急命山東巡撫（山東省長）馳往登州，調集三營水師準備進剿。

太平軍進據永安　長毛兵視死如歸

以「天王」洪秀全為首腦的太平軍，挾著全軍含婦幼將近四萬人的實力，在平南大破向榮所帶領的大清正規部隊，並於閏八月時進據了永安城（皆廣西境內）。這支由農工遊民所組成的太平軍，原本應該只是些沒有受過專業訓練的烏合之眾，但之所以能夠發揮驚人的戰鬥力，以幾乎瘋狂且不怕死的作戰精神，屢屢打敗大清帝國編制內的部隊，其實是有原因的。據記者所獲得的情報，太平軍在作戰前，楊秀清、蕭朝貴等人常常都會藉著天父、耶穌附身來發表精神講話，鼓舞全軍的士氣。而洪秀全也發下詔令，允諾所有與他一同打江山的信徒，將因功獲得丞相、檢點、指揮、將軍、侍衛、軍師等大小不同階級的封賞，就算是戰死升天，日後在天庭的官爵封賞也將累世世襲。由於有了對未來無限的期望，所以這些被稱為「長毛」的太平軍打起仗來，就變得個個不要命了。太平軍在進入永安之後，洪秀全已經下詔將各軍所搶得的所有金銀財物全數繳入「天朝聖庫」之中不得私藏，以做為統一之管制及運用。而清廷在得知永安失陷後，也立刻調集兩路大軍，分南北兩路對永安展開猛攻，但因太平軍堅守不退，所以清軍至今仍未能攻下。

長毛軍打起仗來視死如歸，讓清軍聞風喪膽

英國對華政策改變　改與法國聯手施壓

據可靠消息來源指出，由於這幾年來國際情勢的改變，英國已經放棄了原本要將中國併吞為殖民地的計畫。因為他們發現中國是一個高度集權的國家，根本不可能複製印度經驗把大清帝國分而治之。同時，也由於法、美等國已經快速的進入這市場分一杯羹，使得想要鯨吞獨占的大好時機已經不復存在。所以英國政府必須改變政策，要與西洋諸國一起用武力來逼迫大清政府，以威脅而不作戰的方式，在不平等的條約之下，全面開放沿海及內陸市場，來達到賺取大量財富之目的。等到中國全面開放之後，由於英國在華的經濟規模早就遠大於其他各國，所以最後真正得利的也只有英國自己而已。雖然美國人似乎已經識破了英國人的動機，而不願意加入此陣營之中，但法國方面，似乎已對此行動表達了高度的興趣。

西王 蕭朝貴 八千歲

天王 洪秀全

我是萬歲哦

東王 楊秀清 九千歲

北王 韋昌輝 六千歲

南王 馮雲山 七千歲

翼王 石達開 五千歲

太平軍分封諸王　權歸東王楊秀清

太平軍在進入永安（廣西境內）安置妥當之後，於十月在城中大封諸王。其中掌握全軍實權的「左輔正軍師」楊秀清被封為「東王」，稱九千歲，管治東方各國；「右弼又正軍師」蕭朝貴為「西王」，稱八千歲，管治西方各國；「前導副軍師」馮雲山為「南王」，稱七千歲，管治南方各國；「後護又副軍師」韋昌輝為「北王」，稱六千歲，管治北方各國；左軍主將石達開為「翼王」，稱五千歲，羽翼天朝，並詔令諸王皆受東王楊秀清所節制。同時，在南王馮雲山的構想基礎上，建立了太平天國初期的官制、禮制、軍制，並推行自創的曆法「太平天曆」。不過也有人指出，太平天國在初起之時便分封諸王，時間上可能有點太早了。因為接下來要是諸王再有戰功的話，那要再往何處升等？難不成把九千歲也升成萬歲，那不就出現兩個萬歲爺了嗎？這個問題是太平天國高層所必須要謹慎思考的。

海盜投降繳械獲赦

　　早先在山東登州海口擊敗官軍水師，並擄去多艘水師船艦的海盜布興有兄弟，在三營的大清水師圍剿之下，已於日前竄逃到福建海面，並主動向政府軍請降。在呈繳之前所擄來的二十餘艘水師船艦、二百餘名水軍、近三百名商船水手，以及三百餘位鐵炮之後，清廷已傳諭給予特赦，答應不追究六百餘名海盜的刑責。

對教義一知半解　太平國頻鬧笑話

　　據宗教學者表示，洪秀全因為本身對天主教義的一知半解，而在創立太平天國的時候鬧了不少笑話，其中一個就是把「聖神風」的封號給了楊秀清。所謂的「聖神風」，其實就是「聖靈」的另一個譯名，而在天主教的教義中，天父、耶穌、聖靈可是同列神格的，這比自稱為耶穌弟弟的洪秀全還高了一等。不過，洪秀全在與天主教的傳教士爭辯教義時，還是堅持說這個「聖神風」並沒有什麼，因為就連石達開也有個叫做「聖神電」的封號。另外，信奉天父、基督的太平軍，基於不准崇拜其他異端偶像的教義，竟然不識天主堂裡面的聖母聖嬰像，而錯把聖母瑪利亞當作是送子觀音，然後全都砸個粉碎。諸如此類的種種趣聞，已經讓西洋各國的傳教士有點哭笑不得了。

清大軍圍困永安　太平軍轉攻桂林

太平軍入據永安（廣西境內）之後，由各路調來的清軍自去年底開始亦陸續進逼，先由向榮及烏蘭泰所領的部隊分由南北兩路強攻，隨後賽尚阿又統率大軍於城北三里處安設大營。期間雖然太平軍屢次出兵突擊清軍大營，但均被清軍給擊退並發動反擊，以重炮狂轟永安城，還用重兵堵截對外的通路要道。受困在城中的太平軍因為糧食及彈藥即將耗盡，只好於二月中冒雨突圍，殺出清軍

的包圍線。之後雖然先被烏蘭泰大敗於古蘇沖，折損了不少人馬，但不久後又反過來大破清軍於昭平，然後兵臨桂林（皆廣西境內）城下，並於象鼻山上架炮轟擊大清守軍。三月初，烏蘭泰率部隊往象鼻山挺進，再次與太平軍發生激戰。但此役中清軍受到挫敗，主將烏蘭泰在被炮火擊傷後不治死亡。目前太平軍仍持續對桂林發動攻擊，絲毫沒有放鬆的跡象。

豬仔暴動　海上喋血
可憐華工被拐賣出洋

一艘從廈門出發，載滿四百七十五隻豬仔，準備賣往舊金山的英國船隻，在二月下旬於海上發生暴動。不過這船上的「豬仔」可不是真的小豬，而是指那些被誘賣到外國去當苦力的華工。由於在船上開伙時，外國水手都會用一

> piggy…
> piggy…

咚！咚！

可憐的華工在船上受到不人道待遇

個大木盆裝盛著食物，然後拿到底層又髒又臭、既陰暗且潮濕的貨艙中，用那種農家叫喚豬隻的聲音要他們前來吃飯，所以這些可憐的民工便被戲稱為豬仔。而這批華工發現自己將被賣掉之後，不肯就範，便群起殺死英國船主，並在琉球（沖繩，日本境內）八重山島登陸上岸。但不肯善罷甘休的英國人，不久後便又派船登島捕拿了二十三名華工，硬是將他們押往外洋。原本，洋人是以較緩和的方式招募窮民出洋工作，不收他們船資與飯錢，但第一年的工作所得則歸船主所有。只是這幾年來，因為招募不易，所以這些洋人的手段已變得更為激烈。為了滿足人口販子的需求，使用各種方法誘騙，或是直接以武力綁人的案例，近年來在沿海地區可說是層出不窮，初步估計每年受害人數約在數千至上萬人之多。

長毛軍轉入湖南
馮雲山傷重身死

久攻桂林不下的太平軍，最後決定放棄原來的計畫轉攻全州（皆廣西境內）。但由於全州守軍的頑強抵抗，使得整個攻擊行動又顯得格外的艱辛，南王馮雲山也在攻城過程中被炮火擊中而身負重傷。不過，南王的意外受傷，卻激起了太平軍的怒火，誓必破城復仇的太平軍最後終於轟倒城牆，全軍湧入城中大開殺戒，把知州、參將等一千多名守軍全都屠殺殆盡。隨後太平軍離城沿水路北上，在全州與永州（湖南境內）間的蓑衣渡，遭到江忠源所率的鄉勇民兵伏擊。在激戰兩天兩夜之後太平軍損失慘重，只好棄船改由東岸翻越山嶺竄入湖南地區，而馮雲山也在此時因傷重而死。

南王馮雲山之死激起太平軍怒火，清軍慘遭無情屠殺

新疆又傳回民滋擾

新疆地區入夏之後便傳出多起回人騷亂之事，先是有人趁著邊界巡防哨的守兵熟睡之際，糾眾偷入巡哨縱火並傷斃官兵後逃匿，接著又有另一批人突入巡邏哨內襲擊當地的村落。只是當官方在得到消息並發兵追剿後，這些人便又逃出卡外不見蹤影，令當地的邊防部隊頭痛萬分。

粵督徐廣縉追剿
羅鏡凌十八敗亡

廣東羅鏡地區勢力最大的凌十八自去年（一八五一年）起事後，影響力擴及廣東、廣西兩省，人數近萬的部隊，前前後後與官軍發生過上百次的戰鬥，令政府軍傷透了腦筋。在清廷不斷的要求之下，兩廣總督（廣東、廣西聯省總長）徐廣縉親自督戰，經過一年的纏鬥，終於在今年六月一舉殲滅殘存的一千餘名反抗軍，並取下凌十八的首級。

繼南王馮雲山之後，太平軍西王蕭朝貴也魂歸天庭

煤工新編土營專掘地道
西王奔襲長沙意外升天

　　太平軍在進入湖南之後，便很快的進襲了道州，並在占領該城之後，得到當地許多反政府會黨的響應。為了讓人員得到整補休息，以及增補修復許多攻城及戰鬥器械，太平軍也就地休息了兩個月。重新恢復元氣的太平軍，接著便棄道州繼續前進，以極快的速度攻占了郴州，並在此募得了將近三萬名的生力軍。由於這一批新軍之中，有不少是附近的煤礦工人出身，所以便將這些人另行編立了專門掘地攻城之用「土營」。就在此時，太平軍又探得湖南後防空虛，便派西王蕭朝貴率軍避開清軍重點防禦的衡州，由湘東山道向長沙（皆湖南境內）奔襲而去。不過就在進攻作戰時，西王蕭朝貴也步上了馮雲山的後塵，於戰鬥中被炮火擊中而回歸天庭。清軍統帥賽尚阿在得知太平軍突襲長沙後，則是緊急調派各路部隊赴援，終於在城垛已被轟去數尺，即將失守的時候驚險趕到，暫時守住了長沙。

長沙激烈攻防
雙方形成拉拒

　　天王洪秀全及東王楊秀清所率領的太平軍主力，於九月時開赴長沙（湖南境內），加入圍城猛攻的行列。同時，太平軍也派出將近七千人的部隊，繞至瀏陽門外校場，兵分三路向清軍各營發動攻擊。不過行動不但沒有成功，還當場被陣殺了四五百人。不久，賽尚阿統率的大批清軍也陸續開抵長沙並發動攻擊，在漁網洲擊殺了將近三百名的太平軍。但太平軍方面攻城的節奏並沒有因此而停頓下來，仍是繼續對長沙圍城猛攻。同時還讓新編的土營士兵開挖地道，以地雷轟炸城牆基石，造成南城塌陷出四丈多的缺口。最後近三千名的太平軍從這個缺口蜂擁而上，但就在快要成功的時候，清軍副將鄧紹良卻領兵躍出缺口外奮勇禦敵，期間雖然右臂被槍炮所傷也繼續堅守，終於把入犯的太平軍擊退，化解了一次危機。不過到了第二天，太平軍又再度從地底引爆地雷，然後派兵強攻。這次清軍將領和春、江忠源等人仍是奮力衝殺，再一次逼退了敵軍。

誘賣豬仔被毆 英軍登岸行凶

十月間，有兩名在廈門（福建境內）的英國人，因為企圖誘賣民人出洋當豬仔，在事跡敗露之後被當地百姓給毆打成傷。但是英國海軍卻因此而採取報復手段，在三天後派出軍艦登岸開槍行凶，造成了當地百姓四死五傷的慘劇。不過，大清官方到目前為止，都還沒有要向英方提出抗議的跡象。

太平軍轉入湖北直逼武昌

在長沙與清軍形成拉拒戰的太平軍，雖然之後又以地雷進行了第三、四次的轟炸，在城牆上弄出不小的缺口，但卻仍然無法順利突破。由於久攻不下，太平軍最後只好決定撤圍，準備乘著雨勢夜渡湘江。為了不讓清軍發現，太平軍在撤圍前還派出間諜到城中製造假消息，聲稱他們正對準了天心閣的方向挖掘地道。等到第二天，被迷惑的清軍登城遙望時，才發現城外的營寨早已在一夜之間全部撤空了。成功脫離長沙戰場的太平軍隨後兵鋒一轉，便往益陽方向前進。但這次因守軍早已望風潛逃，所以在未遭遇抵抗的情況下，太平軍便輕鬆占領益陽，盡得城內所有的軍械糧餉，以及大批吳三桂時期留下的炮械，還繳獲了五千艘的湖船。有了大批的船隻以後，太平軍便又順流而下攻占了岳州（皆湖南境內）。在物資糧餉獲得補充之後，又棄岳州，分以水陸二路進軍湖北。陸路先據蒲圻，水路則是攻陷漢陽並直逼武昌（皆湖北境內）。不過，軍事分析師也表示，由太平軍的行徑看來，其作戰方式與

傳統的流寇相同，都是沿途招聚流人農民，然後在各地鑽隙流竄，行蹤飄忽而難以捉摸。這樣的打法，優點是行動快，集團的發展也得以驚人的速度成長。但缺點則是因為沒有建立自己的根據地，只是占一城丟一城，若不一鼓作氣攻入北京的話，可能不久之後便會遇到瓶頸。

捻匪十八鋪聚義 盟主張洛行抗清

今年因為河南、安徽等地遭逢大旱，農民生計受到嚴重影響，使得入捻的人數又突然增多。以張樂行為首的捻匪，便聚集了上萬人之眾，並攻占了永城（河南境內）。不久，好幾股的捻匪齊聚亳州（安徽境內）歃血為盟，公推張樂行為盟主，對外號稱「十八鋪聚義」，正式舉起反清大旗。

許多在家等候實缺或是像曾國藩一樣正在丁憂的官員，都收到清廷委託辦理團練的命令

丁憂侍郎曾國藩受命辦團練
協防鄉里數十位官員獲委任

由於近幾十年來烽火遍地，大清帝國的正規軍隊在東征西調的作戰之下，已逐漸顯露疲態，無法滿足任務上的需求。這使得清廷再想出另外一個辦法，就是讓那些因故在家鄉等待候補實缺，或是丁憂（父母去世）守孝的官員們，可以就近協助地方督撫辦理「團練」，也就是訓練鄉里之間的武裝民兵，以協助官軍執行當地搜查匪賊、保衛鄰里的任務。在通常的情況下，這些團練的經費會由地方的鄉紳們來負責，但若配合官軍出任務時，政府也會撥出經費來支應糧餉。這幾年來，就有好幾十位的在籍官員收到這樣的諭令，以便分攤督撫的繁忙軍務及剿匪責任。目前正以母喪丁憂在家的前禮部侍郎（教育部次長）曾國藩，日前也收到了這樣的召喚。只是，不曉得這位官階從二品的前中央部會官員，在湖南辦起團練的時候會和其他人有何不同了。

太平軍兵進武昌城 楊秀清海選東王娘

兵臨武昌（湖北境內）的太平軍翼王石達開部隊，於十二月在文昌門下掘開地道，並以地雷炸塌了二十餘丈的城牆，接著主力部隊於缺口湧入，在擊潰守軍之後成功的占領了武昌。此役中，湖北巡撫（湖北省長）、提督（軍區司令）、布政使（省級行政長官）、按察使（省級司法首長）等人，以及所有官兵全部被太平軍所殺，總督（聯省總長）徐廣縉也因此被革職拿問。太平軍入城之後，東王楊秀清傳令不准傷害百姓，並於城中設置「聖庫」以存納珍寶，盡收城中鹽米。然後將百姓依名氏年籍，以二十五人分為一館，每日配給米鹽等生活物資。不過，太平軍中最具實權的東王楊秀清，也同時下令要所有十三至十六歲的女子向官府報到，以備後宮選用。許多父母在無奈之下只好用髒汙把女兒的臉塗黑，但誰知太平官府卻在報到處準備了清水臉盆，讓這些少女先把臉洗乾淨再去參選。最後六十個條件較好的美女，都被楊秀清選作「東王娘」帶進後宮了。

雖然許多父母為了不讓女兒被選為東王娘都會先把把臉塗黑，但甄選時還是被要求洗乾淨

南京色變 太平定都
財產公有集體勞動 男女隔離百工分館

太平軍在進入南京之後重新編查戶口，將城內的所有男女及夫妻都分開隔離管理

太平軍在取得武昌（湖北境內）後，又分以水陸兩路前進。水師先占九江、彭澤（江西境內）又據安慶（安徽境內），陸師則是攻克了湖北的蘄州。隨後，擁兵已達五十萬的太平軍終於向南京發動攻擊。先使出挖地道埋炸藥轟塌城牆的絕招，把城牆炸出一個大洞，然後大軍再從這個缺口湧入城中與守軍進行肉搏。經過一番激戰，只見屍橫遍地血流成河，兩江總督（江西、安徽、江蘇聯省總長）陸建瀛、江寧將軍（江寧指揮官）祥厚，以及駐防的二萬餘名官軍全數戰死，華南指標性的政治中心南京終於落入太平軍

之手，距洪秀全永安（廣西境內）出發，只用了不到一年的時間。入城後，東王楊秀清傳令重新編查戶口，將城內的男女分開，男子以二十五人為一牌編入軍隊，女子則以二十五人為一館隨同勞動，具有各項技能及專長的工匠，則編入各工作室中。所有查封的公產均入「聖庫」，民眾私有的財產則勒令進貢沒收。家人不得私聚，夫妻也不許同床，除了王侯等級以上的領導階層之外，都要依照分配同吃同住並一起勞動。最後，將南京改稱為「天京」，兩江總督府衙改為洪秀全的天王府，正式在此定都。

【專題報導】太平天國的官制

　　太平天國的最高統治者為「天王」，在天王以下為世襲罔替（爵位可以世代承襲而不會遞減）的「東王」、「西王」、「南王」、「北王」及「翼王」，接下來是受封的諸王，以及次一等的侯。官職部分則是文武不分，職位最高者為「丞相」，但丞相又分天、地、春、夏、秋、冬六官，其中又有正副之別總共十二級。緊接其後的為「檢點」、「指揮」、「將軍」、「總制」、「監軍」、「軍帥」、「師帥」、「旅帥」、「卒長」、「兩司馬」等階層。在編制上以五人為一伍、五伍為一兩、四兩為一卒、五卒為一旅、五旅為一師、五師為一軍。雖然天國名義上的統治者為天王，但其實天王只是個虛位元首，真正的實權掌握在東王手上。東王府不但有被稱為「東殿」的獨立行政系統，分設六官丞相來管理整個國家的運作，甚至還可以單獨舉行稱為「東試」的科舉考試。但就整體制度看來，整個太平天國並沒有地方政府的規畫，以目前的體制看起來，倒不如說是一個大型軍營比較恰當。

大清太平兩虎相爭　西洋列強宣布中立

　　太平天國定都天京（南京）的消息不但造成國內極大的震撼，連西洋各國也密切的關注局勢的發展。據聞，英國政府日前已迫不及待的令香港總督文翰（Samuel George Bonham）乘艦直駛南京，試圖與太平天國進一步接觸。雖然目前英、法、美等國皆表示將保持中立，不會介入中國的內戰。但評論家也指出，洋人表面上說是保持中立，但實際上並不會絲毫放鬆入侵的機會。他們極有可能會利用中國的內戰，進一步擴大在華利益，甚至派兵強占領土、奪取租界自主權或海關管理權，然後再視戰局的發展，決定下一步棋要怎麼走。

我恨你！

我也恨你！

曾國藩所訓練的湘軍雖然成功的平定了許多動亂，但也引起地方督撫的不滿

曾剃頭文字新解　楚練勇威力成軍

去年（一八五二年）受命幫辦團練的曾國藩，為了能訓練出一支具有作戰力的部隊，所以採取了與其他人完全不同的方法。首先，他挖空心思在皇帝交辦的「團練」二字上大作文章。將原本不會遠離家鄉，只以保境安民為主的「團練」民兵，硬拗成符合本意的「團」，以及另一種可以離鄉作戰的「練」。在「團」的掩護下，以「練」為機動部隊，以便隨時可以開赴各地進行鎮壓。結果不出幾個月的時間，曾國藩的「湘軍」便真的平定了湖南境內各地的動亂。但隨著不停的征戰，他和地方官員之間的矛盾也越來越深。因為在剿賊過程中，對於所擒獲的匪首他都直接在軍前自定罪名大開殺戒，還得了個「曾剃頭」的綽號。但這樣的舉動，可是大大的侵犯了按察使（省級司法首長）的職權，也阻擋了那些想從審判中撈點好處的各級官員財路。再者，以往團練民兵的指揮權，都是歸於地方督撫節制，但曾國藩的部隊不但督撫指揮不動，有時官軍還被要求隨同這支雜兵一同操練，甚至還得出錢幫他養兵。而曾國藩之所以有這種能耐，都是靠著他利用昔日京官的身分，取得專摺奏事的權力，直接讓皇帝在奏摺上批准它所提出的各項要求。由於咸豐皇帝已經被太平軍搞得頭昏腦脹，所以不論是曾國藩從幫辦民團到自辦練勇，還是具摺請求撥餉購炮造船，只要別從中央要錢又對軍事上有利，他都會一概批准。只不過，由於和地方官員的關係越來越惡劣，曾國藩也只好以鎮壓盜匪為理由，在奏准之後帶著他的部隊移防衡陽（湖南境內），以避開不必要的困擾。

太平軍分兵開始北伐
清兵設江南江北大營

太平軍天京（南京）站穩腳步之後，決定開始向外擴張。在東王楊秀清的指揮下，冬官正丞相羅大綱不久前已攻占鎮江，而天官副丞相林鳳祥、地官正丞相李開芳率領的部隊，也在橫掃揚州之後，開始北伐大作戰。勢如破竹的太平北伐軍，以很快的速度連克浦口（皆江蘇境內）、滁州，又破臨淮關、鳳陽，再下懷遠、蒙城、亳州、睢州（皆安徽境內）等地，直指大清心腹之地，形成極為嚴重的威脅。而清軍方面，在徐廣縉因調度失宜被擬罪待獄之後，又重新做了布置，由向榮在南京城東一帶設立「江南大營」，而在北岸，琦善也以重兵結下「江北大營」，準備隨時奪回南京。

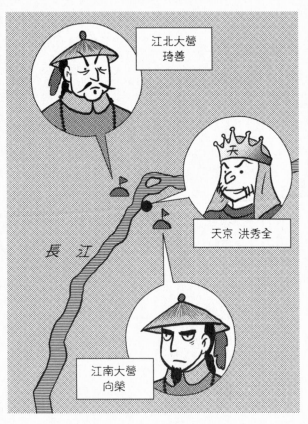

江北大營 琦善

天京 洪秀全

長 江

江南大營 向榮

——上海淪入小刀會手中　後續洋人態度成關鍵——

繼福建「小刀會」於四月間占奪了海澄、安溪、同安、廈門等縣衙後沒幾個月，上海另一支以劉麗川為首的小刀會，也跟著發動了武裝起事，在很短的時間內便拿下上海，並活捉了蘇松太道台（上海道台，上海市長）吳健彰。自知勢單力孤的劉麗川，為了能找個靠山來提升自己的身價，在進據上海當天，便親自到租界裡去拜訪各國公使，表示上海小刀會是太平天國的分支集團，希望各國可以保持中立，而他則一定會保證各國租界的安全。雖然劉麗川也立刻向太平軍示好，但

一來因為上海與天京（南京）之間被清軍所阻隔，二來因為太平天國的領導階層認為這批人既不信奉上帝又吸食鴉片，因此刻意對小刀會保持冷漠的態度。一般認為，實力不強的小刀會，既得不到太平軍的外援，內部黨派又爭吵不休，所以前途並不被看好。但要是外國勢力介入的話，情況也可能出現戲劇化的發展。上海的未來到底會回歸大清掌控，還是由小刀會繼續管理，或是就此淪入洋人手中，關鍵點可能就在英法等國家的態度了。

趁火打劫 英人接管上海海關

日前在上海租界的英國領事館發表了一份聲明，表示由於小刀會暴動，為了保護海關的安全，將派軍艦進入江面進行守衛。同時由於中國政府已經無法在小刀會占領期間行使職權，所以海關將由英國政府暫為代管。雖然這話說的好像是英國好心在幫大清處理問題一樣，但經過記者的深入調查，發現事實根本不是這麼一回事。據一位當時人在現場的美國籍官員所述，當小刀會暴動那一天，他親眼見到英國商人帶著一批人，趁亂闖入中國海關，將寄存於海關之中尚未扣稅的大批貨品都強行搬走。原來，因太平軍起兵以來，進口的洋貨就面臨滯銷的窘境，洋商們因為貨物賣不出去，便先將貨品都寄存於海

關的庫房之中，等到有買主的時候再報關納稅，然後將貨物提領出來。而當天由於整個上海一團混亂，連身兼海關監督的蘇松太道台（上海道台，上海市長）吳健彰都被抓了，於是英商為了省下關稅，便不甩中國的海關人員的制止，趁亂把存貨強行都搬走了。而海關公署在被英國人洗劫之後，因為門戶大開，所以也有許多的遊民跟著潛入行竊。隨後英國人又藉口說海關被亂民搗毀，而把軍艦斯巴達人號駛入江面，並派人守衛已成廢墟的海關公署。但其實英國人這個動作的目的，根本就是純粹要防止中國的海關人員回來重新設關，然後以中國政府無法行使職權為理由，找到一個藉口以取得海關的控制權。

【國際要聞】黑船來航 日本震撼

據本報駐日本記者傳回的消息，不久前由美國東印度艦隊司令培里（Matthew Calbraith Perry）率領的四艘軍艦，駛入了江戶灣（東京灣），要求呈遞國書給日本官方，並商談開放貿易的問題。由於日本人從來沒看過這種船體被塗成黑色，還冒著煙的怪船，所以當晚江戶城（東京）可說是一片混亂，有許多人還為此前往神社，祈求神風可以將黑船摧毀。在美艦的威脅之下，日本政府無力抵抗，最後只好藉口說要天皇批准才能接受這些要求，暫時將事情給拖了過去。而培里也因為還有其他任務在身，所以沒有輕易動用武力。

但在臨去之前，培里也丟下狠話表示明年還會再來，要日本在這段期間之內做好準備。研究國際情勢的學者表示，黑船事件已在日本政壇投下了一顆震撼彈，未來不但開放貿易勢在必行，在接受了西洋文化及現代化武力的衝擊後，幕府制度也極有可能會因此解體，而強迫日本走向改變之路。至於這條路是通向被西方列強所殖民，還是會讓國家脫胎換骨，就要再繼續觀察了。

—— 太平軍北伐打進直隸 大清出重兵護衛京師 ——

一路勢如破竹，在北伐途中戰績驚人的太平軍由氾水渡河，攻克了溫縣之後，入夏便開始對懷慶（皆河南境內）展開圍城攻擊。但因清軍堅守不退，久攻不下的太平軍便只好撤圍改打潞城與黎城（皆山西境內）。氣勢正盛的長毛部隊隨後進入直隸，先是奪下臨洺關，接著又大破沙河縣，然後衝破深州、

滄州二地並大肆焚殺。為了護衛京師，清廷亦派出重兵與長毛軍在天津（皆河北境內）激戰。雖然雙方在此役中都付出了慘重的代價，但最後清軍仍以優勢兵力將太平軍給暫時困住。由於敵軍已經打到家門口，所以目前北京方面已經宣布戒嚴，整體情勢可說是非常的緊張。

打仗燒錢速度太快
政府濫印鈔票應急

由於各路軍需餉銀耗費驚人，咸豐為了能徹底擊垮太平軍，不但從戶部（財政部）庫銀大筆撥支，從各地封貯銀中調解，甚至是動用他內務府（宮廷事務部）的私房錢也毫不手軟。只是打仗燒錢的速度實在太快，就算是把府庫的銀兩全部都搬出去，把宮廷內大量的精緻工藝品及金飾都拿去鎔鑄換錢，也無法支應所有的開支。日前，內務府已經向皇帝提出嚴重的警訊，表示皇帝小金庫的存銀只剩下四萬一千兩，已無法再額外支應戰爭的任何開支。而戶部（財政部）的國庫存銀情況也好不到哪裡去，算一算

老公，沒錢買菜了，快去銀行領錢…

我馬上給你

滋滋！

EPSON

政府開始大量印製鈔票來應付打仗所耗掉的龐大花費

竟然只剩下二十九萬兩，連在京官兵的薪水都發不出來了。為了解決財政困境，政府除了縮減文武官員以及兵丁的薪俸之外，還開鑄了面值五十、數百、上千的大錢。甚至大量發行面額最高達五十兩的大清寶鈔，以及面額一千文到十萬文、一千萬文不等的錢票，來做為應急發餉之用。財經學者表示，減薪欠餉將導致士兵因鬧餉起事而增加動亂的機會，濫發大錢及紙鈔也將引發更為嚴重的金融災難。政府如此無限量的發行自己沒有能力兌現的紙鈔錢幣，將使得國家信用破產，引發無法控制的通貨膨脹，到時全國經濟將陷入停頓及瓦解。

北伐部隊受困嚴冬　孤軍深入前景堪憂

因太平天國高層把主要戰力都放在保衛天京（南京）的重任上，又讓翼王石達開分領了一部分的兵力西征以保證首都的物資供給，使得已經打到天津的北伐兵士成了一支孤軍作戰的部隊。而隨著時序漸入寒冬，北伐軍最可怕的敵人也由清軍變成了天寒地凍的北國氣候。這些習慣於在兩廣山區赤足行走的

南方部隊，既沒有可供保暖的衣物，也沒有在嚴冬中打仗的經驗，再加上北方的糧食吃起來又不習慣，因而陷入了飢寒交迫的窘境。而這時，清廷已經調動了由科爾沁郡王僧格林沁所率領，以勇猛剽悍聞名的蒙古鐵騎入關助剿，眼前的局勢對於北伐軍來說可是極為不利。

大清時報

GREAT QING TIMES

西元一八五四年

甲寅

咸豐四年

天王妻妾成群 南京皇城擴建

有消息指出，天王洪秀全由於妻妾人數太多，沒有辦法一一記住她們的名字，所以便用一號、二號等來做為稱呼。而為了安置這一到八十八號的老婆，打從去年（一八五三年）定都天京（南京）後不久，便下達了擴建皇城的命令。雖然這座動員了萬名男女工匠日夜趕工，規模不在北京城之下的天京新城，在初步工程完竣後便意外失火而燒成灰燼，但洪秀全已在日前下令原址重新再建一座規模更大的皇城。由種種跡象看來，入據天京的領導高層，對於北

洪秀全，你願意娶八十八號為妻嗎？

我願意

洪秀全由於妻妾太多記不住，只能用編號做為稱呼

伐一事似乎只是做做樣子，並沒有真的要挾氣勢攻下北京的打算。天王洪秀全原本只是個失意書生，而掌握實權的東王楊秀清亦是燒炭工出身，相較於本來的一貧如洗，如今已是叱吒風雲，在南京這個天堂般的地方享盡榮華富貴，身邊的娘娘也都多達數十人。已經一頭栽進南京富貴豪奢生活中的洪秀全及楊秀清，現在自然不會想再有什麼冒險之舉了。否則，要是太平軍主力一鼓作氣北上的話，清軍的防線也未必能守住北京。

湘軍練成 初顯威風

在去年（一八五三年）兩度以練兵未成為由，推辭了朝廷徵召命令的曾國藩，日前終於將他練成的湘軍投入戰場對抗太平軍。這支總兵力有陸軍十營、水師十營、四百艘大小船、四百餘位火炮，共計一萬七千名兵力的湘軍，已對戰局產生了極大的影響。雖然一開始湘軍水師在靖港遭到重大挫敗，但不久後便因為湘潭的陸師連連獲勝而全面反轉戰局，將太平軍給逼退到岳州（皆湖南境內）去了。而曾國藩也利用這個空檔重新整軍，將打勝仗的部隊擴編，打敗仗的全數撤營。目前經過整併，湘軍的規模已經汰除縮減到四千餘人左右，將以此為基礎，重新進行整補與訓練。

清軍反攻上海小刀會　竟遭英國義勇軍擊退

在上海被小刀會占奪之後，清廷便重新在兵力上做了部署，在裝備及人數都占優勢的情況下對小刀會發動了反擊。但在日前圍城的清軍接近城北時，卻發生了一件清軍怎麼樣也沒有想到的事，就是擊退他們的竟然不是小刀會成員，而是一支英國人所組成的「上海義勇軍」。據了解，之前中英雙方所簽定的租界條例中，只賦與英人租地蓋屋的權利，但租界內的行政管理權仍歸中國政府所有。而這一次英人之所以出手，除了要維護自己在租界的各項權益之外，更重要的是他們想以小刀會作亂為由，在「不得已」的情況之下成立一個臨時組織來接管，最後造成由英國管理租界的既定事實。

僧格林沁鐵騎入關
北伐部隊遭到鎖死

騎兵隊果然是步兵的最大剋星，在僧格林沁的鐵騎加入戰局之後，太平北伐軍就陷入前所未有的困境之中。好不容易在嚴冬中撐過好幾個月的太平軍，年初試圖突圍南歸，但卻因為速度不及騎兵部隊，而於三月的時候被圍於阜城。雖然在五月時好不容易又竄入連鎮（皆河北境內），但不久便又被清軍給鎖死而動彈不得。於是北伐軍只好一分為二，由林鳳祥率主力部隊繼續與清軍拉鋸，李開芳則率少數輕騎突圍。但這支突圍部隊從高唐轉到馮官屯（皆山東境內）後，仍是遭到清軍封鎖，目前只能就地苦守待援。

僧格林沁

俄艦駛入黑龍江內　建村設炮嚴重侵權

根據東北所傳來的最新消息，一支以八十幾艘船艦、二千餘名兵丁所組成，並攜帶著許多牛馬牲畜的俄羅斯艦隊，不久前在沙皇的批准之下，已經沿著黑龍江闖入了中國境內。由於大清守軍在東北的兵力及裝備明顯不足，所以邊防部隊也只好任其通過而沒有加以阻攔。目前這支俄羅斯艦隊已在黑龍江下游，沿途建立了六個移民村，並在其中打鐵練兵，還於沿江架設大炮。但令人更意外的是，當奕詝（清文宗）獲報之後，竟然不是下令驅逐或是向俄方提出嚴重抗議，而是指示邊防軍盡量不要和俄人起衝突，等這些入侵的船隻自行駛回即可。咸豐帝還特別叮嚀，要是還有其他俄羅斯船隻繼續前來的話，就對他們分析事理並曉以大義，勸他們自己回去。但是從俄人多年來對侵吞中國領土所顯露的野心來看，這種說理退敵的方法，簡直就是痴人說夢了。

天地會湊熱鬧圍廣州 粵總督葉名琛陷危機

就在清廷忙著撲滅太平軍之火時，在廣東的天地會也發動了大規模的武裝暴動，先後攻占東莞、佛山、花縣、三水、順德，並企圖奪下廣州城。由於廣東境內的官兵早已調往外省協助鎮壓太平軍，使得兩廣總督（廣東、廣西聯省總長）葉名琛手上可用的兵將實在是少得可憐。面對這次的重大危機要如何渡過，正考驗著葉名琛的處理能力。

大不列顛專搞小動作⋯⋯ 英人惡意攔阻海關復設

小刀會暴動時便被活捉的蘇松太道台（上海道台，上海市長）吳健彰，雖然在被擒兩天後便因美國人的交涉而重獲自由，但隨後當他想要回到以前的海關辦公室時，卻被英國人給擋在門外而無法進入。原本他打算就在同一條街上另外租間房子，然後讓上海海關可以趕快重新恢復運作，但沒想到卻又被英國人所阻擾。於是只好再退一步，從洋商手上租了兩艘鐵皮船，想說乾脆克難一點把海關改設在黃埔江上就算了，不過仍然遭到英國軍艦的驅逐。反正英國人已經打定了主意，無論怎樣，也不會讓中國的海關重新開張。吳健彰最後被逼得走投無路，也只好無奈的接受英國領事阿禮國（Rutherford Alcock）的建議，由各國領事來代徵關稅。但是說穿了，其實所謂的代收關稅根本只是個幌子。除了美國領事有真的要求美商誠實繳納之外，中國政府並沒有從英國領事那裡收到任何現款。因為英商竟然在

滬道無奈同意關稅代徵

英國領事的特許之下，只依稅額打了張保單（promissory notes）做為貨物入關的繳稅憑證，但這張保單是否可以兌現又必須得到英國女王的批准。財經專家認為，英國人所打的如意算盤，就是萬一因為戰亂而遭致財產有所損失時，英國女王便會批准這張保單，讓英商依據所繳納的極小稅額，來向中國政府索取巨額的賠償。但要是英人沒有財產損失的話，到時英女王便不會批准保單，屆時保單將形同廢紙，而中國政府連一毛錢也拿不到。所以，英國美其名為幫中國代徵關稅，但實際上卻已經把上海變成一個免稅及避險的天堂了。

Get out !!

【國際要聞】
黑船直入江戶灣內
日本簽約結束鎖國

事隔一年，美國東印度艦隊司令培里（Matthew Calbraith Perry）果然再次率領黑船艦隊回到日本，並直直駛入江戶灣（東京灣）之內，強迫日本政府接受美國所提出開放市場及貿易的要求。日本無力拒絕，只好與美國簽訂了《日美神奈川條約》，結束了實行多年的鎖國政策，正式將國家的大門打開，接受來自西方的所有經濟及文化上的衝擊。

英國援引最惠國條款
要求重新修南京和約

按照國際慣例，當兩個國家簽下了不平等條約之後，通常都是受害的一方會提出修改合約的要求，而得利的一方會試圖維持原來的約定。但中英定立《南京條約》之後，得利的英國因為不滿足於先前所取得的利益，便提出修改和約的要求，而大清政府為了避免失去更多的權益，只好反過來堅守這份不平等的條約。其實，在原始條約中並沒有提到關於修約的規定，但英人卻引用了最惠國待遇的條款，以《中美望廈條約》有十二年修約的條款，而要求與中國政府重新修約。目前清廷已經斷然拒絕了英方所提出的要求，而英國方面則是因為正與法國在歐交戰，而沒有多餘武力可以在中國發動另一場戰爭，所以英使也先行作罷，並宣稱要等待國王的指示，待兩年後再回來重新敲定。

太平援軍北上
全遭清軍殲滅

天京（南京）方面在聽聞林鳳祥、李開芳的北伐軍自天津南潰，遭到清軍鎖死之後，也調撥了五位丞相級的將領，率領了近四萬名的軍力出發北援。但清軍在得到消息之後便也一分為二，由僧格林沁率領主力團繼續圍困林、李二支部隊。而勝保則率部南下阻截太平援軍。只是這時的長毛軍已不像初期那般勇猛無敵，甫一交鋒，便被打得潰不成軍。五名主帥中有四人不是戰死就是被俘後斬殺，而四萬名兵士則是片甲無存，全數遭到清軍殲滅。

北上赴援的四萬太平軍全數遭到清軍剿滅

湘軍出擊奪回武昌 國藩遭忌僅得空銜

咸豐皇帝對於接連立下大功的曾國藩也起了猜忌之心

首度出擊便表現不俗的湘軍，在長沙經過兩個月的修整補充後，兵力又擴增至一萬多人。於是在夏季時，曾國藩又率湘軍北上，與太平軍在岳州（皆湖南境內）一帶進行激戰。雙方經過一個多月的纏鬥之後，太平軍被全數逐出湖南，隨後曾國藩又水陸並進，奪回了已被占領長達十六個月的武昌（湖北境內）。咸豐皇帝聞訊大喜過望，原本想讓曾國藩代理湖北巡撫（湖北省長）一職，但

大學士（皇帝高級秘書官）祁寯藻在此時卻提出警告，說現在沒有官銜在身的曾國藩，已經手握一支其他人指揮不動的重兵，如果再讓他掌控地方的行政及財政大權的話，那恐怕非國家之福。暗示奕詝（清仁宗）要提防曾國藩叛變的可能，免得重蹈三藩之亂的覆轍。咸豐帝聽了之後也對身為漢人的曾國藩起了戒心，於是便收回成命，僅賞給他一個兵部侍郎（國防部次長）的頭銜。

【專題報導】湘軍

你們的年紀會不會大了一點？

你不認識我們嗎？

本世紀最強的人都在這裡了

湘軍以高於一般部隊很多的薪資，吸引了許多年輕而且有戰鬥力的人加入

　　湘軍之所以能在一系列的戰役中有如此亮眼的表現，完全是由於曾國藩在軍隊的編制上，做了大刀闊斧的改革。鑑於正規軍各級軍官的腐敗與無能已近於無藥可救的地步，所以湘軍的領導階級多是曾國藩以大義為號召，親自挑選的一些有理想的讀書人。而士兵也多是帶兵官自行回鄉招募，具有同鄉情誼的子弟兵，或是偏僻地區未染官兵滑頭惡習的山民。在薪餉的方面也不同於清軍的低薪制，以高於一般部隊很多的薪資，吸引了更多年輕且有戰鬥力的兵員加入。另外，又以營為基本建制，職權歸一，各級軍官責任畫分非常清楚，建立了上下一貫的指揮系統。而對於訓練更是格外重視，不但有專門的練兵基地，而且不管是訓練還是作戰，都是由同一指揮官負責，讓士兵與軍官之間更有默契。正由於湘軍並非是帝國的正規軍，所以曾國藩才有這麼大的彈性空間，可以盡革八旗、綠營之惡習，以全新的方式創建這一支戰鬥力遠超過正規軍的部隊。

── 嚴禁鴉片貿易暢旺 太平天國收入可觀 ──

　　太平軍與大清官軍最大的不同處，除了頭髮之外，最大的差別就是在太平軍之中找不到會吸鴉片的士兵。由於太平天國徹底禁煙，而且令出必行，只要有吸食鴉片被發現的一律就地正法，使得在其管理範圍內的鴉片走私已幾近絕跡，也有效斷絕了白銀外流的現象。而且，自太平軍進入天京（南京）之後，把百工諸匠依技能分別入館，也讓手工業為之興盛，尤其是織造業的規模更是急速的發展。加上茶葉與生絲的出口依舊暢旺，已使得此區的對外貿易轉成出超，也替太平天國帶來了為數可觀的收入。

大清時報

GREAT QING TIMES

西元一八五五年

乙卯

咸豐五年

中法聯手出擊 上海硬折小刀

今年才一開春，上海方面就傳出江蘇巡撫（江蘇省長）吉爾杭阿擒斬了小刀會首腦劉麗川的捷報，只不過這回政府軍並不是自己行動，而是找了法國人一同聯手。其實，在小刀會初起之時，清廷便曾要求西洋各國能出兵助剿，但當時英國人認為小刀會的存在對他們

合體技

中法兩國聯手拔除了占據上海的小刀會

較有利，所以不但沒有任何反應，還趁機占領海關，弄了個代徵關稅，然後藉故將中國政府給逐出租界區之外。但後來，因為上述目的已達成，而上海的貿易熱度又開始回溫，使得小刀會的存在不再那麼有必要，所以英國雖然沒有站在清廷那一邊，但也沒有再出面維護小刀會。而且，劉麗川從一開始便自稱是太平天國的一支，而太平天國在信仰上的種種行為又被篤信天主教的法國人視為大異端，所以法國人自然容不下小刀會在上海這個耶穌會重要教區繼續存活。加上自從小刀會暴亂之後，所有的風光可說全都被英國人給占盡了，也讓新來乍到的法軍想趁此機會展示自己的實力，所以法國最後才會答應出手，協助清軍拔除了這根眼中釘。

為免戰禍波及　華人湧入租界

原本僅提供洋人租地建屋之用的租界，因條例上訂有外國人不得建造房屋租給中國人之規定，所以向來只有洋人聚居於此。但隨著太平天國定都天京（南京）之後，鄰近上海的各地百姓，深恐遭到戰事波及，於是便大量湧入租界區。由於這些逃難的人不乏富商地主，在願意繳付高額租金以求得一安身之所的情況之下，許多洋人便不顧規定，開始建屋租與華人居住，以獲取高額的租金收入。由於這情況已經無法控制，所以日前蘇松太道台（上海道台，上海市長）也與各國領事簽下條例，承認華人進入租界居住的事實。而租界也成為中國領土之內，中國百姓歸洋人管理的奇怪現象。

窮途末路凌遲死　北伐戲碼告終結

　　在北援的四萬名太平軍甲士遭到清軍殲滅之後，被圍困在連鎮（河北境內）的林鳳祥部隊就陷入彈盡糧絕的困境，甚至都已經到了士兵們得含淚用同袍的肉來充飢的地步。到了今年春天，僧格林沁見時機已經成熟，便發動了總攻擊，一舉擊破了敵軍防線，俘擄了二千名殘存的太平軍。在一陣搜索之後，終於從隧道中把已經身負重傷的林鳳祥給拖

出來凌遲處死。不久後，被清軍圍死在馮官屯（山東境內）的李開芳部隊，也率領著僅剩的數百人出降，並於隨後被解送北京凌遲。此役立下大功的僧格林沁，則被加封為親王（第一等爵位）世襲罔替（爵位可以世代承襲而不會遞減）。在此之後，清軍士氣大振，各地的官軍、湘勇也接連傳出捷報，陸續從長毛手中收復許多城鎮。

走私船註冊英籍　以合法掩護非法

香港總督近來不斷鼓勵鴉片走私船及海盜船都到香港註冊，以便得到英國政府的保護

　　有證據顯示，英國駐華公使兼香港總督包令（John Bowring），近來竟然不斷鼓勵中國的走私船在香港登記，以便在英國的保護之下，進行鴉片及各項商品的走私行動。由於英國政府長期以來的這些小動作，使得鴉片走私的數量不斷攀升，已從十年前的每年三萬箱左右，飆升到每年六萬餘箱之多。而且不僅走私鴉片的船隻在香港登記，連一些從事海盜活動或販賣人口的船隻，現在也都高懸英國國旗，以合法掩護非法，來躲避大清政府單位的查緝。今天的香港，根本已經成為鴉片的轉運中心，以及其他商品逃稅走私的大本營了。

翼王發威大殺四方 石達開狠踩曾國藩

近幾年異軍突起，大挫長毛銳氣的曾國藩，終於碰上了他最棘手的勁敵，也就是太平軍翼王石達開。年初，在湖口、九江（皆江西境內）兩次的會戰之中，湘軍都慘敗在石達開的手中，尤其是水師更是被修理得潰不成軍。曾國藩還一度因此投水自盡，所幸最後被部下救起

The Winner is…石…達…開…

才免於一死。而石達開所統領的太平西征軍氣勢則是達到頂峰，入秋之後，又在四個月之內連下七府四十七縣。同時，由於石達開的部隊軍紀嚴明，又花了不少心思來治理地方，所以深得江西百姓的擁戴，許多原本對太平天國持反對立場的人也紛紛轉為支持，使得西征軍的人數一下子就增加了十倍，來到十餘萬人之多，湘軍也陷入前所未有的困境之中。

各省自行籌軍費 釐金解燃眉之急

自咸豐三年（一八五三年）中央爆發了財政危機之後，在前線的作戰部隊就再也沒有收到過戶部（財政部）撥來的實銀，而是換成銀票或一紙要其他省分協餉的公文。但對於協餉的要求，各省督撫根本也無力完成，所以只好推諉不辦，使得公文最後變成了一張無用的廢紙。而官方所發下的紙鈔銀票，也由於發行量過大導致信用破產，造成民間拒收而派不上用場。於是，籌措軍餉便成了地方督撫們，要自行想辦法解決的頭等大事。但就算地方政府透過各種不樂之捐，所籌到的經費還是不足以支應戰爭龐大的開支。為了解決此一問題，在揚州（江蘇境內）幫辦

江北大營軍務的刑部侍郎（司法部次長）雷以諴，便向中央提出了一個解決辦法，就是徵收所謂的「釐金」。也就是由政府在各水陸要道設置關卡，對通過的貨物按價徵收一定的稅額（行釐），同時對開店的商舖依銷售額徵收商業稅（坐釐）。在戶部將這樣的建議轉給各省自行試辦後，已陸續有地方督撫奏准徵收釐金。預計每年各省的收入可以增加數百萬兩之多，將能有效解決財政困窘的燃眉之急。不過，財經專家也指出，釐金的設立對軍費籌措來講雖然是一大好事，但對經濟面來說，卻可能是嚴重妨礙商業發展的一大毒瘤。

俄羅斯人續伸魔掌　大清帝國無力抵抗

俄羅斯人繼去年（一八五四年）率領艦隊強入黑龍江並建立基地之後，不久前又故技重施，再度前來武裝移民，並強占了黑龍江以北的部分地區。但此時大清帝國正忙著對付太平軍，根本沒有餘力可以抽出來抵抗俄人的侵略。所以咸豐帝仍然使出他慣用的方法，就是設法羈縻俄人並善為開導，避免真的動用武力。而俄人也就是看準了這點，所以便遣使要求把整個黑龍江左岸畫歸俄羅斯所有。雖然中國方面已經援引《尼布楚條約》加以拒絕，但由於大清無力驅逐入侵者，所以俄方便宣稱明年將在黑龍江北岸投入更多的兵力。據可靠消息指出，俄國人為了入侵中國，已經開始積極的培訓軍隊。其中有一部分集中在尼布楚（俄羅斯境內）附近，是打算用來入侵黑龍江流域的，而在恰克圖（俄羅斯境內）附近的訓練基地，則是為了入侵蒙古所作的準備。

鎮壓天地表現超值　兩廣總督深受信任

兩廣總督（廣東、廣西聯省總長）葉名琛，在手中兵將不足的情況下，面臨天地會的嚴峻挑戰卻依然能沉著應付，既不靠外省來援，也不從國庫要餉，便漸漸壓熄了天地會的暴動。使得廣東成為南方各省中，目前較沒有受到兵災之苦的少數幾個省分之一。葉名琛不但在這種惡劣的條件下搞定了廣東的危機、幫湘軍購買洋炮，甚至還有餘力兵援江西。這種超值的表現，真是讓奕詝（清仁宗）大為滿意，並感到格外的放心。在獲得內閣大學士（皇帝高級秘書官）的頭銜之後，葉名琛已經成為咸豐皇帝最為信任的封疆大吏了。

兵將不足的兩廣總督葉名琛，既不靠外援也不向國庫要錢便平定了天地會之亂，表現超值

日本覺醒　開始接受西洋文化

在幾年前美國黑船打開日本門戶之後，日本幕府（掌握中央實權的德川家族）便撤銷了禁造大船之令，並委託長崎荷蘭商館的館長寇蒂斯（J. H. Curtius）協助購買軍艦、武器並傳授海軍技術。今年，寇蒂斯又以荷蘭政府的名義，將一艘軍艦贈與幕府作為訓練之用。評論家表示，其實日本早在嘉慶十六年（一八一一年）便設立了專職翻譯西洋書籍的機構，以為吸取西方文化做好準備。最近，長州藩與薩摩藩（皆為地方軍閥）也都分別成立了講授西方軍事政治海防，以及引進西方工業的改革組織。這一連串的作為，都看

待つことができない…
不能再等了，快走吧！

日本拋開舊有包袱，以絕快的速度開始全盤西化

得出來日本似乎已經覺醒，試圖以實際的行動來迎頭趕上西方列強。反觀大清帝國，就算在鴉片戰爭中傷得很重，但到目前為止，似乎還是打算以不變應萬變，繼續堅持走他的千年老路。

張樂行聚盟捻匪成軍　數十萬士兵分設五旗

人在走霉運的時候，真是連老天爺也不幫忙。已經被太平軍搞得暈頭轉向的大清帝國，竟然又因黃河決口成災，而將大批流離失所的難民，給送入了捻軍的行列。原本在華北地區各自流竄的各路捻匪，不知是什麼原因，竟然在入秋之後全都聚集到雉河集（安徽境內）去，並公推當地勢力最大的捻匪首領張樂行出來當盟主。聯手後的捻軍開始嘗試著組織化，建立了黃、白、藍、黑、紅五旗軍制，並以「大漢永王」張樂行親領總黃旗，然後在各色總旗之下又分設大旗、小旗。目前這個總人數高達數十萬的軍事集團，已經與太平天國展開暗中接觸，相信將對大清政府產生極嚴重的威脅。

太平軍翼王石達開左打曾國藩，右滅向榮的江南大營，兵鋒無人能擋

翼王東返回擊　攻破江南大營

近來兵鋒無人能擋的太平天國翼王石達開，今春又於樟樹（江西境內）附近大敗湘軍，然後以重兵合圍曾國藩所在的南昌城（江西境內），並切斷湘軍對外的全部聯絡。不過，就在曾國藩被勒到快要斷氣的時候，戰局卻又出現了意外的變化。為了配合整體的戰略，石達開在此關鍵時刻竟然收到東王楊秀清的命令，要他所率領的西征軍立即回師去壓迫

清軍的江南大營。雖然曾國藩因此僥倖逃過一劫，但坐鎮江南大營的向榮可就沒有這麼幸運了。在翼王石達開與燕王秦日綱等人的進擊之下，清廷極為倚重的江南大營終於被太平軍所攻破，歷時三年的天京（南京）之圍也終於解除。而在潰兵護衛之下勉強逃出的向榮，最後也因羞憤死於丹陽（江蘇境內）的軍營之中。

西林教案處理不當
法國恐將興師問罪

　　日前西林縣（廣西境內）有民眾前往縣衙，控告在當地活動的法國傳教士馬賴（Auguste Chapdelaine）勾結土匪、魚肉鄉民，於是知縣（縣長）張鳴鳳便下令將馬賴及當地一些天主教徒逮捕，並發下大獄中嚴刑訊問。不久後，馬賴便因不堪重刑拷打及罰站囚籠的折磨，而在獄中死亡。評論家表示，雖然馬賴生前確有因宗教因素要求教徒搗毀祖先牌位的行為，但卻沒有直接證據可以證明他有勾結土匪之舉。而且雖然馬賴私赴內地違反了條約中只能在通商口岸傳教的規定，但西林縣衙將馬賴關入獄中也不符條約中領事裁判權的協議，更何況是人就這樣死在獄中。如果沒有意外的話，法國政府應該會為此嚴重抗議，並趁機提出許多的要求。這次事件處理程序上的種種瑕疵，將讓中國政府在談判時處於理虧的地位，甚至引發另一場戰禍。

大人，那洋鬼子站死在籠子裡了

啊！這下子代誌大條了

俄人三度入東北　整地蓋房當自家

　　六月，正是東北地區氣溫宜人的舒爽時節，但俄羅斯卻又以一百二十餘艘船的陣仗，帶領大批的移民、牲畜及軍用物資，第三次的侵入了黑龍江流域。他們似乎是早有規畫的在黑龍江中游的地區開始整地蓋房，簡直是把中國領土當成了自家的土地。不過，或許咸豐皇帝的態度才是吸引惡鄰入侵的最大因素，因為他在獲報之後，竟然認為俄國人船只是在邊境行走，並未製造紛爭，所以要求當地駐軍不可輕啟釁端，只要加以善加開導即可。但從另一方面來考慮這件事，也或許是清廷明白自己目前並無餘力來處理這件事，所以才會對俄人再三的入侵行為如此容忍吧。只是不管原因為何，大清帝國遲早還是得出來面對的……至少在俄羅斯人把土地全都占光之前。

天父下凡吩咐　東王晉升萬歲

剛剛發生什麼事了？

啊就你又被天父附身，還說要從九千歲升成萬歲呀…

哇！真的好神奇哦，天父的旨意可千萬不能違背呢…

是啦是啦…

　　清軍江南大營被破之後，太平天國可說是如日中天，而東王楊秀清的聲勢當然也是來到一個新高點。雖然楊秀清早已是太平天國中實際的掌權人物，但當人的權力慾開始過度膨脹時，往往就會開始在名號上大作文章。據可靠消息來源指出，不久前天父又附身在楊秀清身上，強迫天王洪秀全把東王的「九千歲」封號提升為「萬歲」。本身就是「萬歲」的洪秀全雖然心中有千百個不願意，但礙於天父的旨意及東王的權勢，也不得不當場允諾。就在天父回天離體之後，洪秀全便私下問楊秀清說：「你封了萬歲，那我這個萬歲怎麼辦呢？」於是楊秀清滿臉笑意的回答說：「那你就是萬萬歲啊。」這時洪秀全才放下了心中的大石，表示將在楊秀清生日那天，隆重為他舉辦進封萬歲的盛大典禮。

英國人拿來炒作並擴大事端的亞羅號船，雖然之前曾在香港註冊，但其實有效期限早已超過

廣東水師強降英國國旗？英人炒作亞羅號船事件！

一個不久前才剛被海盜劫走船上財物的中國籍船長，意外在廣州（廣東境內）發現其中一名海盜就藏身在一艘名為「亞羅號」的划艇之上，於是他便趕緊向官府舉報此事。廣東水師獲報後也隨即派人登上亞羅號，將船上包括該名海盜在內的十二名中國人，全都帶回署中偵訊。但此一動作卻意外的引起了中英雙方極大的衝突，英國方面指控中國水師官兵強行登上懸有英國國旗的船隻，不但強押十二名水手，還惡劣的把英國國旗扯下，這種行為已經嚴重的侮辱了英國。所以要求兩廣總督（廣東、廣西聯省總長）葉名琛必須在四十八小時之內，送還全部水手並正式道歉，否則便將採取軍事行動。不過，據本報記者所取得的資料顯示，亞羅號雖然是一艘在香港註冊的划艇，但註冊期限已於八月底期滿，所以在九月十日案發時並不能算是英國籍的船隻。而且，據目擊者指出，亞羅號當天並未懸掛英國國旗，而廣東水師官兵降下的也只是開船旗而非是英國國旗。這所有的一切都只是英國想要製造事端，故意找出來的藉口罷了。

天京事變!!
洪秀全密詔勤王軍　韋昌輝血洗東王府

在「萬歲」事件之後，天王洪秀全覺得威脅感越來越大，擔心自己不久便會被東王楊秀清逼上死路。於是他一面調動後宮的女兵加強防守皇城，一面寫下密詔要領兵在外的北王韋昌輝、翼王石達開等人盡速返京護駕，誅殺楊秀清。於是距離較近的北王韋昌輝領著精銳三千先一步入城，並在凌晨時突襲東王府，成功的殺死了楊秀清，隨後更對東王府部屬、黨羽及他們的家人展開追捕，一口氣殺了兩萬多人。當石達開趕抵天京（南京）後，見到城中屍體堆得像座小山一樣，便責備韋昌輝太過濫殺，而韋昌輝則是質疑石達

開偏袒東王集團，二人也因此鬧得不歡而散。雙方撕破臉之後，韋昌輝便想連石達開也一併除掉，但正要下手之時，才發現石達開早已見勢不妙而連夜逃出城外，所以只好拿石達開在京中的家人及部屬來開刀，全都將他們宰了。評論家表示，在此事件之前，太平天國的氣勢可說是被各方所看好，但經此驚天巨變，原本管理著整個國家的東王府高級幹部一時俱盡，政府的運作進入空轉的狀態。而諸王之間的仇殺，也已經嚴重的削弱了太平軍的力量及內部的凝聚，只怕洪秀全是保住了天王之位，但卻有可能丟了整個國家。

雲南回民起兵反 杜文秀建立政權

雲南地區長久以來便存在的種族衝突,不久前終於再次爆發,並演變成頗具規模的武裝抗爭事件。據了解,由於當地的漢籍商人惡意侵占回民銀礦並焚劫其村落,而雲南巡撫(雲南省長)不但未能主持正義,反而還與壞人勾結,企圖以武力殘殺無辜的回民。結果回族人民在忍無可忍之下,終於在杜文秀的率領之下群起反抗並攻占大理(雲南境內)。被公推為總統兵馬大元帥的杜文秀,已於日前聯合境內漢、彝、白等各族的人民,宣布建立獨立政權,並與太平天國遙相呼應。

英軍艦藉口炮轟廣州 葉名琛淡定相應不理

在亞羅號船事件之後,兩廣總督(廣東、廣西聯省總長)葉名琛鑑於英人一向蠻不講理,為免擴大事端,也只好無奈的在期限將十二名水手送交英領事館,但對於道歉一事則是嚴詞拒絕。不過,由於此事件根本只是英國想以武力進軍所找來的低級藉口,所以已經逮到機會的英國廣州領事巴夏禮(Harry Smith Parkes)便拒絕接收十二名水手,然後命英艦隊進攻虎門(廣東境內)及沿岸炮台。而炮台守軍因之前奉有不得輕啟戰端的命令,所以也不敢開炮還擊。更令人意外的是,面對英國人的炮擊,葉名琛居然既不下令作戰,也不想與之接觸和談,只是一副老神在在的樣子。他還要大家不必擔心,說英國人只是小打小鬧,等太陽下山便會自動退走,然後便繼續扶鸞降乩以求神助。只是日落之後,英國艦隊不但沒有退走,還對廣州城狂轟猛炸。在城牆被轟倒之後,英國士兵衝入城內縱火開槍,不但焚毀房屋殺傷百姓,甚至還闖入總督衙門中大肆劫掠。而此時身

在別處的葉名琛卻仍然相應不理,當作什麼事也沒有發生一樣。英軍見清方沒有任何回應,便又繼續炮擊廣州城以及中國水師船艦,並再次放火焚燒民房。據初步統計,目前遭損毀的民房已有數千家之多。

洪秀全最初分封的五王當中，如今只剩下翼王石達開還在支撐著太平天國

石達開上書發難　洪秀全誅殺北王

翼王石達開為了躲避北王韋昌輝的追殺而逃離天京（南京）之後，便在安慶（安徽）舉兵發難，上書天王請殺北王以消民憤。並宣稱如果看不到韋昌輝的項上人頭，便要回軍攻滅天京。韋昌輝聞訊後決定先發制人，便率兵圍攻天王府，而洪秀全也下詔要天國軍民捕殺叛逆韋昌輝。經過兩天兩夜的戰鬥之後，北王人馬不敵落敗，韋昌輝也被砍下首級並以快馬傳至石達開軍前。至此，太平軍最初分封的五王中，東王楊秀清、西王蕭朝貴、南王馮雲山、北王韋昌輝都已蒙天父召回，只剩下翼王石達開還在支撐著太平天國。只是太平天國經過這次的內鬥之後，幾乎已經擺脫不掉逐步走向敗亡的命運。

領事裁判權之害
洋人犯罪率攀高

外國人自從有了領事裁判權之後，在罪犯的處理上往往都予以輕判或免罪，等於是變相的鼓勵犯罪。經年累月之後，這樣子的司法審判，已使得在華洋人的行為逐漸脫序，變得更加野蠻殘暴。洋人在光天化日之下隨意打人、隨意以賤價強迫購物，或糾眾放槍的新聞可說是屢見不鮮。根據記者日前拿到的資料顯示，今年英國人在上海的犯罪事件，在六百三十名英人當中，竟發生了五百多起的刑事案件，其中包括了殺人、重傷害、綁票、勒索、侵奪財產，以及將近二百起的強姦案件。洋人引發的治安嚴重惡化，已經嚴重的威脅到各通商口岸華人百姓的生命財產安全。

英軍總司令被當場擊斃!?
葉名琛謊報軍情
咸豐帝一無所知

兩廣總督（廣東、廣西聯省總長）葉名琛對於亞羅號船衝突事件所做的報告，終於在日前傳抵北京。報告中提到清軍兩次大敗來犯英軍，共擊斃或傷敵四百餘人，連英軍總司令馬麋各鰲（M. Seymour）也被當場擊斃。同時，他也已經調集了兩萬餘名兵勇加強防守，不可能會讓英國人有放肆的機會。報告中也提到，由於此次英國人的行動過於無理，所以連美法等國也決定不會提供英國任何的協助。不過據記者查證，葉名琛的這份報告根本全都與事實不符，其內容宛如是天馬行空的小說情節，甚至可以拿下史上最瞎報告的榜首。對真實狀況一無所知的奕詝（清仁宗），只怕到現在還沉醉於痛擊英人的美夢之中。

葉名琛對於英軍來犯的報告與事實完全不符，內容宛如虛幻的小說情節一般

英法結成同盟 將迫中國修約

一直希望透過修約謀取更多利益的英國人，趁著去年（一八五六年）法國傳教士馬賴（Auguste Chapdelaine）死於西林縣（廣西境內）獄中的機會，暗中與法國聯手，冀圖通過軍事行動來迫使中國就範。於是法國便與英國同聲一氣，以西林教案為由，要求中國政府懲凶並修改和約。原本駐美英使也向美國國務卿提出邀請，希望美國也能加入英法同盟的陣營。但美國基於自身利益的考量，已明確的表達了會與英法一同要求中國政府修約，但不會對中國用兵的立場。不過一般認為，就算少了美國的加入，英法聯軍對大清帝國來說，還是有致命殺傷力的。

捻軍太平合流 張樂行聽封不聽調

捻軍盟主張樂行於今年春率領大軍南渡淮河，與太平軍豫天侯陳玉成、合天侯李秀成的部隊會師，隨後從清軍手中奪下霍丘（安徽境內）。據聞，張樂行雖然被天王洪秀全封為「成天義」並改換成太平軍的旗幟，但部隊並沒有被改編，仍然維持著原來的編制及指揮系統，不會完全聽任太平軍的調度，充其量只是配合太平軍協同作戰。但不論誰指揮誰，捻軍及太平軍兩股力量的合流，無疑將造成清軍更大的壓力。

官場難於戰場 曾國藩丁憂告假

之前為清廷立下大功，從太平軍手中奪回湖北的曾國藩，卻因為他身為漢人又掌握大軍而遭到咸豐皇帝的猜忌。於是清廷便令湘軍轉往江西一帶作戰，企圖以實戰消耗其力量，達到一箭雙鵰的效果，同時解決掉太平軍的現存威脅及湘軍的潛在危機。在清廷毫無頭緒的胡亂調度，以及江西巡撫（江西省長）的處處刁難之下，這支孤軍深入、南北奔波的湘軍，在這一段時間內可說是吃足了苦頭。這時已經心力交瘁的曾國藩，忽然又收到父親去世的消息，在如此雙重打擊之下，也只能以丁憂（父母去世）告假，暫時脫離主戰場。

呼！終於跑完 3000 障礙了…

3241

好，現在你去馬拉松那邊檢錄，等下比賽

在清廷胡亂調度之下，湘軍已是心力交疲

由於洪秀全的猜忌加深，石達開只好選擇離開天京率軍西征

俄國強占黑龍江左岸 徑自宣布擁有管轄權

清廷軟弱的態度終於激發了俄人貪婪的本性，五月時，俄國東西伯利亞（East Siberian）總督穆拉維約夫（Никола́й Никола́евич Муравьёв-Аму́рский）派出一支連同家眷共兩千餘人的騎兵團，將武裝力量移駐在黑龍江左岸設立許多村鎮，然後正式吞併黑龍江左岸地區。同時，俄人也宣布從明年開始，凡是留在此地的居民，都要受到俄羅斯的管轄，如有不願意者應在時效前盡早遷離此地。清廷獲悉俄人這種野蠻的強占行為之後，雖然已嚴詞表示拒絕同意，但卻無力將北方惡霸驅離自己的家園。

聖神電遠離是非 石達開率軍西行

在天京之變後，雖然太平天國上下都支持翼王石達開，並合力推薦他主持朝政，但天王洪秀全卻因忌憚其聲望才能，而不願授予他「軍師」的地位，只封他為「聖神電　通軍主將　義王」。接著洪秀全又把他的兄長洪仁發、洪仁達分別封為安王、福王，以達到箝制石達開之目的。由於整個氣氛已經越來越詭異，心中惶惶不安的石達開便潛離南京，回到他的大本營安慶（安徽境內）。原本就無二心的石達開決定遠離是非之地，幾個月後便率領萬餘名的精銳部隊，突入江西去另謀發展，為太平軍再闢天地。

英法聯軍炮轟廣州 粵督葉名琛遭俘擄

逮到西林教案當作出兵藉口的英法聯軍，不久前先以軍艦封鎖了廣州城（廣東境內），並向兩廣總督（廣東、廣西省長）葉名琛提出警告，要求清方履行條約規定、賠償損失、保障安全、撫卹被害傳教士家族，並限定在十日內給予答覆。而葉名琛因為不知從哪裡得到一些假情報，認為英國人的目的只是藉著恐嚇的手段來訛取金錢，並沒有真的要發動戰爭的意願與力量，於是便隨即覆函拒絕其要求。在火藥味這麼重的情況下，葉名琛卻仍然堅信不出一個月時間，事情便會有一個圓滿的結束。十二月二十六日當天，英法再次向葉名琛致送最後通牒，限廣州駐軍於

四十八小時內撤出。這時相信必有神佑的葉名琛，則是毫無所懼的採取了既不備戰也不存糧，更不撤退的策略，完全無視最後通牒的存在。到了時限結束的那一刻，數以萬發的炮彈便如雨般落入廣州城中，英法部隊隨後也進城大肆劫掠。不但搶走了二十二萬餘兩的庫銀與總督府的諸多檔案，連葉名琛也給活捉到英艦上去了。之後，以廣州將軍（廣州指揮官）為首的官員們才緊急聯銜上奏，向清廷報告廣州失陷的消息。據說幾天前才剛看過葉名琛大報平安奏摺的皇帝，在發現實情之後驚詫不已，怎麼樣也不敢相信自己的眼睛。

俄軍武力恐嚇奕山　中俄《璦琿條約》簽定

膽小怕事的奕山，在俄人轟隆不斷的炮聲威脅下，只想趕快簽約走人

在東北方面又傳回最新消息，在俄方的要求下，應派前往璦琿（黑龍江境內）與俄羅斯就邊界問題展開談判的黑龍江將軍（黑龍江指揮官）奕山，在與東西伯利亞總督穆拉維約夫（Никола́й Никола́евич Муравьёв-Аму́рский）會談的過程中，因為受限於咸豐皇帝不可輕開邊釁的諭旨，而在協議過程中逐漸做出讓步。俄方逮住了奕山膽小怕事的弱點，便在黑龍江邊頻頻發射艦炮恐嚇，嚇得奕山想要趕緊簽約走人，而同意兩國以烏蘇里江做為疆界。但就在要簽約的時候，俄人又使了些小手段，將以烏蘇里江為界的字句，改成自烏蘇里江至海，所有交界之處為兩國共管之地。據長期研究俄羅斯的專家表示，文句這樣一改，便讓俄國又留下了一個再次侵略的伏筆。《璦琿條約》簽定之後，可能又是另一個侵略階段的開始。預估俄軍將會立即強占烏蘇里江以東的地區，將共管變成獨占，然後繼續要求畫定其他地區的疆界，逐步的擴大侵吞範圍。

叮咚！

英法聯軍進據天津，已經打到了咸豐皇帝的家門口

洋軍直入天津　清廷命在旦夕

　　英法美俄等國公使，聯手向清廷提出修約的要求，其中英法使臣更是直接採取行動，以十二艘戰艦的架勢直入大沽口，向中國發動武力攻擊。經過兩個多小時的激戰之後，英法聯軍擊潰大清守軍，取得了炮台的控制權。幾天之後，一千二百名的陸戰隊在未遭遇抵抗的情況下，順利進據天津（皆河北境內）並揚言要拿下北京。目前清廷高層已經急得像熱鍋上的螞蟻一樣，正在尋求各種解套的方法。

戰爭期間通商口岸照常營業　本國港口淪為敵軍補給基地

　　按照國際慣例，兩個國家一旦開戰，必會馬上中斷所有交流及貿易，並封鎖港口，全面性的拚個你死我活。但清廷卻因為考量到高額的關稅及釐金（商業稅）收入，並為了防止英法等國與太平軍聯手，而在廣州（廣東境內）、天津（河北境內）處於開戰狀態的同時，於上海、寧波（浙江境內）、福州、廈門（皆福建境內）等港口仍舊與英法和平共處。這些地方不但舞照跳、酒照喝、生意照做，甚至提供作戰中的英法船隻入港補給，反而成為侵略軍的中轉站與補給基地。

—— 耆英求和遭打槍　桂良扛談判重責 ——

由於英法聯軍已經打到了家門口，逼得咸豐皇帝不得不派東閣大學士（皇帝高級秘書官）桂良、吏部（文官考核任免部）尚書（部長）花沙納做為代表，前去天津與各國就停戰一事展開談判。而除了這個特使之外，奕訢（清仁宗）甚至還派出了之前曾與英法等國有老交情的耆英。他打算讓桂良等人與耆英，分別在英人面前扮白臉與黑臉，以便在談判桌上討點便宜。但出乎意料的是，英法專使根本一點也不買帳，只派出兩名翻譯人員來接見耆英。而且這兩名翻譯手中還拿著英軍攻陷廣州之後，從兩廣總督衙署劫掠而來的檔案，把當年耆英對英國陽為柔順、實為箝制的作法全攤在陽光下。耆英因為受不了這兩個小毛頭的漫罵與凌辱，兩天後便像洩氣的皮球從天津返回北京，而咸豐帝這個駕馭外夷的妙計，當然也就此宣告失敗。目前桂良等人也只好硬著頭皮與對方談判，希望能在最小的代價之下，阻止聯軍再繼續往北京推進。

英法出兵俄人得利 中俄簽定《天津條約》

如果要問當今世上誰最會趁人之危，那答案一定非俄國人莫屬。日前俄國公使利用英法聯軍進逼的機會，告訴清政府代表桂良，說俄國為了中俄之間的兄弟情誼，願意出面協調英法兩國，阻止他們的軍隊繼續深入。不過，這當然需要中國付出一點小小的代價，就是把滿洲沿海之地割讓給俄羅斯。這麼「優厚」的條件，桂良當然不可能答應，便表示不敢接受這樣的幫助。

這時俄使竟然馬上臉色大變，咆哮著說如果中國不給面子的話，那從此以後俄國將不再管這類的事。清廷擔心俄國投入英法聯軍那一邊，只好和對方討價還價。最後俄國又不費一兵一卒，便與清廷簽定了《天津條約》，取得七口通商、最惠國待遇，以及重新勘定兩國未定邊界的重大利益。但已有學者為此提出警告，條約中重勘邊界一項看似沒有太大損失，但其實卻隱藏著陷阱。俄國極有可能是想以此為伏筆，在未來以相關的藉口出兵，達到擴大侵吞中國西北邊境的目的。

俄國人藉口幫忙協調英法的事情而對中國政府獅子大開口

好吧！這案子我接了，律師費要 100 萬元…

什麼!? 他們才要我賠 80 萬而己，那我不打官司了

也行啊，那就等著被告然後抓去關到死吧…

英法簽約 耆英斷魂

這車為六缸V型排列，最大馬力272，最大扭力350，配備7檔手自排變速，還有…

只要告訴我贈品是什麼就好了…

對於與英法的條約中，咸豐最在意的竟是公使駐京的問題

在俄國簽約之後，因為美國的要求比較簡單，所以很快的也與中國簽下和約，得到最惠國待遇及公使到京暫駐的權利。半個月後，清廷代表桂良無計可施，也終於分別和英、法國於天津簽定了條約。允諾讓英國派使駐留北京，增開牛莊（遼寧境內）、登州（山東境內）、臺灣（臺南，臺灣境內）、潮州（廣東境內）、瓊州（海南境內）以及長江三口等貿易特區，享有內地遊歷、改定稅則、領事裁判權等權利，同時賠款四百萬，並於一年內在北京換約（交換由國家元首簽過字的正式條約）。法國方面除了允許進入內地傳教、賠款二百萬兩之外，其餘都與英國相同。雙方代表簽定之後，奕訢（清仁宗）也只好不甘願在桂良的奏摺上批了依議兩個字。在這些條款之中，其實危害中最深的應該是最惠國待遇、領事裁判權、關稅及賠款等項，但咸豐最為在意的，卻是公使駐京這一條。因為在天朝上國的觀念中，讓一個蠻夷之邦的使者長駐京城，甚至有機會面見皇帝還不用跪拜，這可是一件極為恥辱的事。所以咸豐皇帝無處發洩的一股鳥氣，最後全都出到耆英身上，以擅自回京的罪名令其自盡。

條約文字隱藏危機

評論家指出，在這次所簽定的條約之中，除了最惠國待遇、領事裁判權等問題之前已經在本報做過分析之外，還有幾點是值得特別注意的。首先就是所謂的「遊歷內地」，這條看起來沒有什麼殺傷力，但實際上卻是一個經過包裝的侵略行動。今後外國人將可以遊歷為藉口，深入中國內地搜集地理情報、調查可掠奪的資源、甚至擬定將來軍事入侵時要走的路線。其次是一年後換約（交換由國家元首簽過字的正式條約）的部分，雖然這是國際條約的正式程序，但因為並沒有詳細規定進京換約的路線，到時英法等國可能會以兵艦，從大清最脆弱的路線強行進入，而引發另一次的危機。

屋漏偏逢夜雨 江北大營被破

屬於湘軍系統的胡林翼部隊，之前趁著太平天國內亂未靖之時，連續攻克了多個據點，還奪下了在戰略地位上極為重要的九江（江西境內）。不過，就在清廷以為可以一舉擊垮太平軍的時候，由陳玉成及李秀成所率的太平軍，卻反過來奪下了廬州（安徽境內），並摧毀了清軍的江北大營。面對英法聯軍以及太平軍的雙重打擊，想必咸豐皇帝的臉色一定是越來越難看了。

毒品變藥品 鴉片合法化

雖然在一八四二年所簽定的《中英南京條約》中，雙方對於引發戰爭的鴉片走私問題隻字未提，但在隨後中美所定的《望廈條約》中，卻將鴉片明定為違禁品，禁止美商參與任何關於鴉片的非法貿易。但是今年中美雙方在天津續約時，卻在英使額爾金（Lord Elgin）從中作梗之下，把條約中禁止鴉片一項刪去，使得鴉片貿易合法化。接著，英國又在上海與清方代表簽定了《鴉片貿易協定》，正式的把鴉片由毒品改列為藥品，以每百斤鴉片抽三十兩白銀的稅率，開放鴉片進口。

在英國的壓力下，大清政府已經將鴉片由毒品改列為藥品並開放進口

大清時報

GREATQING TIMES

西元一八五九年

己未

咸豐九年

英使換約強入大沽 炮台狂轟守軍大捷

原本關於英法兩國到北京換約（交換由國家元首簽過字的正式條約）的細節，雙方已經談妥了是以十個隨從為限，並在換好約之後就要離開，不能在北京停留。但英國使者卜魯斯（額爾金伯爵，James Bruce）卻不守約定，與法國人一起率領著十餘艘的軍艦欲強行進入大沽口。但清廷在經過之前的教訓以後，駐防此地的僧格林沁部隊已經加強了防禦。所以在英軍清除了水中障礙、炸毀海防鐵鍊並駛入雞心灘之後，早已等候多時的守軍便立刻發炮還擊。過於輕敵的英軍一開始還以為清軍已經放空整個防守，沒想到軟趴趴的中國軍隊竟突然發動炮擊，也沒料到所有的炮台都已經搶修完成，所以在第一時間便已被轟得七零八落。由於艦隊都已暴露在炮台的火網之中，英軍在無力反擊的情況下，沒多久就有三艘的軍艦慘遭擊沉，另有三艘受到重創，死傷人數也高達四五百人之多。最後要不是美國船艦出手相助，只怕這些洋人全都得把命給留在中國了。

英人出任總稅務司 中國失去海關主權

中國政府負責徵收關稅的總稅務司一職竟由英國人擔任

老婆，給我零用錢，我要換新手機…

那你去找隔壁小王，現在我們家的錢都請他代管了

小王！！

在咸豐四年（一八五四年）蘇松太道台（上海道台，上海市長）吳健彰同意由各國領事代為徵收上海海關的關稅之後，西洋列強便不斷向清方提出要求，希望各口岸都能比照辦理。兩江總督（廣東、廣西聯省總長）兼各口通商大臣何桂清今年終於在龐大的壓力下點頭同意，並任命英人李泰國（Horatio Nelson Lay）為「海關總稅務司」（中國海關總長），代中國政府管理各通商口岸的關稅徵收。在李泰國的要求下，各口稅務司及海關高級職員，全都變成由外國人擔任，中國政府完全失去海關的自主及控制權。

前粵督葉名琛逝於印度囚所

據聞在咸豐七年（一八五七年）英法聯軍攻打廣州（廣東境內）期間，因採取「不戰、不和、不守、不死、不降、不走」策略而慘遭英軍俘擄的兩廣總督（廣東、廣西聯省總長）葉名琛，在被押上英艦並送往加爾各答（印度境內）囚禁後，已於日前病逝於囚所之中。

> 這合照的怨氣很重哦…

西洋列強雖然已達成武力侵中的共識，但其實背後是各懷鬼胎，各有各的打算

武力侵中已成共識　英法諸國各懷鬼胎

雖然英法兩國已經決定藉著換約的機會，再次用武力強行叩門，逼迫中國做出更大的讓步，但是兩個國家實際上卻是彼此各懷鬼胎，私底下有著不同的打算。首先，法國自從看見香港被英國占有之後，便也想取得舟山群島（浙江境內）當作他們的根據地。而英國在想要奪取香港對面的尖沙嘴（皆廣東境內）時，卻又不願讓法國人在中國沿海取得島嶼。而在經濟方面，因為法國與中國的貿易量很小，所以根本不在乎中國是否陷入混亂，所以只想要大軍深入，然後向中國索取巨額的賠款。但英國和中國之間一向有巨額貿易，他們可不想因為中國陷入戰亂而影響到貿易收入，因而主張將戰事侷限於華北

一帶。同時，英國也考量到如果賠款金額過大，償還年限就得延長，那作為抵押的中國領土被占有的時間，也就會跟著延長。如此一來的話，法國就有可能會把這些土地變成永久占有，而這可是英國最不樂見的事。另外，俄國方面，則是天天盼著英法聯軍再次攻打中國，然後再乘中國危急之時出手，在英法沒有干涉的情況下，達到擴大侵吞中國領土並強迫中國承認的目的。不過，資深分析師也指出，由於西洋各國之間的利益衝突尚未擺平，所以短時間之內應該還不會對中國發起軍事行動。如果可能的話，大清政府應該要利用這段空檔，好好的加強軍備，做好準備迎接下一場硬仗。

每年五百兩　英國租九龍

英軍強行在九龍登陸紮營之後，以每年僅五百兩的代價向大清強行永久租用

大英帝國自從取得香港當做海外殖民地以後，便開始處心積慮的想要再把北邊的九龍半島（皆廣東境內）拿到手，以免萬一此地被敵人掌控時，停泊在維多利亞港的船艦將會有被炮火轟擊的危險。不久前，英國廣州領事巴夏禮（Harry Smith Parkes）便趁著英法聯軍的機會，向兩廣總督（廣東、廣西聯省總長）勞崇光提出割讓九龍的要求。勞崇光也明白的表示他無權割地，不過可以代為向上級請示。但是，當英國援軍抵達香港之後，便無視清方的反對，便直接在九龍登陸紮營。然後巴夏禮才以此事已經變為既成事實為由，強向勞崇光租借九龍。勞崇光沒有辦法，只好無奈的答應在九龍城寨以南畫一橫線，將界線以南的九龍半島，以每年僅僅五百兩的代價永久租給英國使用。不過，英國人對此似乎還不滿足，因為聽說英國政府已經要求公使卜魯斯（額爾金伯爵，James Bruce），在日後與清廷訂立停戰和約時，要將九龍半島的租借權直接改為割讓了。

九龍只要一半？ 揭穿英人葫蘆裡的藥

國際專家指出，若以戰略防禦的角度來看，英國只從清廷手中取得一部分的九龍半島，其實並不足以保證整個維多利亞港（皆廣東境內）安全。而至於為什麼英國不乾脆拿走整個九龍半島的原因，則是因為英國不願西洋列強發現他們割取了中國的土地，然後引起群體效應把中國給瓜分了。因為自工業革命以來，英國的貿易競爭力便是西洋諸國中最強的，所以他們希望把整個中國都當作英國的獨占市場，如此便可在貿易上獲取巨額的利潤。要是列強都來瓜分中國的話，那各國勢必會在自己的殖民地上實施保護措施來抵制英國貨。如此一來，英國所能夠

英國為了避免列強來與他搶食中國大餅，在九龍問題刻意低調

獲得的實質利益反而會相對的減少。不過，這也不表示英國不想擴大地盤，而應該是說他想低調行事。相信再不久，只要機會成熟，英國還是會想辦法把整個九龍半島都端在手中的。

清軍加強防衛 英法艦隊集結

之前在大沽被僧格林沁擊退的英軍艦隊，其實只是其遠東作戰部隊中很小的一支，英法聯軍的主要戰力並未受到影響，而且近來又不斷傳出洋人即將出兵報復的風聲。所以清廷已在僧格林沁的要求下增派兵員，把天津、大沽（皆河北境內）一帶的總兵數提升到近三萬人之多。其中光是大沽一地，守軍就占了一萬人，大大的加強了北方的防衛力量。但英法方面也是重兵齊集，英國派出了七十九艘軍艦、一百二十六艘運輸船，以及二萬名地面部隊，法國則是出動了四十艘軍艦及七千六百名士兵。目前英法軍隊已逐漸集結，情勢越來越緊張，隨時有爆發大規模作戰的可能。

攻敵之所必救　二破江南大營

當所有人都把注意力集中在英法艦隊集結的同時，太平軍又有所行動，先是以洪仁玕、李秀成等部隊作勢攻擊江南重鎮杭州（浙江境內），逼迫江南大營分出部分的兵力前往救援。然後這支太平軍再於此時回師，與天京（南京）周圍的所有部隊合力攻擊江南大營。雖然清軍在此地駐有數萬名的重兵，並築有號稱「萬里長壕」的堅固工事，但由於兵力已被分散，加上太平軍集中了天京（南京）周圍的十餘萬軍隊內外夾擊。所以在幾天的猛攻之後，太平軍便又再一次的攻破了江南大營，重創清軍聲勢。

曾國藩終於解凍出陣
任兩江總督辦理軍務

由於清廷用來壓制太平天國的江南大營不久前被攻破，所以咸豐皇帝情急之下，只好把已被他冷凍多年的曾國藩再請出山，命其為欽差大臣，以兩江總督（江西、安徽、江蘇聯省總長）兼兵部尚書（國防部長）的身分，督辦江南軍務並節制水陸各軍。其實，早在四年前（一八五七年）曾國藩因丁憂（父母去世）告假三個月之後，皇帝便要他立即回到戰場。可是之前因屢屢受制於地方督撫而無法施展手腳的曾國藩，卻在奏摺上暗示皇帝要授予他巡撫（省長）之職，否則他無法兼顧治軍及籌餉的工作。還說要是沒有辦法的話，那他就終生在

小聯盟 2A 練習場…

大聯盟隊裡的球員全都掛病號了，總教練叫你去大聯盟報到

由於江南大營被攻破，咸豐皇帝只好再把曾國藩找出來

家守制。不過當時奕訢（清仁宗）對他猜忌仍深，所以便乾脆批准他在家守制，甚至連他侍郎（次長）的底缺也一併開除。這個弄假成真的結果讓曾國藩嚇了一大跳，於是只好又硬著頭皮，寫了封充滿悔意的奏摺，暗示皇帝「奪情」（讓守孝中的官員回職任事），讓他可以再回到軍中效力，當然對於之前要求當巡撫的事也就裝傻不提。但咸豐最後還是以剿匪任務告一段落，不必再幫辦軍務為說詞，把他留在家鄉守廬盡孝。於是曾國藩便這麼被冷凍了起來，一直到不久前江南大營被破，咸豐皇帝手上實在是沒有可用之兵將了，才只好加碼請他再次出陣。

聯軍繞道避開重炮　守軍不敢直督戰死

　　英法聯軍上次在大沽口（河北境內）嘗到苦頭之後，這次決定改從山東登陸，以避開上次被清軍重挫的傷心路線。三四千名的武裝部隊上岸之後，英法兩國便於五月八日正式對大清帝國宣戰，接著依靠俄國人弄來的地圖，分自大連、煙台（皆山東境內）向天津逼近，直接繞到僧格林沁的部隊後面。對於敵軍的登陸，清軍當然不是沒有看到，但礙於咸豐皇帝「不可釁由我開」的諭旨，所以在敵軍沒有開火之前，誰也不敢打出第一顆子彈，最後才會讓英法聯軍輕輕鬆鬆的上

岸。僧格林沁所領導的蒙古騎兵，面對來勢洶洶的敵軍，雖然不畏死難的奮力搏鬥，但由於雙方的武器裝備實在過於懸殊，又失去防守方的有利先機，所以最後仍是傷亡慘重，連直隸總督（直隸、河南、山東聯省總長）樂善也戰死陣前，而英法聯軍也在苦戰之後奪下大沽北岸炮台。奕詝（清仁宗）深恐僧格林沁繼續死守的話也會陣亡，而足以當作清廷最後一道屏障的蒙古鐵騎也將全軍覆沒，所以便傳旨要僧格林沁退守天津，並允許英法使臣在北京商談議和的條件。

外籍傭兵抗長毛　上海洋槍隊成軍

　　就在英法聯軍於大沽（河北境內）與清軍戰鬥的同時，英法駐留上海的部隊竟然與清軍聯手對抗太平軍。原來，當太平軍擊潰清軍江南大營之後，李秀成便率軍東進，並攻占常州（江蘇境內），直指上海。但由於駐防在上海的清軍人數過少，所以蘇松太道台（上海道台，上海市長）吳煦便聘雇美國人華爾（Frederick Townsend Ward）、法爾思德（E. Forrester）、白齊文（H. A. Burgevine）等人，讓他們轉入中國籍，然後招募外國軍艦上的的水手及水兵們，組成了一支「上海洋槍隊」來抵禦太平軍的進攻。

翼王兵進桂黔　清廷心力交瘁

因不願留在天京（南京）捲入權力鬥爭的翼王石達開，在領軍出征之後，於去年（一八五九年）已打回太平軍的起源地廣西去了。但不久之後他便發現這個地方實在是太窮了，窮到沒有辦法養得起他底下的這支大軍。於是便只好改變計畫，決定轉進到素有「天府之國」美譽的四川去發展。據最新傳來的消息，目前石達開的部隊已經攻陷了

歸化、獨山（皆貴州境內）等地，並在繼續前進當中。而華南部分的太平軍也是大有斬獲，忠王李秀成已於日前攻占松江（江蘇境內），英王陳玉成則是擊破廣德（安徽境內），侍王李世賢更是拿下金壇等地（江蘇境內）。目前清廷的狀況可說是蠟燭兩頭燒，既要對付太平軍的分路奔襲，又要抵抗英法軍的進逼京師，未來景況著實令人感到憂慮。

英法敗敵八里橋　聖駕北狩走熱河

因洋人攻到家門口而心神不寧的咸豐皇帝，在收到僧格林沁請以木蘭巡幸之名走避的密奏之後，雖然心裡已是極度恐慌，但又礙於情面，所以只好放話說要御駕親征，並發下僧格林沁的奏摺讓群臣共議。原本奕詝（清仁宗）的目的，是希望大臣們聯名勸阻他御駕親征，並參考僧格林沁的奏摺恭請皇上離京暫避兵鋒，然後他再勉為其難的遵從群臣的建議移駕避難。但事情的發展卻不如預

咸豐以狩獵之名逃離北京

死命狂奔！

咦，他不是來打我們的嗎？怎麼跑得比我們快

期，由於諸王大臣考量到皇帝離京將會造成恐慌，所以竟反過來請求聖駕堅守北京。咸豐帝看到這不識相的奏摺後又驚又氣，只好再傳下一道諭旨，表示巡幸之志已決，說白了就是要群臣去寫個請求移駕的奏摺呈上來。但大臣們還是紛紛上奏請求皇帝留下，甚至要他從城外的圓明園回到皇宮之中以激勵人心。由於醇郡王（第二等爵位）奕譞、惇親王（第一等爵位）奕誴、軍機大臣（皇帝高級機要秘書官）文祥等人都極力諫止，咸豐帝不得已才做出讓步，要內閣傳諭說沒有要巡幸木蘭之事。不過該來的還是會來，當八月七日英法聯軍於八里橋（河北境內）以優勢火力擊潰了頑強抵抗的僧格林沁騎兵隊之後。咸豐皇帝當天晚上便緊急召開會議，決定以北狩為名義避居熱河。而此時由於敵人已經打到眼前，所以再也沒有人出面反對。第二天，咸豐皇帝率御前大臣、軍機大臣及后妃們從圓明園北走，匆匆逃往熱河，留下恭親王奕訢在北京全權處理英法協商事務。

圓明園慘遭洋人洗劫　北京城迎入英法聯軍

　　隨著英法聯軍的不斷向北京城進逼，隨軍同行的英國廣州領事巴夏禮（Harry Smith Parkes），也參與了和清方的談判事宜。但他日前卻不慎在半途之中，被偶遇的清軍給俘獲了。原本留守北京的恭親王奕訢，還打算以巴夏禮為人質逼退英法聯軍。但沒想到英國人根本不吃這一套，不但馬上要求釋放人質，還進逼到北京朝陽門外，甚至衝到了圓明園中想要直接活捉咸豐皇帝。在發現咸豐已經先一步落跑了之後，英法兩國的部隊便大肆對圓明園進行搜刮，把珍藏其中的寶物全都給強行奪去。清廷方面因為之前僧格林沁的最後防線於大沽、八里橋被擊潰，而早就已經信心全失，可以說被嚇到傻了。所以在強大的壓力之下，不但釋放了巴夏禮等人，也只好於八月二十九日這天，按照對方所提出的要求，開啟了安定門讓英法聯軍進入北京城之中。

英法聯軍攻入北京，大肆搜括圓明園中的珍寶

英法俄在這次的事件中都得到極大的利益

中英法簽定《北京條約》 俄羅斯平白擴張領土

英國公使卜魯斯（額爾金伯爵，James Bruce）在一聲令下把圓明園燒了後沒幾天，便與恭親王奕訢在禮部（教育部）交換了之前的《天津條約》，並另外又簽了《北京條約》。這次，清廷又開天津為通商口岸，並割讓九龍司（尖沙嘴），使得香港和尖沙嘴之間的海面，全部落入英人的控制當中，另外還賠了八百萬兩白銀。隨後法使葛羅（Jean-Baptiste Louis Gros）也與清廷簽約，同樣開放天津為口岸，並賠償八百萬兩。在這兩份條約中，也都將中國的勞工輸出合法化，也就是說拐賣貧農遊民至外國當奴工的人口走私，以後將變成一項合法的商業行為。但清廷的損失還不只於此，之前本來答應清政府代為調停的俄國公使，竟然也在這個時候，大言不慚的說他在中國與英法簽約之時

大力相助，所以要求就中俄兩國之間尚未確定的邊界問題進行商議。奕訢怕不答應他的要求，俄國又會去挑撥英法聯軍，所以也只好派員與俄人展開協商。於是在一個月後，又與俄國簽定了《北京條約》，將烏蘇里江以東畫歸俄國，讓中國失去了臨日本海的所有海岸線，同時承認西北地區已被俄人占領之地歸俄人所有，並允諾喀什噶爾（新疆境內）通商，以及在庫倫（蒙古境內）設立領事的條件。於是俄國便從大清政府手中合法取得了黑龍江以北、烏蘇里江以東，以及西北地區的塔城西部與伊犁（皆新疆境內）北部。俄人這次又是不費吹灰之力，便拿到了這三大片加在一起比俄羅斯歐洲領土還要大的土地，外交手段的精妙根本就已經達到出神入化的地步了。

法國神父為方便傳教
翻譯條約竟私增條文

本報記者調查發現，不久前中法所簽定的《北京條約》，竟被翻譯人員給偷偷動了手腳。據了解，原本條約裡中文版本的第六條中，竟多了一句「任便法國傳教士在各省租買田地建造自便」，而中方的負責人竟然也沒有逐條細審，就未經討論而同意了。此一字句不但雙方談判時沒有約定，就連在法文版本的合約也沒有。純粹是擔任翻譯的天主教神父德拉馬（Louis Charles Delamarre）為了自己傳教的方便，而偷偷加上去的。評論家表示，由於連主政者奕訢等人也沒

有發現此一欺詐行為，日後法國的傳教士們不但可公開進入內地傳教，只怕也將會引發一連串強占土地房屋做為教堂財產的紛爭。其實，中國因為沒有自己的翻譯人員，只能任用那些外國傳教士充當翻譯，而這些為神辦事的傳教士們便常常從中動手腳。雖然中方也有一些本地的通事可做翻譯之用，但卻都是些只懂粗淺外文，而且素行不良的粗鄙狡詐之徒，所以才會在談判時屢吃大虧。

新設總理衙門 專責處理外務

在恭親王奕訢的建議下，清廷已於十二月十日，下令設置「總理各國通商事務衙門」（外務部），命恭親王奕訢、大學士（皇帝高級秘書官）桂良、戶部左侍郎（財政部次長）文祥管理，專辦與各國的外交工作。不過這個機構並非正規的政府部門，反而比較像是軍機處（皇帝機要秘書處）的下屬機構。由於編制及職掌都尚未制度化，所以此機構的權限也極有可能會隨著主事者的政治地位及權力而有所變動。同時，在總理衙門之下，也設置兩位專職的官員來辦理各口岸的通商事務，分別是天津的三口通商大臣（北洋大臣，管理牛庄、天津、登州三口通商事務），以及上海的五口通商大臣（南洋大臣，管理廣州、廈門、福州、寧波和上海通商事務，由總督兼任下獨立抽出）。以往因為沒有正式機構，僅由禮部（教育部）、理藩院（外藩事務部）、兩廣總督（廣東、廣西聯省總長）處理，而為西方國家所不滿的外交工作，希望可以在責任歸一之後，有更專業的表現。

皇帝回鑾問題引鬥爭 恭王派與肅黨竟互槓

在奕詝（清仁宗）出逃熱河之後，中央政府便分成了以恭親王奕訢、大學士（皇帝高級秘書官）桂良、戶部左侍郎（財政部次長）文祥為首的北京的政府機構官員，以及隨駕前往熱河的戶部尚書（財政部長）肅順、怡親王載垣、鄭親王端華，以及多位軍機大臣（皇帝高級機要秘書官）所組成的「肅黨」兩派。這兩個集團之間，現在已經為了皇帝是否該回鑾北京一事開始了政治鬥爭。據熟悉內情的人士透露，肅順之所以力阻皇帝回鑾，一來是不願讓咸豐皇帝回到北京與奕訢有更多的接觸，以便他一手控制的軍機處，可以在代擬諭旨時仍能繼續占有政治上的優勢。二來是他發覺近日來皇帝的身體健康已經亮起了紅燈，如果在熱河駕崩而由五歲獨子載淳繼位的話，他就可能被指定為輔政大臣而繼續實權在握。但要是回到北京，萬一奕訢在臨終前託孤給奕訢的話，那他所要面對的就不僅是政治上的失勢，而是腦袋要不要搬家的問題了。

第四章

慈禧垂簾　洋務革新

（西元一八六一年～一八八三年）

大清時報

GREAT QING TIMES

西元一八六一年

辛酉

咸豐十一年

咸豐病重推遲回鑾　奕訢被讒落居下風

原本在恭親王奕訢等人的請求之下，已經準備要返回北京的咸豐皇帝，因為健康狀況突然惡化，不斷的咳出血絲，所以便推遲了回鑾的時間。因此緣故又爭取到一些時間的肅順，便開始想辦法對付他在政壇上最大的威脅，也就是留守北京的奕訢。他在奕詝（清仁宗）身邊開始大嚼舌根，說奕訢因為在北京頻與洋人接觸，所以洋人已經有意將其扶上大位。這讓每天已飽受病痛折磨的咸豐皇帝更覺不安，便開始對奕訢有了戒心。而這種情形奕訢當然也發覺了，所以便不斷的上奏請求前往熱河探病，以便可以當面向他同父異母的四哥奕詝解釋清楚。不過，肅順卻藉由一些政治上的操作，成功的阻斷奕訢的請求，將他與皇帝給隔離開來。以目前的局勢看起來，「肅黨」可說是占了上風，要是皇帝在此時翹辮子的話，那對奕訢等人可就是大大的不利了。

──赫德代理總稅務司　受託籌辦中國購艦──

在原任中國海關總稅務司（中國海關總長）李泰國（Horatio Nelson Lay）因病請假回英國之後，代理總稅務司職務的赫德（Robert Hart）於日前抵達北京，與主持政府的恭親王奕訢商議關稅問題，並提出購買新式軍艦以鎮壓太平軍的建議。在雙方討論之後，奕訢對於赫德所開列的人員清單中，居然有數百名洋人在中國艦隊上感到疑慮，深怕這支艦隊建成之後反倒落入英法人之手。但赫德為此極力解釋，表示由於操作新式船艦需要有經驗的人，所以中國人在未經長期訓練之前沒有辦法勝任。但若對此點清政府有疑慮的話，便改聘向來和中國無隙的非英法等國人士上船，便可解決此一問題。奕訢因為之前為中國出力不少的「上海洋槍隊」中，

交給握榜忙買準沒錯的…

……

奕訢在赫德的遊說之下同意撥款購買軍艦

也有許多都是英勇作戰的西班牙人，於是便同意了這樣的安排。承諾將另行籌款八十萬兩做為購艦之用，讓赫德去籌辦相關事宜。

咸豐遺命讓八大臣輔政，但所發布的命令必須加鈐兩太后所持的「御賞」及「同道堂」章才有效

皇帝駕崩 祺祥新元 遺詔命肅順八人襄贊幼主

七月十六日，已經病入膏肓的咸豐皇帝，在熱河避暑山莊緊急召見了怡親王載垣、鄭親王端華，以及肅順、景壽、穆蔭、匡源、杜翰、焦祐瀛等大臣至榻前，宣布冊立年僅六歲的獨子載淳為皇太子，並以這八位大臣贊襄政務。為了避免當年多爾袞奪權事件重演，留守北京的皇弟恭親王奕訢並沒有被列名在贊襄大臣名單之中。但由於咸豐同時也擔心再一次出現鰲拜專擅、權臣凌主的局面，所以便將隨身的「御賞」章交給皇后鈕祜祿氏，將「同道堂」章交給皇太子載淳（因皇太子年幼，所以實際上是由其生母葉赫那拉氏掌管）。然後宣布今後八大臣以皇上名義發布諭令時，開頭要加蓋「御賞」、結尾要鈐「同道堂」才能生效，以此來節制八大臣的權力。到了七月十七日，在位期間內憂外患、遍地硝煙的奕詝，便在三十一歲這年病逝於避暑山莊。之後，由皇太子載淳（清穆宗）繼任大位，並選定了由肅順等人所建議的「祺祥」做為新的年號。

先帝咸豐屍骨未寒 兩宮爭得閱摺權力

據熱河方面傳來的消息，日前以肅順為首的八位顧命大臣，與兩宮太后發生了嚴重的爭執，原因則是雙方對今後公文的處理方式各持不同的見解。心裡其實瞧不起兩個小太后的肅順等人認為，依據咸豐皇帝臨終前的規畫，奏摺應由八大臣共同閱覽、討論並擬定諭旨，兩宮太后只是形式上的蓋上鈐印即可，不需過問政事。但兩宮太后則認為閱覽奏摺是皇帝的權利，所以堅持要看過奏摺，並經她們認可諭旨才蓋印生效。因為兩宮太后態度一致，而且堅不退讓，所以肅順等人在最後也只好讓步，同意了這兩位年僅二十幾歲的太后所提出的要求。

恭王晉見太后　聯手對抗肅黨

　　八月初，人在北京的恭親王奕訢終於在兩宮太后的支持下，趕到熱河叩謁梓宮（先帝棺柩），並獲得與太后葉赫那拉氏（載淳生母）會面的機會。原本肅順還對奕訢保持高度的警戒，懷疑他會不會有什麼陰謀，所以便以叔嫂當避嫌、太后不宜召見親王為由加以阻止。但後來因為奕訢態度極為恭順，又主動請鄭親王端華陪同晉見以表清白，這才使肅順等人稍稍解除戒心而同意讓兩人單獨會面。由於咸豐皇帝生前一向缺乏決斷能力，所以長期以來都是以怡親王載垣、鄭親王端華、以及戶部尚書（財政部長）肅順三人的意見為主要參考。而這三人之中，又以肅順最有能力、政治手腕也最強。於是，正與肅順集團進行權力之爭的兩宮太后，便決定要和留在北京的奕訢陣營合作。所以葉赫那拉氏極有可能利用此次見面的機會，暗中與奕訢聯手，想辦法對付目前掌權的肅順等人。同時，立場支持兩宮太后及恭親王的兵部侍郎（國防部次長）勝保，亦不顧清廷有禁止各地統兵大臣赴熱河弔謁的規定，而逕自領兵北上，對肅順集團形成了極大的壓力。不過，據聞不甘示弱的肅順等人，也已準備急調正在征剿捻亂的僧格林沁前來助陣。現在整個清廷高層，可說是瀰漫著山雨欲來的詭異氣氛。

太后葉赫那拉氏與恭親王奕訢單獨會面之後，極有可能會聯手對付肅順等輔政八大臣

【國際要聞】美國爆發南北戰爭

依賴奴隸種植棉花為主要經濟來源的美國南方各州，從很早以前便在廢除奴隸制度以及一些經濟議題上，與北方各州有著完全不同的立場。而在去年（一八六〇年）支持廢奴的北方人林肯（Abraham Lincoln）當選美國總統，並發表了一系列政綱之後，南卡羅萊納州認為這將嚴重削弱南方地主們的利益，於是便在不久前宣布脫離聯邦。接著南方各州也紛紛響應此舉，然後共組了一個新的「美利堅聯盟」（邦聯，The Confederate States of America，CSA），並推舉來自肯塔基州的傑斐遜·戴維斯為總統，與北方的「美利堅合眾國」（聯邦，The United States of America，USA）進行對抗。在南方的「邦聯」先發動武力攻擊之後，北方的「聯邦」也開始進行反擊，目前在交界處的攻防戰中雙方可說是勢均力敵，極有可能會演變成全面性的美國內戰。

林肯當選美國總統後提出的廢除奴隸等政策，因為剝奪了部分南方地主的權益而引發內戰

── 御史奏請垂簾聽政 肅黨駁回不動如山 ──

之前雖然肅順等人急調僧格林沁前來助陣，但由於他並不願捲入清廷高層的政爭之中，所以使用軍務繁忙為由拒絕前往熱河。這時御史（監察官員）董元醇見到肅順集團失去了軍力作為後援，立場便投向了太后這一邊，上摺奏請兩宮太后垂簾聽政並另行簡派親王輔政。於是兩宮太后便召集八位贊襄政務大臣前來，就此摺的內容進行討論。對於這種自廢武功的事情，載垣、肅順等人當然是不可能妥協，於是便當場與葉赫那拉氏（載淳生母）發生了激烈的辯論。聽說場面之激烈，連小皇帝都嚇得尿濕了褲子。最後葉赫那拉氏講不過八大臣，也只好同意發出切責董元醇的上諭，並以向無皇太后垂簾聽政之制做為此事件的結束。事情發展到此，大清帝國的政權還是掌握在肅順集團的手中，除非以兩宮及恭親王為主體的皇室集團，能夠在最後關鍵一舉逆襲成功。否則等到肅順集團回到北京，一切已成定制之後，就再也沒有翻身的機會了。

祺祥政變 肅黨傻眼　奕訢關鍵出手 兩宮垂簾聽政

啟稟太后…

在奕訢的策動之下太后派成功發動政變，肅順等人被捕處死，兩宮太后正式垂簾聽政

　　兩宮太后與顧命大臣的權力之爭，最後果然出現戲劇性的變化，在恭親王奕訢的策動之下皇室集團成功的發動政變，原本居於上風的肅順等人一夕之間遭到絕殺逆轉。根據本報得到的獨家消息，在咸豐靈柩要啟程回京之前，太后葉赫那拉氏（載淳生母）曾命人將犯錯的隨身太監安德海押至北京問罪。而實際上安德海的任務，卻是奉了太后的密令先到京城去和奕訢取得聯繫，準備發動政變。九月二十三日，先帝的靈柩啟行之後，葉赫那拉氏便找了些理由讓肅順等人在後護送靈柩，而自己與小皇帝載淳（清穆宗）及太后鈕祜祿氏一行則兼程趕路，比肅順等人還早四天回到京城。次日，在奕訢的策動之下，留京眾臣便聯名奏請兩宮太后垂簾聽政。於是葉赫那拉氏便要諸王大臣奏議此事，並降旨將八大臣全給革職拿問。而一時大意的肅順，便這樣在半路上被莫名其妙的抓了起來，然後以一些莫須有的罪名給處死了。首腦肅順被剪除後，載垣、端華亦被下令自盡，而其他五個顧命大臣也全都被革職查辦。只維持了七十三天的「祺祥」年號，也以兩宮共同治理之意改為「同治」，由兩位皇太后在養心殿垂簾聽政。隨後，立下首功的奕訢被任命為議政王、首席軍機大臣（皇帝高級機要秘書官）、總理衙門大臣（外務部總理）等職務，中央政府的重要位置全部換血，由兩宮太后獲得最後的勝利。

法俄有意軍援大清　另有居心英人破梗

之前俄國在咸豐八年（一八五八年）與中國簽訂《天津條約》時，就試圖以贈送槍炮、派員訓練中國部隊為手段，來達到控制中國軍隊的目的。但後來俄人因為怕得罪正對中國進行軍事攻擊的英國，所以便把原本答應要運交給中國的槍炮，又挪去給正在侵占烏蘇里江以東的俄軍使用。到了去年（一八六〇年）與中國簽完《北京條約》後，俄使又再次提出同樣的建議，還答應派兵助剿太平軍。而此時法國則是因英國的牽制，未能取得舟山群島，所以便也向清政府表示願出兵助剿太平軍，以便進一步的將武裝勢力伸入中國內地。但英人在得知俄法此舉後，認為這將妨礙到他們在中國的權益，所以便極力勸阻中國政府不可接受。清廷在考慮之後，決定拒絕助剿之請，只接受槍炮和派員教習的部分。但俄方又認為清廷指定的訓練地點距內地太遠，無法從事侵略行為而一再拖延。最後清政府也意識到掌握新式武器的重要，決定放棄與俄方的合作，轉而開始購買新式槍炮，並讓北京、東三省，以及江南的部隊配備新式武器並學習使用法。

俄國試圖以贈送槍炮及派員訓練中國部隊的手段，來達到控制中國軍隊的目的

翼王轉戰入四川

太平軍中最具戰鬥力的翼王石達開，不久前率領著西征軍團，沿途經貴州、湖南，再橫掃湖北，目前則是已經轉入了四川境內。而在東南戰線方面，太平天國忠王李秀成的部隊則是兵鋒直指上海，對這個極具指標性的城市形成了極為嚴重的威脅。於是清廷便急命曾國藩火速赴援上海，並積極與英法等國商借洋兵以助剿太平軍。英法為了維護自己在上海的利益，便派出正規部隊，和之前

清英上海抗太平

華爾（Frederick Townsend Ward）的「上海洋槍隊」所擴編成的「常勝軍」組成聯軍，然後與李鴻章率領的「淮軍」（與湘軍同性質的非正規部隊，為官員在政府許可下招募的武裝民兵），在上海（江蘇境內）、寧波（浙江境內）等地對太平軍發起攻擊。一般認為，在洋人及新式武器的助陣下，大清政府應該可以有效的壓制住太平軍的進犯，並逐漸取得優勢。

法傳教手法粗暴 激眾怒教堂被毀

在《天津條約》簽定之後，法國便在長沙、衡陽、湘潭（皆湖南境內）等地強占民宅、興建教堂，做為傳教之用。可是這樣的行為，最後終於激起了民憤，日前在長沙就有人張貼「闔省公檄」來揭發法國人的惡行，並號召各地民眾起而逐之。而這份公檄在傳入江西之後，則是在很短的時間內便激起了強烈的回應。因為當地的法國傳教士羅安當（Antoine Anot）為了擴展傳教事業，也同樣採取了強行索地要房等十分惡劣的手段。結果當地民眾在忍無可忍的情況之下，便在三月十七日那天爆發開來，搗毀了教堂、育嬰

滾！

神會懲罰逆棍的…

堂，以及羅安當所乘坐的船隻，迫使羅安當狼狽的連夜逃走。這消息傳出之後，湘潭、衡陽等地的民眾亦不落人後，也把教堂、育嬰堂及教民的房屋全都焚毀，連湖南巡撫（湖南省長）毛鴻賓亦拒絕接見傳教士。不過，法國方面在聞訊之後十分憤怒，已向清廷表達強烈的抗議。預計中央政府將會以懲處失職官員、賠款並重建教堂來處理此事件。

臺灣天地會又起

遠在東南外海的臺灣傳來暴動的消息，由戴潮春領導的天地會群眾，三月中在大屯起事，在攻下彰化城並斬殺政府官員之後，已自稱大元帥，令百姓蓄髮，並仿照明朝官制設立各級官職。而在陝西方面也是不平靜，之前為了對付太平軍而招募的回族民兵，在部隊解散要回家的途中，因為在與漢人交易

陝西回動亂難平

時被誣陷為竊賊，所以也因小衝突而意外演變成大動亂。由於在漢回雜處之地，漢人常常以各種理由及手法占回人的便宜，而政府為了壓制回民，在決斷時立場時常都不是那麼的公正。所以這次在經年累月的怨恨累積之下所引發的回民動亂，看來將沒有那麼容易平息了。

兩宮垂簾慈禧獨演　大清首度後宮主政

在兩宮太后坐穩了權力中心之後，群臣也於日前主動獻上徽號，其中東太后，也就是咸豐帝的正宮皇后鈕祜祿氏稱為「慈安皇太后」，而西太后亦即同治帝的生母葉赫那拉氏，則稱為「慈禧皇太后」。政治評論家指出，雖然兩宮一同垂簾聽政，但由於慈安生性懦弱，所以實際上所有權力幾乎都是操在慈禧手中。這也成了大清帝國成立以來，首度出現由後宮主政的局面。接下來慈禧太后會帶領這艘已經載浮載沉的大船航向何方，將考驗著這位年輕寡婦的政治智慧。

事情就這樣辦了，姐姐，您說行嗎？

嗯嗯……

雖然兩宮太后一同聽政，但實際上都是較強勢的慈禧掌控一切

臺灣強震奪命　棺木嚴重不足
罹難者超過一千七百人

臺灣地區在五月十一日晚上發生強烈地震，在南部地區造成臺灣有史以來嚴重的傷亡。據官方的初步統計，有八千多間民房倒塌，而死亡的人數也至少在一千七百人以上。同時，因為死亡人數過多，目前除了救災之外，棺木嚴重不足也成為令政府頭痛的問題之一。

靠人不如靠己 同文館已奏准成立 培養本國翻譯人才

鑑於以往中國官方沒有自己的翻譯人員，多以外籍傳教士臨時兼任，使得在談判時屢屢吃了悶虧。為了徹底解決這個問題，在恭親王奕訢的奏請之下，清廷已經同意在「總理各國通商事務衙門」（外務部）之下，成立「同文館」以培養本國翻譯人才。目前同文館初步的規畫是設置英文、法文、俄文三班，並以八旗子弟為招生對象。師資方面，除了漢文課程之外，其他的科目多聘請外國人來擔任教師。根據教育學者的看法，在課程的規畫上，未來極有可能會再增設其他外語，如德文、日文的班級，甚至在數理等應用科學方面也會開設專班。招收對象也可能會放寬限制，讓漢人也能一同入學。在步上軌道之後，相信不僅對外交事務會有極大的幫助，也能加速中國吸收西洋新知的速度。

清軍兵圍天京　翼王入川受挫

大清政府與太平軍之間的爭鬥又有新的發展，由曾國藩率領的湘軍在去年（一八六一年）克復安慶之後，便利用其自有水軍之優勢順江東進，然後在今年四月的時候，完成了對天京（南京）的包圍態勢。於是天王洪秀全被逼得只好急命正在進攻蘇州（江蘇境內）的李秀成回軍救援，並於九月間對圍駐於南京雨花台的湘軍進行猛烈的攻擊。在經過幾輪攻守會戰之後，來援的太平軍被擊退，天京之圍仍舊無法解除。而在西方戰線上，由翼王石達開所領的西征軍團也同樣陷於不利的境地。自石達開入川之後，戰事便不如初期般的順利。

快回來救我啊！

我也自身難保了…

天京的洪秀全與入川的石達開都受到清軍圍攻，太平天國陷入前所未有的危機之中

先是在綦江受挫，被迫西行至宜賓（皆四川境內）之後，在搶渡金沙江時，渡船又被清軍擊沉，還遭到清軍以水路包抄，目前善戰的石達開可說是陷入前所未有的險境之中。

政府平白損失七十萬兩，在解散了阿思本艦隊之後，一切仍然回到原點

花錢買經驗⋯ 英人代購出紕漏 阿思本艦隊解散

在清廷的授權之下，代理總稅務司（中國海關總長）一職的赫德（Robert Hart），發函請求因病回英的李泰國（Horatio Nelson Lay）代大清向英提出軍購需求。規畫中，這次總共要購買七艘新型軍艦並雇用相關技術人員，其中中國的人員要占一半以上，並由中國派總兵官（軍長）管理各船，每一艘船艦上也會有中國的管帶（艦長）來統率水手及士兵。但赫德不知道是想故意造成既成事實還是怎樣，竟然沒有將上述條件告知李泰國。結果李泰國還以大清政府代表的身分，與英國海軍上校阿思本（Sherrard Osborn）簽訂合約，明定該艦隊由阿思本擔任司令，而阿思本只接受經由李泰國傳遞的中國皇帝命

令。另外，還約定艦上只用洋人，且所有人員的任用賞罰都由阿思本全權決定。而李泰國隨同艦隊抵達中國之後，又提出一次給付四年一千萬兩經費、撤除南北洋大臣以便他全權主持海關，以及中國各口岸輪船全歸其調撥、上海常勝軍也歸他指揮的種種不合理要求。由於事情的發展實在過於離譜，所以清廷最後便決定遣散艦隊。之後，英國為免艦隊落入中國之手，真的加強了大清的海防力量，所以便以二十一萬三千兩白銀的代價將七艘軍艦買回。大清則是在革退了李泰國總稅務司一職之後，發給各軍官水手遣散費了結此案。政府在此事件中平白損失了七十萬兩之後，一切仍是回到原點。

捻軍張樂行被終結 翼王太平軍行末路

政府軍近來可說是大有斬獲，由僧格林沁所率領的騎兵部隊，不但大破捻軍黑旗總目蘇天福，俘擄了最大咖的張樂行，還傳回石達開投降並被凌遲處死的消息。之前，翼王在四川的攻勢受到清軍逆轉之後，一路轉進到大渡河邊，但當地的土司（獲清廷認可的邊疆民族世襲頭目）卻將鐵索橋拆掉以阻止太平軍進入。此時已陷入絕境的石達開，面對重重包圍的清軍優勢兵力，

永別了，兄弟，你們趕緊去剃頭吧…

陷入重圍的石達開因不忍全軍被活活餓死，只好隻身向清軍投降

因不忍見到全軍因無法脫困而餓死，所以只好隻身向清軍投降。在石達開被押至成都（四川境內）凌遲處死之後，長毛軍最令清廷畏懼的力量已經不復存在，太平天國的覆滅看來只是時間的遲早問題而已。

外籍傭兵遭解職 立場瞬變投敵營

在外籍兵團「常勝軍」的統領華爾（Frederick Townsend Ward）戰死後繼任其位的白齊文（Henry Andres Burgevine），因為毆傷大清政府官員又強搶軍餉等惡劣行徑，而被江蘇巡撫（江蘇省長）李鴻章給免職，於是白齊文便反過來前往蘇州（江蘇境內）投靠太平軍陣營。據聞，不久前當李鴻章所率領的淮軍（與湘軍同性質的非正規部隊，為官員在政府許可下招募的武裝民兵）協同常勝軍進攻蘇州時，白齊文還私底下與常勝軍的統領戈登（C. G. Gordon）會晤，勸戈登與他聯手攻陷北京，但遭到戈登所拒。看來，同樣是在中國效力的外籍僱傭軍人，在心態上也存在著不小的差異。

陝回入甘 焚殺慘烈

真主阿拉賜我力量

真主阿拉請保佑我

暴走的陝西回民進入新疆之後，雖然信仰與當地百姓相同，但因沒有地緣及親族關係，所以焚殺搶掠十分慘烈

陝西一帶的回民動亂越演越烈，已經擴大到了新疆地區。雖然之前新疆就時常有回族人民發動反政府抗爭的事件，但因為都是本地子民，所以通常矛頭只會指向政府軍，而不會加害當地百姓。但這次暴走的卻是陝西入境的回民，他們進入新疆之後，因為沒有地緣關係，也沒有親族的羈絆，所以沿途焚殺搶掠的情形可說是極端的慘烈。據統計，光是華亭一縣（新疆境內），人口就損失了將近百分之九十四，而其他在此次動亂中遇難的城鎮，死傷人數也都十分驚人。看來，政府若不能及時壓制的話，將會有更多無辜的百姓在戰亂之中家破人亡。

天地會落幕 戴潮春身死

由戴潮春率領的反抗軍在臺灣建立政權之後，一開始還獲得許多地方人士的響應。但是後來因為和霧峰的望族林家之間的宿怨問題，加上官府蓄意的挑撥漳泉之間的不合，造成天地會中部分泉州人的相繼離開，因而未能成功整合反政府勢力。之後，清廷派霧峰（臺灣境內）林家出身的福建提督（福建軍區司令）林文察率兵渡海，會同新任臺灣道台（省、府之間的行政長官）丁日健，趁著天地會眾前往攻打鹿港的機會，趁虛進占了彰化城。經過一年多的對戰之後，戴潮春終於在日前因勢無可為，出面向丁日健投降並隨即被處死。雖然目前還有零星的反抗軍在各地活動，但預計不久之後，官軍便可全面平定此次的動亂。

洪秀全病危歸天 天京城破在旦夕

原本企圖回軍以解天京（南京）之圍的太平天國忠王李秀成，在去年（一八六三年）南渡長江時卻意外遭到清軍的截擊，只能於猛烈炮火下冒險過河。在十二天的渡河過程中，光是戰死或溺斃的士兵加起來就數以萬計，而來不及渡江的餘部也多因軍糧斷絕而餓死在北岸，最後只剩下一萬多人回到天京協防。但這並沒有讓整個戰況好轉，在這之後太平軍仍是節節敗退，不但外圍要塞盡失，還陷入缺糧困境之中。據說，因為情勢十分危急，所以李秀成還一度力勸天王洪秀全放棄天京先走避他處，不過洪秀全仍然執意要

堅守到底。到了今年初，收到天王詔命的各路太平軍也陸續回援天京，只不過仍然未能突破清軍的戰線，最後還是被一一擊破。而更令太平軍震撼的是，他們的精神領袖，耶穌之弟洪秀全竟然於四月二十七日因病去世。雖然在洪秀全的遺詔中已經宣稱，將會到天國向天父天兄調請天兵來保衛天京，而年僅十六歲的洪天貴福（洪秀全子）也在眾人擁戴之下登位，並由忠王李秀成主持一切軍政大事。但此時城中已無存糧，外面又有湘軍急攻，群臣早已無策可出，只怕天京之破就在旦夕之間了。

新疆回變擴大 俄人又想坐收

之前新疆地區的回民暴動不斷擴大，在政府軍無力剿滅的情況下，回部反抗軍領袖妥明，已於日前在烏魯木齊稱王。由於伊犁（皆新疆境內）也受到反抗軍的圍攻，使得俄羅斯商人的貿易活動大受影響，所以他們為了維護商業利益，便商請伊犁將軍（伊犁指揮官）常清行文給俄國的西西伯利亞（West Siberian）總督府以借兵助剿。當常清將此事向上奏報之後，清廷雖然知道俄人

救命啊

等一下就有
生意可做了

可能藉著出兵助剿的機會順勢占奪領土，但因為已經無計可施，所以也只能無奈的同意此事。不過，出人意料的是，當此項請求提出之後，反而是俄方沒有答應。原來是俄國政府在評估之後，認為反抗軍最後應該會消滅當地的政府軍，所以他們打算在反抗軍獲勝之後，再以代收伊犁的名義，出兵消滅反抗軍然後名正言順的占領伊犁。

天京被破遭屠城　太平天國成雲煙

　　在洪天貴福繼任天王之位後不到一個半月的時間，天京（南京）便被曾國荃（曾國藩之弟）所率領的湘軍所攻陷了。城破之時，不但守城的三四千名太平軍皆戰死或聚眾自焚，沒有一人投降，連多達二千多名的宮女也都自縊或投河而死。隨後湘軍入據並下令屠城，城中老弱婦孺無一倖免，南京城也在清軍的刻意縱火之下付之一炬。雖然在城破之前，忠王李秀成已攜洪天貴福出逃，但不久後也被清軍攔路截擊。李秀成為了讓洪天貴福可以順利脫逃，便把自己的座騎相讓，還讓一部分護衛隊保護天王先行，自己則與剩餘部隊留下斷後。在寡不敵眾的情況之下，李秀成最後還是被清軍所擒而遭凌遲處死。而洪天貴福則是輾轉逃到江西之後，於九月二十五日被俘，並在一個月後遭碏身亡。目前除了與太平天國合作的捻軍還在華北繼續活動之外，只剩少數的太平軍殘部在華南一帶流竄，曾經據有半壁江山的太平天國至此已正式滅亡。

曾經擁有半壁江山的太平天國最後還是難逃滅亡的命運

近來聲勢及權力都快速上漲的恭親王奕訢已經引起了慈禧太后的戒心

走紅太過後遺症　慈禧心戒恭親王

　　自從「祺祥政變」成功之後，慈禧太后對立下首功的恭親王奕訢可說是信任到了極點，不但封他為議政王、軍機處行走、食親王雙俸，還讓他的同胞親弟奕譞掌管禁軍神機營。只不過隨著奕訢的聲勢權力越來越高漲，不由得令慈禧也開始起了戒心。日前，這一點點微小的改變被翰林院（職掌修史編書、文詞翰墨、皇室侍講的核心官員儲備所）官員蔡壽祺嗅了出來，便寫了一篇痛陳時弊的文章，指陳奕訢的諸多罪狀，於是慈禧便要以此摺要群臣商議如何治奕訢的罪。但沒想到大臣中有許多人都跳出來為奕訢申辯，弄到最後慈禧也不好再說什麼，只好妥協輕辦，僅僅撤銷了奕訢議政王的頭銜便就此了事，而發起參劾的蔡壽祺則成為這次政爭的犧牲品。資深評論家認為，雖然奕訢在這次鬥爭中全身而退，但其權力卻已被慈禧太后大大的削弱。依奕訢的個性及忠誠度，應該不會選擇太激烈的手段反撲，比較有可能的是會慢慢淡出政壇以求明哲保身。

僧格林沁中伏全軍亡 曾國藩接手剿捻重任

　　大清帝國最具戰鬥力的僧格林沁騎兵，為了追擊捻軍集團，近三個月來可說是窮追猛打，一刻也沒有鬆手。這樣緊咬不放的追擊方式雖然帶給捻軍極大的壓力，但在長途奔波了將近三千公里之後，這支蒙古鐵騎也開始漸漸露出疲態。不但許多猛將都已先後戰死沙場，人困馬乏的部隊也有如是強弩之末一般。而脾氣又臭又硬的僧格林沁又堅持不需要別的部隊支援，弄到已達體力極限的部隊都已經怨言四起。於是捻軍看準了這一點，便設計將清兵誘至曹州高樓寨（山東境內）並設下伏兵，結果急於應戰的僧格林沁果然督兵暴進，一下子就中伏陷入重圍之中。之後，被圍死的僧格林沁只好率領少數隨從乘夜冒死突圍。但就在殺出一條血路，逃到了曹州西北的吳家店之後，卻意外被一捻軍少年斬殺於躲藏的麥田之中。在僧格林沁部隊全軍覆沒之後，北京立刻宣布戒嚴，並急令曾國藩為剿捻欽差大臣，以防堵捻軍北上京畿之地。曾國藩接手剿捻重任後，改追擊戰略為四鎮堵剿，於河南周家口、山東濟寧、江蘇徐州、安徽臨淮關分置四鎮，分駐八萬的淮軍和湘軍，準備將捻包圍在江蘇、河南、安徽的邊區之地。

僧格林沁率領蒙古鐵騎千里奔擊，終於體力耗盡而中伏身亡

清政府無力平回　阿古柏襲捲新疆

位於中亞的浩罕王國，因見到喀什噶爾（新疆境內）的回民發生暴動，把大清派駐當地的官員給趕走了，於是便派大將阿古柏率領強悍的兵團，攜同維吾爾族回民領袖布士爾克（張格爾之子），趁著這個機會入侵。阿古柏從五月初，自喀什進犯葉爾羌開始，便連下英吉沙、庫車等地，不久又攻陷喀什噶爾漢城（皆新疆境內），在殘殺了四千名官民之後，還放任部下在城中任意劫掠七天之久。目前由於反抗軍氣勢大盛，所以布士爾克已在眾回民的擁護之下建國稱王。不過所有人都知道，雖然表面建立的是布士爾克的王國，但實際上的軍權卻是操在阿古柏手中，他才是新疆地區回民真正的主宰者。

【國際要聞】美國總統林肯被刺身亡

一八六一年因奴隸問題爆發的美國南北戰爭，終於在北方的「美利堅合眾國」（聯邦，The United States of America，USA）的勝利中結束。但是，去年（一八六四年）連任成功的美國總統林肯（Abraham Lincoln），卻在南方的「美利堅聯盟」（邦聯，The Confederate States of America，CSA）投降之後第六日，於劇院中被一位激進的南方支持者刺殺身亡。凶手在逃亡十天後被發現躲藏在一處農場之中，在一陣交火之後已被軍方擊斃。一般認為，林肯的死亡雖然會為美國政壇帶來極大的衝擊，但對於內戰的結果以及黑奴的解放的大方向，應該不會產生影響。

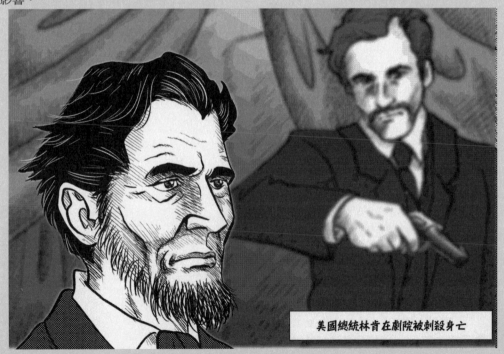

美國總統林肯在劇院被刺殺身亡

回變持續擴大 新疆幾乎失控

雖然大清官軍不斷試圖鎮壓，但西北方的新疆回亂卻已如俄國人預料一般，進入了幾乎失控的地步。據報，伊犁、綏定兩城都已被反抗軍所攻破，前後任的伊犁將軍（伊犁指揮官）常清、明緒都在戰鬥之中傷重死亡。不僅如此，駐防蘭州（皆新疆境內）的部分官兵，也因對薪餉與民兵部隊之間有不小的差距而心生不滿，在回族反抗軍的煽動之下，以索餉為由譁變，在殺死了行政長官及一百多位官員、兵士之後，搶奪了政府的槍炮火藥並占據城池，與回民反抗軍相通一氣。如果按照目前的局勢繼續發展下去的話，不久清廷將完全失去對新疆地區的控制力。

什麼！兩個都死了！！

在前後兩任伊犁將軍都戰死之後，新疆已接近失控狀態

馬賊數千圍吉林　不敵官軍遭平定

就在清廷為回變傷透腦筋的同時，東北方面又傳出馬賊群起反抗政府的消息。由於馬賊來勢洶洶，在雙城堡、阿勒楚喀城、克拉林、五常等城皆相繼淪陷之後，吉林城亦受到數千名馬賊的強攻猛打。所幸大清各路援軍在危急時刻陸續趕到，讓馬賊不得不在各股尚未糾集完畢之時便冒險搶攻，才化解了吉林城（皆吉林境內）的危機。反抗軍在受挫之後兵分二路，一路轉攻熱河，另一路改逼長春（吉林境內），企圖脫離官兵的追擊。但是卻遭遇到可怕的京營精銳騎兵以及洋槍隊，在數度交手之後，馬賊之亂宣告平定。

——造船廠機器局相繼設立 政府積極提升國防實力——

鑑於西洋軍艦船堅炮利，實力遠在大清帝國之上，所以在閩浙總督（福建、浙江聯省總長）左宗棠的建議之下，中央政府已經核准在福州馬尾（福建境內）設立船政局，並籌設福州造船廠，未來將以自製新式戰艦為目標。除了硬體建設之外，左宗棠也在船政局之下附設了船政學堂，積極的培養本土學生以提升海防實力。在目前的規畫中，船政學堂將招收十六歲以下的學生，分別招收造船、駕駛兩班。學制的方面則模仿英法海軍學校的體制，以五年為修業時間，學生合格畢業後將授以水師官職或另行派充監工、船主等任務。另外，清廷也依恭親王奕訢之建議，命三口通商大臣（北洋大臣，管理牛庄、天津、登州三口通商事務）崇厚開始籌設天津機器局，以便自行製造新式的軍火武器。從最近清廷一連串的決策來看，似乎頗有耳目一新的氣象，相信未來造船及軍火工業能夠順利進展的話，將對整體國防力量的提升有關鍵性的影響。

成也棉花敗也棉花
金融風暴襲捲上海

自從英國麗如銀行（Oriental Bank）在道光二十八年（一八四八年）於上海開設分行之後，便陸陸續續有不少銀行開始進駐。後來在美國南北戰爭開打，使得美國南方的棉花出口量驟減，進而導致歐洲的棉花短缺，因而轉向中國採購棉花。就這樣，在棉花經濟的帶動之下，上海不但成為中國棉花的主要出口地，也連帶吸引外資不斷進入，各銀行股票

歡迎光臨

咦，你不是那家外商銀行的總經理嗎？

這個是另一家的副總…

金融風暴襲捲上海，造成多家銀行相繼倒閉

翻倍成長，經濟景況可說是空前繁榮。不過，在美國內戰結束之後，由於棉花種植復甦，又重新搶回了歐洲的外銷市場。出口受阻的中國棉業立時出現危機，上海經濟因此受到重創。加上英國倫敦、印度孟買等地的金融風暴，也波及上海金融業，不但建築、房地產、工廠等產業受到嚴重衝擊。連之前在投機狂潮前進上海的各家銀行，也都在這次的金融風暴中遭殃。在股票大幅貶值後，目前還存活的外資銀行只剩下匯豐（HSBC）、法蘭西（Banque de France）等五家，其他的銀行則是全都宣告倒閉或直接撤資了。

【國際要聞】史上最大面積土地交易　俄屬阿拉斯加低價售美

　　由於歐洲方面的國際情勢十分混亂，俄國便擔心他們在阿拉斯加這一塊極冷之地被英國人所奪走，於是便想要將此地賣給美國。日前，這筆世界土地交易史上面積最大的一筆買賣終於成交，美國以七百二十萬美元的代價，買下了大約一、七七七、八五四平方公里的土地，平均每平方公里只要四‧七四美元。不過由於此地天寒地凍，人煙罕至，所以有許多的美國人並不認同此舉，還紛紛以「蠢事」、「買了冰箱」、「總統有了北極熊花園」等話語來挪揄此項交易。不過，經濟學者也指出，雖然這塊地現在看起來一文不值，但如果日後發現有如漁獵或是礦產等經濟價值時，會翻倍獲利也說不定。

手中握有軍權的阿古柏把老闆趕下台而自己稱汗

── 阿古柏開除老闆　握槍桿自稱可汗 ──

　　兩年前（一八六五年）才在喀什噶爾（新疆境內）稱王的布士爾克（張格爾之子），原本想要把掌握在阿古柏手上的軍權拿回來，但卻因為實力及能力都不足，而遭到阿古柏的反噬。日前，鬥爭失利的布士爾克不但被逼下寶座，還被強迫送到麥加（伊斯蘭教聖地，沙烏地阿拉伯境內）朝聖去了。而阿古柏在登位之後，也自稱為畢調勒特可汗，並建立了哲德沙爾汗國，同時準備向外繼續擴張自己的地盤。

美國人當中國使節
蒲安臣率團訪美歐

逆毫，握是中國特屎…

中國人長這樣!?

由於美國駐華公使蒲安臣（Anson Burlingame）即將任滿回國，而此時正準備對外派出使節團前往西洋各國的清廷，也在為找不到適合的人才傷透腦筋。於是恭親王奕訢便建議乾脆委任蒲安臣為辦理中外交涉事務大臣，以全權代表大清帝國前往歐美各國進行外交工作。據資料顯示，蒲安臣自美國總統林肯（Abraham Lincoln）就職後不久，便被任命第十三任的駐華公使，在一八六二年抵達北京之後，積極執行美國國務卿西華德（William Henry Seward）所提出的各項對華合作政策。不同於英、法、俄等國公使的強橫態度，蒲安臣始終堅持對中國開展公正的外交活動，既不要求占領租界，也不曾提出任何破壞大清帝國領土完整的威脅，因此格外得到清廷的好感與信任，也正因如此，奕訢的提議很快便獲得高層的核可。預計由蒲安臣所率領的使團，將於明年初從上海出發，先到美國之後再轉往英法兩國，隨後再拜訪歐洲其他各國。

【國際要聞】日本各藩密謀倒幕 德川祭出大政奉還

日本在一八五三年爆發「黑船事件」之後，主政的德川幕府（掌握中央實權的德川家族）被迫先後與美、英、法等國簽定了一系列的不平等條約。在文化、經濟上受到巨大衝擊的日本政壇也因此掀起波瀾，長州、土佐、薩摩等藩（地方軍閥）與幕府之間的關係急劇惡化對立，甚至結成了軍事聯盟，試圖直接與天皇取得接觸。據說，今年才剛繼位的明治天皇，已經暗中向倒幕派發出一份密詔，同意他們採取推翻德川幕府的行動。不過，幕府將軍德川慶喜當然也不是這麼好打發的，他立刻做出反制，提出了「大政奉還」的奏文，表明願意將政權歸還給天皇。這樣一來，使得發動武力倒幕的理由失去了正當性，而德川慶喜卻仍牢牢的掌握住最重要的軍權及領地，然後幕府方面再藉口天皇及倒幕派對政務運作不熟，而派遣家臣進入新政府之中協助。如果一切照著這個劇本走的話，德川慶喜無疑還是最後的大贏家，但倒幕派是否會就此停手？還是會採取更激烈的手段？在答案尚未確定之前，只怕這種緊繃而詭異的氛圍還是會持續籠罩整個日本政壇。

大清時報

GREAT QING TIMES

西元一八六八年

戊辰

同治七年

縱橫八省十餘年　捻軍之亂終完結

　　遭到湘軍、淮軍圍剿的捻軍集團，在前年（一八六六年）分為東西兩部，企圖甩開政府軍的包夾。其中被李鴻章的淮軍所圍困的東捻部隊，因突圍失敗而導致主力軍團覆沒。而西捻部隊在轉戰陝西之後，沿途經山西向南穿入河南，之後為了營救已在危亡之際的東捻軍而轉向東北挺進直隸，一度甚至逼近保定、天津（皆河北境內）。但後來在官軍的追擊之下，於轉進山東之後被圍困於荏平（山東境內），最終遭到擊潰而全軍覆沒。縱橫八省十餘年，極盛時期總兵力將近二十萬人的捻軍之亂，至此終於完全平定。

【國際要聞】日本幕府倒台　全國一致對外

　　在去年（一八六七年）德川慶喜提出「大政奉還」的策略，暫時封住倒幕派的行動之後，再度受到箝制的明治天皇也決定與德川攤牌。他放手一搏的頒布了「王政復古大號令」，直接宣布廢除幕府（掌握中央實權的德川家族），並命令德川慶喜辭官納地，拔除其所有的權力及領地。面對天皇這樣的挑戰，德川慶喜毫不猶豫的選擇了以武力還擊，於是大軍從大坂（大阪）傾巢而出，準備與倒幕派在拳頭上一見真章。以薩摩藩、長州藩（皆地方軍閥）為主力的倒幕派軍隊，雖然在人數上居於劣勢，但因為配備了新式的武器及編制，所以在京都附近的鳥羽、伏見兩地，與德川軍進行了三天的激烈戰鬥之

太好了

日本明治天皇放手一搏，終於扳倒德川幕府

後，終於取得了重大勝利。隨後又乘勝追擊，直逼幕府將軍的大本營江戶（東京）而來。但在決戰之前，倒幕派組成的新政府決定再與德川進行最後協商。在經過一番努力之後，在以國家為重的前題下雙方終於達成協議，決定江戶不流血開城，幕府統治時代正式結束，接下來將一致對外，力求脫胎換骨。

大清時報

GREAT QING TIMES

己巳

西元一八六九年

同治八年

中國首艘自製輪船　萬年清號成功下水

福州船政局耗時一年半所造的輪船「萬年清」號，終於在日前建成並舉行了隆重的下水典禮。由官方公布的數據可以看出，這艘中國第一艘自行建造的新型木殼輪船，為擁有一百五十匹馬力單缸往復機之蒸氣運輸船，總排水量高達一千三百七十噸。雖然核心的輪機部分為國外進口，但船體及組裝則為福州造船廠所獨力完成。值得一提的是，這艘新型巨輪採用的下水法，乃是採用中國古代相傳之老方法，先把熬煮出來的牛油灌入船底的凹槽使之凝結以做為潤滑之用，然後再將一開始固定船台的木架卸下，改墊木楔，只留下船旁數十根的支架做為支撐。等到要下水的時候，再一口氣盡拔撐柱，然後以眾斧齊敲船頭木楔，讓船勢全力趨下，同時把船頭的托鋼鋸斷，讓這艘大輪船漂亮的滑行入水。萬年清號成功下水之後，也代表中國的造船技術正式進入一個新的里程碑。

左宗棠三路圍擊馬化龍整合回軍

在平定了西捻軍之後，陝甘總督（陝西、甘肅聯省總長）左宗棠終於能夠專心的對付回變。為了能將手上的兵力集中，左宗棠先設下計謀誘逼陝西境內的反抗軍進入甘肅，然後再兵分三路加以圍擊。只不過令官軍感到意外的是，反抗軍在回族領袖馬化龍的號召之下，竟成功的整合了甘肅本地的回民及由陝西入甘的白彥虎部隊，並在金積堡（寧夏境內）周圍布置了五百多座的堡寨，準備對政府軍做長期的抗戰。

左宗棠以三路圍擊甘肅境內的回族反抗軍，
但馬化龍等回族領袖已做好長期抗爭之準備

太監愛打同治皇帝小報告 載淳計斬慈禧寵宦安德海

由於十四歲的載淳（清穆宗）已達適婚年齡，所以慈禧太后（載淳生母）便要親信太監安德海前往蘇州（江蘇境內），為皇帝大婚採購龍袍禮服。但因為載淳對於安德海時常在慈禧面前打他小報告的行為，早就懷恨在心，所以便想藉此機會加以報復。等到安德海大搖大擺的從京杭大運河一路南下，進入山東之後，早已受到指示的山東巡撫（山東省長）丁寶楨，便以安德海自稱奉旨差遣，招搖煽惑、真偽不辨為由上書加以劾奏。而

同治皇帝雖然之前早已當著慈禧太后的面，對安德海出城一事表示贊成，但私底下卻與慈安太后（咸豐帝正宮皇后）達成共識，趁著慈禧最近生病的機會，由慈安太后以祖訓不准太監私出為由，傳下懿旨命山東巡撫丁寶楨逮捕安德海以及隨行的二十餘人，然後立即當場處死。等到慈禧太后獲悉此事的時候，一切早已成為定局，她雖然對兒子的擅作主張十分生氣，但卻也無可奈何，只好不做任何追究。

同治趁著慈禧太后生病的機會，設計斬殺了平常愛向太后打他小報告的太監安德海

大清時報

GREAT QING TIMES

庚午

西元一八七〇年

同治九年

法教堂拐賣嬰幼童？
法國領事態度囂張　被眾毆死引發危機

　　天津日前陸續破獲多起拐騙兒童的案件，而所有事證竟然都指向法國的天主教堂。其實近幾年來，便一直有教堂透過地方上的不肖分子，四處收買嬰兒的傳聞，而這次被逮捕的嫌犯，也和該教會的信眾有極密切的交往關係。加上五月時，教堂又曾爆發過三四十名幼童集體死亡的案例，據說修女們還極不人道的，將好幾個幼童屍體塞入同一棺中草草掩埋。這一切的驚悚傳聞，已讓天津百姓議論紛紛，認為法國教堂會迷拐嬰幼兒，然後殘忍的將其挖眼剖腹。由於輿論已近沸騰，所以大清官方也不得不審慎因應，將嫌犯帶到望海樓天主堂去實地調查此案。雖然最後未能

這教堂怎麼亂陰森恐怖的

聽說有幾十個小孩集體死在這

查得犯罪事證，但群眾們仍然群集在教堂四周看熱鬧，並與教堂人員發生口角。為此，法國領事豐大業（Henri Victor Fontanier）還特別去找三口通商大臣（北洋大臣，管理牛庄、天津、登州三口通商事務）崇厚理論。但態度囂張的豐大業不但在途中毆傷中國巡捕，還當著崇厚的面前開槍恐嚇，最後更在路上向天津知縣（縣長）劉傑開槍並擊傷一名官員隨從。在旁圍觀的群眾被豐大業的野蠻行為激怒，一時群情激憤，失控的民眾群起圍毆，不但打死了豐大業及其他七名洋人，還焚毀教堂、洋人房屋與法國領事館。雖然此事是由豐大業所挑起，但如此一來，又引起英法美等七國軍艦集結在天津、煙台一帶示威，讓情勢又緊張了起來。

阿古柏併吞回部統一新疆

　　喀什噶爾的阿古柏在稱汗之後，為了擴大自己的勢力範圍，決定向外併吞其他的回部集團。不久前他揮軍北進，一舉擊潰了由妥明所建立的另一個回民汗國，成功的奪下烏魯木齊的控制權。目前新疆全境除了伊犁之外，已全部被阿古柏所統一，而大清政府則是完全的失去了對新疆的控制權。

兩江總督馬新貽遇刺身亡

江南地區日前發生了一件驚天大案，兩江總督（江西、安徽、江蘇聯省總長）馬新貽在閱視軍隊操演之後，在步行回官署門口時竟然被刺殺身亡。案發當時，凶手忽然從人群中竄出，一面大喊冤枉，一面抽出匕首就刺入了馬新貽的右肋之中。雖然凶手當場就被逮捕，但馬新貽卻因傷重而於第二天不治死亡。據這個名叫張文祥的刺客自己供稱，之前他因為老婆和錢被人霸占而向當時擔任

浙江巡撫（浙江省長）的馬新貽攔轎喊冤，但並未被受理，使得他最後只能改向寧波府告狀。雖然要回了妻子，但錢卻追不回來，氣急之下他便逼妻子吞煙自盡。所以他一直覺得這一切都是馬新貽所害，再加上後來他有許多海盜朋友都被馬新貽所捕殺，而他所開設的非法當舖也被查禁，幾乎斷絕了生路。種種的新仇舊恨加起來，才讓他犯下了刺殺總督的這件大案。

投名狀？ 刺馬案真相出現多種版本

由於刺馬案官方版本的說法仍然疑點重重，所以許多名嘴也紛紛在談話性節目揭露各種的傳聞。一說是馬新貽曾在剿捻時被捻匪頭目張文祥所俘，但因張文祥久欲投清，所以不但放了馬新貽，還同其摯友曹二虎等人結為異姓兄弟，並將張文祥的部隊收編為山字營官軍。但後來隨著馬新貽的官位不斷高升，不但對兄弟之情逐漸冷淡，還誘姦了曹二虎的妻子，並將其誣以通捻之罪捕殺。張文祥為替曹二虎報仇，才痛下殺手，以身搏命。另外，還有傳聞說是因為江蘇

巡撫（江蘇省長）丁日昌的兒子犯了案，歸馬新貽查辦。丁日昌私下找人向馬新貽請託，但馬卻不買帳，因此丁日昌便買通殺手行凶報復。甚至，也有傳言說是因為曾國藩在鎮壓太平軍的過程之中，湘軍實力逐漸坐大而為清廷高層所忌。於是慈禧太后便把曾國藩調離兩江總督的位子另派馬新貽接任，以牽制湘軍的勢力。但由於馬新貽到任之後，開始追查太平天國留下的大量金銀財寶，嚴重的威脅了湘軍集團的利益，所以湘軍才會指使張文祥將其刺殺。由於種種傳聞都說得好像確有其事一般，所以就算沒有辦法加以證實，也應該可以改編成一部極為賣座的電影吧。

兩江總督馬新貽被刺的傳聞，精彩到可以編成賣座電影

凶手正法 賠償道歉
天津教案清廷讓步 法方接受另有隱情

你真是太棒了

這次算便宜你了

心虛中。。。

呵…

由於法國在與普魯士的爭戰中失利，使得李鴻章幸運的成為談判的大功臣

在外國艦隊的威逼之下，清廷對於之前天津教案的處理方式不得不特別謹慎。一開始，以慈禧太后、同治皇帝、醇親王奕譞，及大臣翁同龢、倭仁等一派，堅持對法國採取強硬的態度。但以恭親王奕訢、大臣曾國藩、李鴻章、文祥等一派，則是力主洋人虐死嬰兒一事並無證據，理應給洋人一個合理的交代。最後幾經討論，慈禧太后終於同意將二十名肇事的中國百姓處死、另外二十五人充軍流放、並將天津知府（天津府行政首長）張光藻、知縣（縣長）劉傑革職戍遣、賠償四十六萬兩白銀，並由三口通商大臣（北洋大臣，管理牛庄、天津、登州三口通商事務）崇厚出使法國為此事件正式道歉。雖然法方意外爽快的同意了這個結果，但在國內卻引發了輿論的不滿，甚至把力主此次交涉的曾國藩罵成是賣國賊。由於民怨沸騰，清廷也只好將曾國藩改調兩江總督（江西、安徽、江蘇聯省總長），另以李鴻章來接替直隸總督（直隸、河南、山東聯省總長）的位置。至於原本態度強硬的法國，這次竟然沒有再另外提出許多無理要求的原因，根據記者所得到的資料，其實是因為歐洲方面，法國在與普魯士的作戰中失利，法國皇帝拿破崙三世（Charles Louis Napoléon Bonaparte，拿破崙一世的姪子）還因投降而做了俘擄。所以法國公使這次才會收起囂張的氣燄，趕緊商請俄普英美四國的駐華公使，敦促中國政府早日結案。這與清廷高層認為是李鴻章善於外交談判的緣故，差距還真是不小。只能說李鴻章官運亨通，剛好搭上了這班順風車，登上了直隸總督的高位。

回首馬化龍投降
官軍收復金積堡

已經被清軍圍困在金積堡（寧夏境內）將近一年的回族反抗軍，雖然兵源充足，但卻面臨了人多糧少的困窘之境。回族領袖馬化龍見到糧食問題一直無法解決，知道反抗軍無法再繼續支撐下去，為免日後被政府軍攻破時造成太多人傷亡，便決定隻身向政府軍投降。在馬化龍被凌遲處死之後，政府軍已依約沒有加以為難金積堡內的回族人民，而是將其分散安置到平涼附近。而目前陝甘境內的回族反抗軍，除了肅州（皆甘肅境內）的馬文祿還集結了重兵之外，其餘地方都已在陝甘總督（陝西、甘肅聯省總長）左宗棠的指揮之下，漸次宣告平定。

五十年所得零成長
中西經濟差距拉大

由於大清帝國在乾隆年間並沒有搭上西方工業革命的特快車，使得這些年下來經濟成長一直停滯不前。五十年來，相較於中國每人每年平均所得的零成長，西方各國幾乎都是出現翻倍的成長率。尤其是英國，今年的人均收入已經是中國人的五・七倍之多。經濟學者也預估，若以目前的發展情勢看來，在接下來的這一個五十年當中，中國的人均所得應該也只會微幅成長百分之二十到三十左右，而西洋各國則可能會分別有百分之五十至一百四十的成長空間，未來中國與西方各國的經濟差距將更為拉大。

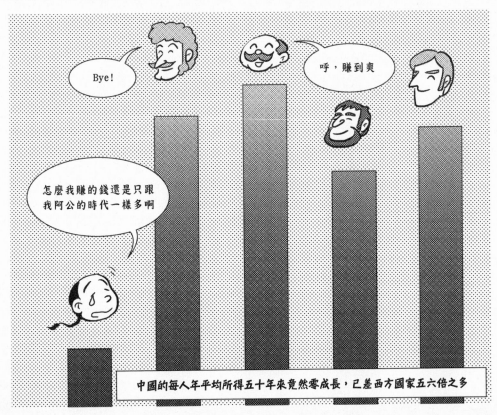

中國的每人年平均所得五十年來竟然零成長，已差西方國家五六倍之多

大雄，你怎麼又考零分

嘻！那張是我同學的，我這次考12分呢，給我獎品

皇上！

千年殺！

同治皇帝資質差又不肯認真學習，上課的時候總是都心不在焉又愛嬉鬧，令老師非常的頭痛

── 資質差又不學習 小皇帝令人擔憂 ──

由於載淳（清穆宗）功課很差，又沒有學習意願，加上每次上課的時候總是心不在焉，所以總是讓老師非常的頭痛。還好陪讀的載澂（恭親王奕訢之子）與同治皇帝臭氣相投，兩人年紀相當，又都是愛玩的年紀，而載澂又會逗人開心，所以哥倆的感情真是好到不行。據聞，有一次奕訢進入弘德殿，意外看到自己的兒子不但沒有安分陪讀，還和載淳一起在那邊演起戲來了，而且就是一副邪惡汙穢的痞子樣。所以當天回家之後，就把載澂給狠狠的罵了一頓。當然，在責罵的過程中，難免就有一些責備的話把皇帝也牽扯了進來。只是後來不知怎的，載淳竟從身邊那幫小太監的口中得知此事，便十分生氣的說，有一天要親手用刀子把奕訢給宰了。這個清朝開國以來最不認真讀書的小皇帝，能否在兩年之內做好親政的準備，將國家帶向富強之路，確實是滿令人擔憂的。

俄軍藉口代管
出兵強占伊犂

　　去年（一八七〇年）阿古柏領軍攻陷烏魯木齊之後，俄國政府果然在今夏便出兵伊犂（皆新疆境內），擊潰了回民反抗軍，隨後並強行占領了伊犂及附近約七萬平方公里的土地。按照俄國提出的說法，他們之所以會派部隊進入伊犂，完全是因為大清政府已無法在當地行使職權，基於朋友之間的道義，所以才會出兵暫時代為管理，以免落入叛軍之手。清廷在得知此訊息之後，已表示將會向俄國政府提出交涉，要求其交還伊犂。但熟悉國際情勢的專家則認為，俄國之所

這裡太多壞人了，基於朋友間的道義，我來幫你照顧女朋友

俄國看準清方不可能擊敗叛軍，所以便以代為管理的藉口，出兵強占伊犂

以會以如此離譜的藉口，公然的派兵侵占中國領土，就是看準了大清帝國絕不可能擊敗叛軍再重回新疆。由於中國積弱不振，想要以論理的方式在外交上有所收穫，也幾乎成了不可能的事。這種情形，早在與西方列強談判的一連串過程中便已得到驗證。如今，想要以交涉的方式，讓俄國從口中再把伊犂這塊肥肉吐出來，只怕困難度有如登天。

【國際要聞】日本使團參訪歐美

　　日本幕府（掌握中央實權的德川家族）在一八六八年倒台之後，急欲追上西方各國的新政府，在日前任命了右大臣（副總理）巖倉具視為全權大臣，率領參議（助理總理）木戶孝允、大藏卿（財政部長）大久保利通、工部大輔（工業副部長）伊藤博文等一行四十八人，組成使節團前往歐美訪問。準備以將近兩年的時間參訪十二個國家，對西方各國的工商業、法制、教育、軍事等方面展開詳細且深入的考察。一般認為，這支考察團在回國之後，將會對日本的現代化產生極大的影響。

太平軍最後一役

在太平天國翼王石達開於四川失敗之後,其部將李文彩便率領餘部轉戰於貴州東南各地。期間雖然也曾屢敗清軍,但畢竟實質上已經失去有力的奧援,精神上又遭逢太平天國的覆滅,所以最後仍是不敵清軍的追剿。日前在牛塘(貴州境內)與清軍的激戰中遭到擊潰,成為太平天國旗號之下的最後一場戰役。

慈禧不悅皇后人選　太后干涉新婚生活

由於載淳(清穆宗)已經到了十六七歲的適婚年齡,所以在之前兩宮太后便開始為同治皇帝物色對象。一開始慈禧(載淳生母)中意的是富察氏,而慈安(咸豐帝正宮皇后)喜歡的則是阿魯特氏,因為兩人之間無法達成共識,所以最後便讓載淳自己決定。結果小皇帝選了阿魯特氏做為他的皇后,並在九月十二日舉行了大婚典禮。雖然兩人在婚後感情還算不錯,但慈禧太后卻因為阿魯特氏不是她屬意的人,而開始對皇帝的夫妻生活橫加干涉。據聞,因為阿魯特氏體態稍豐,所以慈禧便故意令其奔走,又指責她不懂宮中之禮儀,還不斷的以皇帝即將親政必須節慾為由,要載淳少跟她同房,然後又自打嘴巴的要載淳多跟她中意的慧妃富

忽然打開

兒子啊,你現在出來,媽咪有話要跟你說⋯

因為皇后並非慈禧太后所屬意的人,所以同治的新婚生活便百般受到太后的干涉

察氏共寢。最後載淳被講得煩了,不但很少到皇后寢宮去,索性連慧妃那裡他也不想去了。

【國際要聞】日本加速西化 富強指日可待

日本近年來對於西化強國可說是不遺餘力，不但發布徵兵令建立了新式的常備陸軍，還在東京設立海軍學校，聘英國的海軍軍官擔任教官，積極培養自己的海軍官員，以期在提升海軍戰力的同時，也擺脫洋人對日本海軍控制的陰謀。不僅如此，日本還積極的設立工廠、建造鐵路，更成立銀行、發行紙幣，現代化速度之快，似乎已把還在昏睡中的大清帝國給遠遠拋開了。評論家表示，日本在受到西方列強侵略之後，便意識到自己在制度、科技上的遠遠落後，於是便決定全盤西化，奮起直追。在新政府的規畫中，要把西洋列強對自己的侵略，用最短的時間轉化成向鄰國的擴張，一方面以奪取鄰國領土來彌補自己的損失，一方面又和西方列強聯手一同侵略鄰國。而在日本計畫中受害的鄰國，首當其衝的當然就是朝鮮，而大清帝國要是再一直積弱不振的話，恐怕在日本崛起之後，也逃不了被迫害侵略的命運。

左宗棠緩進速決 胡雪巖助籌軍資

為了能盡速剿平回變，陝甘總督（陝西、甘肅聯省總長）左宗棠在深思熟慮之後，決定採用「緩進速決」來做為下一步的戰略方針。所謂緩進就是先做好開戰的先期準備，積極籌措軍餉、積草屯糧、整頓軍隊、減少冗員，增強軍隊的整體戰鬥力。而速決則是考量到國庫已近空虛，為了節省軍費，所以在大軍出動之後便要速戰速決，在最短的時間之內取得全勝。但由於所需軍費將近一千萬兩，遠遠超過國庫所能負擔的範圍，所以清廷便決議撥銀五百萬兩，另外五百萬兩則由左宗棠自行籌措。於是左宗棠透過昔日他在籌辦福州船政期間，就已經有搭配默契的商人胡光墉（胡雪巖），向上海的外國銀行完成了這筆軍費的借貸。目前，左宗棠已經移駐蘭州，並派出湘軍部隊強攻馬文祿反抗軍所在的肅州（皆甘肅境內）。在政府軍的日夜連轟之下，肅州反抗軍雖然還在力撐，但已開始漸露疲態了。

沒問題，錢的事包在我身上…

清軍重兵壓境 大理回變告平

之前在大理（雲南境內）建立政權，並治理的有聲有色的杜文秀，雖然在全盛時期曾經數度擊敗入犯的清軍，但在同治六年（一八六七年）大清政府調集大軍入滇圍剿之後，便因寡不敵眾而逐漸失去了優勢。今年，政府軍又以重兵圍攻大理，發起最後的總攻擊，把堅守不退的反抗軍逼到了彈盡糧絕的地步。再也無法支撐的杜文秀只好隻身前往清軍大營請降，以自己的生命換取百姓免遭屠城之禍。

大清時報

GREAT QING TIMES

西元一八七三年

同治十二年

同治與一位面貌清秀的太監傳出不正常關係

同治親政無心國事
出入聲色場所鬼混

同治皇帝在今年親政之後的表現真是令各界大失所望，不但無心於政事，還與載澂兩人跑到酒肆戲樓等風月場所嬉戲玩鬧。其實，娛樂圈子內的人都知道，載澂常常帶著皇帝偷偷溜出宮去玩，甚至還時常與京城中的一些傳播妹混在一起。而皇帝身邊的那幫小太監也都不是什麼正經的貨色，他們時常拿一些色情的小說、圖冊來投其所好，使得皇帝日益沉迷於這些不當的娛樂之中而無法自拔。更變態的是，這小太監之中有一個叫做杜之錫的，面貌清秀就像個萌翻的少女一般，竟然和皇帝之間有了親密關係。不只如此，杜之錫的妹妹在京城的金魚池為妓，而載淳則是此地的 VIP 貴賓。也難怪皇帝回宮之後都時常獨居於乾清宮中，把后妃們全都冷凍在一旁了。

肖想入主新疆　英俄各有打算

在俄國人出兵強行占領伊犁（新疆境內）之後，由於清廷屢次試圖交涉都沒有任何的結果，所以總理衙門（外務部）便就此事詢問陝甘總督（陝西、甘肅聯省總長）左宗棠的意見。對此，左宗棠則是認為現在這種狀況恐怕不是交涉可以解決的，當今要務應該是要精選守關之將，而整個行動的重點，則是應該先克復烏魯木齊（新疆境內），等打敗了阿古柏之後，再來考慮收回伊犁的問題。

而評論家也指出，其實對於新疆南部有興趣的不僅俄國，連英國也積極提供武器槍炮給回民。英人所打的如意算盤，是先維持阿古柏的統治，然後再想辦法把南疆變成英國的殖民地。而俄軍在不久前欲東進奪取烏魯木齊時，在半途意外被中國的民兵部隊擊敗之後，為免南疆落入英人之手，已決定改為支持清軍西征，打算先讓南疆保留在中國手中，然後再伺機加以奪取。

日本欲納琉球　藉口出兵臺灣

日本在西化小有成就之後，開始顯露其擴張的野心。去年（一八七二年）日本天皇便在未照會大清政府的情況之下，擅自將長久以來一直臣服於中國並向大清朝貢的琉球（沖繩，日本境內），加封為日本琉球藩王，企圖將其畫歸日本的領土。日前，日本使節又趁著來華修約的機會，對前年（一八七一年）底，琉球島民漂流到臺灣被島上原住民殺害的事件提出詢問。在總理衙門（外務部）以琉球和臺灣皆大清領土，與日本無關為由拒絕日本干涉之後，日使竟又詢問為何大清只撫恤琉球人，而不懲處行凶的臺灣番人（原住民）

你是誰？為什麼亂打我家小孩？

哥哥搶弟弟糖果這種事我可看不下去，不然你把小孩送我好了…

日本以臺灣原住民殺死琉球漁民的事大作文章，企圖併吞琉球

。之後，總理衙門回覆說殺人者皆是化外生番，未便窮治。但日使卻以此為藉口，強詞奪理的聲稱既然大清不管生番害人之事，那日本便將派人登島查辦。由日本人這種無理的行為看來，應該是想藉此事件，以出兵臺灣的行動，表示琉球為日本所屬，進一步造成中國事實上之承認。

左宗棠肅州屠城　七千人投降喪命

時序入秋之後，陝甘總督（陝西、甘肅聯省總長）左宗棠親至肅州（甘肅境內）督戰，並繼續以優勢軍力圍城。由於其他各處的回民反抗軍都已被剿滅，使得城中的部隊陷入孤立無援的地步。最後，反抗軍首領馬文祿因無法再承受這種壓力，便放棄戰鬥，向左宗棠請罪投降。雖然早就知道惹出這麼大的事來，帶頭造反的幾個人鐵定要被凌遲處死，但在左宗棠的一聲令下，一千五百多名的回族反抗軍，也同樣難逃死神的召喚。就在城中百姓以為這個事件就此結束的時候，死亡的黑霧又再次籠罩肅州城。當晚，政府軍策馬入城，展開血腥屠殺，在奪走五千四百條人命之後，城中只剩下四散倒臥的屍體以及被火焚盡的殘垣。

同治皇帝執意要花一千萬兩的鉅款，幫慈禧太后重新修建圓明園以做為退休後遊憩享樂之用

同治執意重修圓明園 初步估計耗費千萬兩

在同治皇帝載淳（清穆宗）親政之後，垂簾多年的慈禧太后（載淳生母）總算可以放下重擔，準備開始悠閒的過退休生活。而為了讓母后可以安心的遠離政治核心，不再對他多加干涉，載淳便決定砸大錢重修在咸豐十年（一八六〇年）時被英法聯軍焚毀的圓明園，以便兩宮太后休憩之用。只是這項重建計畫評估下來，所需的費用竟然高達一千萬兩以上，這對財政已經出現赤字的大清政府來說，根本就是一件不可能的任務。就在此時，以捐輸（捐錢以獲得官銜）獲得候補知府資格的商人李光昭，卻主動上摺表示願意為修園工程報效三十萬兩的木材以為應急。同治皇帝閱摺之後十分高興，馬上就同意李光昭所請，並要其他官員也都學著「報效」。但就算官員們都自掏腰包認捐，效果也僅如杯水車薪一般，怎樣也補不了這個如天文數字般的工程款。於是各級官員紛紛以無從籌措財源為由，建請暫緩此項計畫。只是載淳不但堅持非修不可，還下令革除了為此上諫的御史（監察官員）游百川之職，以告誡眾臣不得再行勸阻。目前，所有官員都已對此噤聲，修建圓明園看來勢在必行，但工程款至今卻仍然沒有著落。

法國兵 入侵越南　黑旗軍 異域顯威

向來一直是大清帝國藩屬的越南，最近也成為了法國侵略亞洲的目標之一。在九月中，兩艘搭載著數百名士兵的法國兵船進犯河內，提出了通商、開放紅河及限定關稅的要求。在越南政府拒絕之後，法國人便發動攻擊，在短短的幾個小時之內占領河內，並繼續向內地推進。法軍在接連攻陷寧平、南定（皆越南境內）等地後，與劉永福所率領的黑旗軍遭遇。原本不把亞洲軍隊放在眼裡的法國人，這次卻吃了大虧，在黑旗軍猛進突擊之

下竟然全線潰敗，連指揮官都被當場陣斬。據資料顯示，劉永福原本是廣西三合會的反抗軍領袖，後來受到政府軍圍剿才逃入越南境內。在接受越南國王的招撫之後，於保勝（越南境內）發展成一支近六千人的武裝部隊。由於以七星黑旗為識別，所以又被稱為「黑旗軍」。這次黑旗軍雖然成功的阻斷了法人的入侵，但一般認為，法國方面之後一定還會再派出更強大的部隊前來，越南被併為殖民地只是早晚的事。

之前受到清軍圍剿而逃入越南的劉永福，日前率領黑旗軍擊敗了入侵越南的法國部隊

當西方各國在高談人權的同時，卻也在非洲及亞洲從事擄掠人口並賣作奴隸的骯髒事業

掠賣人口獲利可觀
西洋商人趨之若鶩

西洋各國自從資本主義興起、國內農奴逐步解放之後，人力缺乏的問題就日益嚴重，於是從亞洲、非洲等地擄掠人口的勾當，便成了炙手可熱的商機。中國沿海地區雖然早就有洋商半誘半哄慫窮民出海的情形，但近一二十年來，綁架掠賣的非法行為居然也開始盛行起來，甚至還有受害者多到船隻都來不及裝載的誇張情形。不久前，香港政府更頒布一項規定，表示只要繳納一筆稅額，便可以在香港合法的從事這種苦力交易。這樣的鼓吹，不但讓許多的英國人爭相從事這種不人道交易，連法國、義大利、西班牙等國家的商人也都想要前來分一杯羹。看來西洋人的那些權利法案、人權宣言什麼的，似乎有膚色上的限定。對於不被他們視為人的亞洲人、非洲人，看來這些全都是屁話，可說是完全沒有任何意義。

陝甘戰亂受重創 回民僅存十之一

之前由於陝西、甘肅兩省的回漢仇殺事件，加上回變之後政府刻意將回民遷移他處，已經造成回族人民分布的大洗牌。據估計，這次的動亂，陝甘兩省人口損失高達二千萬人，其中人數本來就不多的回民，就占了將近七百萬人之多。在這些死亡人口中，有一部分是死於戰火之下，有一部分則是在被強行安置的時候，因食物短缺、天候嚴寒、感染疾病或過於疲累而相繼死於遷徙途中。而僅存的回民竟然大約只剩下原來人口的十分之一，許多回族聚落現在已成沒有人煙的荒僻之地，景況可說是十分淒涼。

大清時報

GREAT QING
TIMES

甲戌

西元一八七四年

同治十三年

在日軍藉故登陸臺灣之後，中國居然得付錢才能讓日本人同意撤軍離開

日軍藉故登臺　大清軟弱賠款

一八七一年時，大清的藩屬國琉球（沖繩，日本境內）人民出海捕魚時，因風浪之故漂流到臺灣，結果被島上的原住民出草（原住民砍人頭顱的習俗）殺害。原本這件事情和日本一點關係也沒有，但因日本覬覦琉球已久，更在一八七二年時未經知會中國便將琉球畫為藩屬，所以便胡亂扯了些理由，然後在今年四月，派九百名日軍登陸臺灣，說是要替琉球討回公道。日軍登島時，雖然沒有遇到任何清軍的防守，但卻遭到牡丹社原住民的激烈抵抗。在六名士兵被殺之後，日軍也擊斃了十六名原住民戰士而順利上岸。只是清廷在聞知此事後，並沒有馬上調派武力前往驅逐日軍，而只是派員與日方理論。日本政府因陸軍所配備的武器已經比清軍精良，又見清廷怯懦不敢動武，所以一度想直接以武力侵臺。不過因為登島部隊感染瘧疾而導致多人死亡，只好放棄這樣的想法，改派大臣大久保利通至北京談判。最後清廷答應給付被殺琉球人十萬兩的撫恤金，並以四十萬兩的代價買回日軍登臺後所造的道路房屋，才讓日方同意撤軍。評論家認為，政府對於這件事的處理方式，等同是在向全世界宣布，中國是一個願意付錢而不願意拿起武器來捍衛自己權益的國家。就連英國的報紙，也對大清政府的處理方式感到不可思議。看來，之後應該會有更多想趁機撈好處的國家，不約而同的到中國來圓夢吧。

連皇帝都敢騙！！
圓明園重建現弊案　李光昭瞞天又過海

去年自願為重修圓明園買辦木植的李光昭，因被法國商人控告毀約詐欺，經調查後，已因偽造文書、勒索地方、謊報工程款等不法行為而遭到逮捕。據了解，李光昭在奏准貢獻木植以後，便打著奉旨採辦的名義，私刻了「奉旨採運圓明園木植李衛」的關防南下，向各地方政府強索賄賂，並在工程款上面大動手腳。然後以自吹的「圓明園李監督代大清皇帝」身分，和一位法國商人簽定買賣合同，約定將價值僅五萬多元洋銀的木材運到天津後再付款交貨。李光昭原本打算藉著採買的名義沿途南下，向各地方政府的官員勒索賄賂，順便在採購價款上大動手腳以取得油水。然後把賺飽的黑錢拿出一部分來付這筆木材的價款，再向內務府（宮廷事務部）謊報這就是他當初承諾要貢獻的三十萬兩木材。如此一來，他便可不花一毛錢就賺進大把的銀子，還在皇帝面前成為紅人。只是，事情的發展並沒有他想像的那麼順利。雖然同治皇帝已經宣布要重修圓明園，但礙於經費難以籌措，所以各地方官員仍然多採觀望的態度，也使得李光昭的採購行動不如預期。因為弄不到錢，沒有辦法依約付款給法商，所以便又以木材尺寸與原議不合而拒絕履約。不甘損失的法國商人，便透過領事人員一狀告了上去，才讓這個世紀大騙局曝光。

你這什麼態度！我可是購買木柴欽差大臣呢！

我還買衛生紙欽差咧…

李光昭原本打著奉旨採辦的名義打算招搖撞騙，但最後還是東窗事發而遭到逮捕

眾臣諫止工程惹怒皇帝　同治一度怒拔核心官員

兩宮太后即時出現，阻止了一場同治皇帝怒拔十幾位核心官員的鬧劇

李光昭行騙事件爆發以後，原本就不贊成修建圓明園的恭親王奕訢等眾臣，見機不可失便又先後上書規勸，希望可以及時停工。但在力諫過程中，又扯到皇帝時常微服私出皇宮，夜不歸宿等問題，希望同治皇帝能夠更專心於政事。載淳（清穆宗）被這麼一講也嚇了一大跳，想說他偷跑出去玩的事怎麼會有人知道。於是便惱羞成怒的一再追問傳聞從何而來，想說乾脆來個否認到底。誰知道奕訢竟然連時間、地點都說了出來，載淳也只好啞口無言，然後在尷尬的氣氛中結束與眾臣的會面。雖然最後載淳在七月底時，

宣布暫時停止重建圓明園的工程，表示待日後四海平定、府庫充裕時再重新動工。但這事件到此並未結束，心懷怨恨的同治皇帝在第二天便頒布上諭，將恭親王（第一等爵位）奕訢降為郡王（第二等爵位）並盡革其職務，然後又傳旨準備把十個軍機、御前大臣等重要政府核心官員的職位全都拔掉，並召來各部會首長準備當眾宣布此項人事命令。所幸兩宮太后在得知此事之後，立刻至弘德殿當著皇帝及群臣的面，直接宣布撤銷前一天所頒布的上諭，同時恢復各官的職務，才總算是結束了一場鬧劇。

同治駕崩幼帝光緒繼位　承嗣咸豐兩宮仍然垂簾

　　年僅十九歲的同治皇帝載淳（清穆宗），於十二月五日因天花癒後感染的併發症而駕崩。隨後，奉兩宮太后懿旨，將醇親王奕譞（咸豐之弟，慈禧太后之親妹夫）次子載湉，過繼給已去世十多年的咸豐皇帝奕詝（清文宗）並繼承帝位。由於新任的光緒皇帝載湉（清德宗）年僅四歲，所以仍由兩宮太后恢復垂簾聽政，一直到皇帝成年親政為止。政治評論家認為，因為同治皇帝沒有子嗣，所以照理來說應該是要在近親之中過繼給他以承接大位。但慈禧太后之所以沒有為自己的兒子這麼做，是因為考慮到如此一來她向來討厭的同治皇后阿魯特氏，便會成為皇太后，然後根據兩宮的先例垂簾聽政，而她自己則

會失去政治舞台。所以才會選了自己親妹妹的小孩載湉，故意把他過繼給咸豐皇帝，以便自己仍然保有皇太后之位繼續垂簾。另外，有傳聞說在同治皇帝臨死之前，原本已急召左都御史（監察長）也就是載淳的老師李鴻藻入見並口授遺詔，要讓孚郡王奕譓（咸豐之弟）之子載澍來承繼他的大統，但後來此遺詔卻被慈禧給當場撕毀。但在本報記者的查證之下，已經證實此傳聞為不實的捏造，因為在愛新覺羅氏的宗譜記載中，根本就沒有載澍這個人的存在。〔按：載澍原名載梍，為康熙帝長子胤禔第十二子的後裔，與同治皇帝的血緣已非常疏遠，是在光緒四年過繼給奕譓時，才改名為載澍的。〕

同治死後，繼承帝位的載湉竟然是過繼給慈禧太后的先夫咸豐皇帝，而不是同治皇帝

不堪慈禧精神凌虐　同治皇后絕食自盡

在同治皇帝載淳（清穆宗）死後，他的皇后阿魯特氏不但沒能享有垂簾聽政的特權，還被一向不喜歡她的慈禧太后給逼上了絕路。在小光緒帝載湉（清德宗）被接入皇宮之後，慈禧更是以皇帝之寡嫂不宜久居宮中等等的理由，不斷的向她施壓，企圖將她逼出宮外。最後，年僅二十二歲的阿魯特氏終於不堪婆婆的精神虐待，而在同治皇帝死後第七十五日絕食自盡。

老佛爺，皇后絕食自盡了…

呦…這可是她自己要尋短的啊，可不關我的事

英探險隊浩蕩入滇　馬嘉理激眾怒身亡

原本有意在雲南培植一個獨立政權的英國政府，在一八七二年回民領袖杜文秀為清軍所敗之後，只好再重新布局。這一次，英國又派遣了一支由柏郎（H. A. Browne）率領的探險隊，企圖打通從緬甸經雲南，然後進入長江的通道。為了引導這支由十五名探測人員及一百五十名英國士兵組成的探險隊，英國政府特別命令駐華公使館的翻譯官馬嘉理（A. R. Margary）率領六名中國人，從內地經雲南再到中緬邊境去接應。但當馬嘉理一行從上海溯長江而上，經雲南、貴州準備到邊境迎接探險隊時，卻與當地民眾發生了衝突。據聞，當地民眾發現大批洋人前來時，因認定他們不懷好意，所以便前往阻止洋人進入。而馬嘉理在混亂之中，竟然開槍將村民殺死而激怒了群眾，結果反被失控的群眾所殺。此一事件傳回北京後，英使威妥瑪（Thomas Francis Wade）果然藉此大作文章，以武力做為威脅趁機對清廷提出許多的要求，目前雙方還在就此問題進行協商中。

南北洋大臣兼辦海防 每年四百萬經費挹注

> 我算了一下，我們如果一起用的話，這筆錢有點不夠，不如你先用好了⋯

> 太好了，我正愁沒地方 A⋯不⋯是沒錢買軍艦呢

對船務較了解的沈葆楨知道四百萬兩不夠分給兩個單位，便先讓李鴻章先拿去籌設北洋艦隊

原本在外國艦隊輕鬆取得制海權並攻入大沽口（河北境內）之後，清廷便有意加強海防力量，但又基於種種的因素，此想法卻一直淪為空轉而沒有辦法真正落實。直到去年（一八七四年）小小的島國日本竟然出兵登陸臺灣之後，才讓政府高層緊張了起來，感受到發展海上新式艦隊的重要性。於是便令直隸總督（直隸、河南、山東聯省總長）李鴻章、兩江總督（江西、安徽、江蘇聯省總長）沈葆楨，各兼辦北洋、南洋的海防軍務，還通過決議每年從關稅及釐金（商業稅）之中，調撥四百萬兩做為南北洋海防軍費。雖然初期的規畫是要南北雙線延伸，平行發展。不過據聞之前曾經擔任福州船政局監督的沈葆楨，因為對船務較為了解，認為新式戰艦不論是自建或是向外購買，所需要的費用都十分可觀，光是每年四百萬兩的經費要分給兩個艦隊使用，實在是太少了。因為扣除官場中挪用、孝敬的惡習，實際能拿來買軍艦的錢可能只有一點點。所以他似乎有意先將經費全數讓歸負有拱衛京師之責的北洋艦隊使用，待其成軍之後，再來發展南洋艦隊。對此李鴻章表示，如果傳聞屬實的話，那他一定樂觀其成，因為如此一來的話，扣除官場中打點上下及其他各項開銷之後，預計每年大概還剩一百二十萬兩左右可以使用。而現在每艘新式戰艦的報價大約在四五十萬兩左右，這樣的話，應該在幾年之內便可以建立起一支極具規模的艦隊，甚至讓大清躋身於海軍強國的行列。

受害者變加害者　日本武力欺朝鮮

　　日本在去年（一八七四年）從臺灣撤軍之後，便在英國的示意之下，將矛頭轉向了另一個鄰國朝鮮。今年九月時，日本在未得到朝鮮的同意之下，派軍艦「雲揚號」駛入漢江口內江華島附近繪測海圖，並以尋找淡水為藉口派舢板向江華島炮台靠近。朝鮮守軍在發現日艦不尋常的舉動之後，便發炮示警，結果日艦竟開炮擊毀朝鮮的炮台，並派兵登岸攻陷了永宗城（皆韓國境內）。在將城中劫掠一空之後，又一把火把房舍全都焚毀才退回艦上。日本在受到西方的壓力而被迫改變之後，不但文化、制度、科技都向洋人看齊，連侵略的行為與思想也變得與洋人幾乎沒有差別。據了解，已經由受害者轉變為加害者的日本，在此案發生之後，官方以及各家媒體，竟然都一面倒的將起因歸咎於朝鮮無禮。目前以西鄉隆盛為首的征韓派，似乎已經成為了日本的主流論述，看來東亞地區將會因日本的野心而進入更混亂的局面。

海防？塞防？　左宗棠終獲清廷支持

在海塞防問題上與李鴻章各有堅持的左宗棠，最後終於得獲得慈禧的支持，準備出兵平新疆之亂

　　由於日本近年來頻頻向外侵略擴張，所以直隸總督（直隸、河南、山東聯省總長）李鴻章便向朝廷建議，應以日本為主要的假想敵，全力發展海軍防務。但由於國家的經費有限，所以李鴻章主張放棄每年都要耗費百萬兩的「塞防」，乾脆依英國人的建議，允許新疆的阿古柏政權獨立。只要求其納貢稱臣，便不需要再竭盡財力去養西征大軍。如此一來，便可以將全部的國防經費用在「海防」之上。但陝甘總督（陝西、甘肅聯省總長）左宗棠對此議則是予以力駁，他認為如果不用武力解決阿古柏問題的話，最後新疆不是被英國控制，就是被俄國鯨吞。如此一來的話，將使西北邊防失去防禦要塞及重鎮，到時邊防軍不但不可能裁減，還得再把軍力向上提升。況且新疆一旦丟失的話，對內重挫民心，對外則必增長列強之侵略氣燄，反而不利於海防。在兩方激烈爭論之下，最後慈禧太后（載湉姨母）決定支持塞防論，便下詔授左宗棠為欽差大臣，全權節制三軍，準備出塞平定新疆之叛。

大清時報

GREAT QING TIMES

西元一八七六年

丙子

光緒二年

惡鄰就在你身邊　朝鮮被迫簽下《江華條約》

去年（一八七五年）江華島衝突發生之後，日本就以武力為後盾，強迫朝鮮在開放通商或賠償「雲揚號事件」損失中二選一，否則便要再派軍艦溯漢江而上，進攻漢城。同時，為了避免大清的干預，日本駐華公使森有禮還就此事特別與總理衙門（外務部）接觸，然後把總理衙門回覆的「中國之於朝鮮，固不強預其政事」文句，故意曲解成朝鮮為一獨立的國家。雖然總理衙門與直隸總督（直隸、河南、山東聯省總長）李鴻章為此都不斷強調朝鮮是中國的藩屬，但日本並不理會清廷在口頭上的堅持。年初時便又派出五艘戰艦及八百名的兵力，脅迫朝鮮簽下《江華條約》，成功的打開了朝鮮的國門。在這份條約當中，為了否定大清與朝鮮之間的藩屬關係，還特別載明朝鮮為自主之邦，並與日本互派使臣駐京。而內容則是模仿西洋各國所簽定的不平等條約，拿到了日本在朝鮮的各項商業貿易優惠、測量朝鮮沿海的權力，以及享有領事裁判權。

中國有句話：遠親不如近鄰，很有道理吧…

．．．．

煙台再簽條約　大清又失權益

在「馬嘉理事件」發生之後，英國政府便用此當做藉口，以動武作為威脅，不斷的向清廷施加壓力。在英國公使威妥瑪（Thomas Francis Wade）與清方代表李鴻章多次的談判之後，雙方終於在七月底簽下了《煙台條約》。在此條約中，清廷除了答應增開宜昌、蕪湖、溫州、北海等四處的通商口岸之外，還同意免收租界內的洋貨稅款，連進入內地的洋貨也只代表性的徵收微薄的子口稅，而免納各項內地稅捐。同時也在司法審判權上再做讓步，同意中國境內凡涉及英人生命財產的案件，英國皆可派員觀審。除此之外，還答應英國可以派員由中國內地或印度進入西藏。評論家表示，此舉無異是讓英人得以藉機窺探並搜集中國內地的各項情資，並為侵入西藏作好準備。

日使入京協商　繞路另有目的

別有目的!?沒有啊，繞路只是為了健康呢，你看，我今天已經走了五萬多步了呢…

　　據可靠消息指出，日本公使森有禮此次入京與總理衙門（外務部）會談的路線，捨棄了以往外使皆由大沽、天津（河北境內）這條最便捷的路線，而改從煙台（山東境內）登陸，然後從山東，繞經直隸各州縣後才到北京。而且，以往外使如果要見北洋大臣（北洋通商海防執行長）李鴻章的話，都是等到直隸灣解凍之後直接到天津的北洋大臣衙門與其會面。這次森有禮特別選在冬季李鴻章進駐保定（河北境內）時，在完成與總理衙門的交涉後，在完全沒有必要的狀況下，特別跑到保定去見李鴻章。對於森有禮這些不尋常的動作，已有學者提出警告，認為日本無非是想藉著出使的名義，對沿途經過的地方進行地理測量，以做好將來軍事侵略中國本土的準備。若真是如此的話，那說不定未來對中國最大的威脅並非是那些高鼻捲髮的洋夷，而是自古中國便瞧不起的倭奴了。

大軍入疆水源難解　千人一隊分路會師

　　陝甘總督（陝西、甘肅聯省總長）左宗棠在平定了甘肅境內的回亂之後，便開始重新部署，準備拿回已被阿古柏所控制的新疆。但是數萬名部隊要深入荒原，最先面臨到的便是補給線的考驗。糧草還可以用馬駄車載，但因為要行經綿延百里的大漠，水源的取得便成了最大的問題。要是大軍齊行的話，沿途已經探得的水泉根本不敷使用，所以在深思熟慮之下，左宗棠決定把大軍分成南北兩路，並以千人為一隊，每隊隔日進發。在經過千餘里的長途跋涉之後，不久前大軍已在哈密（新疆境內）會師，並準備對阿古柏發動總攻擊。

史上第一條鐵路完工 意外撞死人引發衝突

啊！阿公……

連阿祖也……

跳！

從未見過火車的百姓們，因為認為鐵路會破壞風水而百般加以阻撓

中國歷史上第一條「吳淞鐵路」在通車一個月以後，便因撞死人而引起地方上的強烈抗議，在政府介入協調之後，也決定於明年停止營運。其實，當十多年前李鴻章還在上海一帶與太平天國作戰時，上海的外國洋商們便曾向當時任職江蘇巡撫（江蘇省長）的李鴻章提出要求，建議興建上海至蘇州（江蘇境內）間的鐵路，以利攻打太平軍及方便商業運輸，但卻被清廷嚴詞拒絕。此後雖然洋商們又多次的提出申請，但都沒能獲得核准。到了同治十一年（一八七二年），多家英商合資在上海成立了「吳淞道路公司」（Woosung Road Co.），並向道台（省、府之間的行政長官）沈秉成謊稱說要修築一條從上海市區通往吳淞的普通道路，然後取得了合法徵地及動工的權利。等到今年初，鐵路開始鋪軌試車並引來數千人圍觀時，新任的上海道台馮俊光才發現上當而下令英商暫時停工，以便請旨再議。但經過一個月後，英商便以未聞答覆而繼續進行剩下的工程並於年中開始營運。不過，這冒著黑鴉鴉濃煙的龐然怪物，卻讓地方仕紳覺得會阻礙農作禽畜生長並破壞祖墳風水而強烈反對。加上通車一個月後，便發生一位清軍士兵和火車搶道而被撞死的意外，使得憤怒的百姓們衝進鐵路辦事處，搗毀了英人的鐵路公司。最後政府只好出面與英人議定，在一年半之內分三期以白銀二十八萬五千兩將鐵路購回，並保證在付清前鐵路可以正常營運。預計在明年入冬，政府取回鐵路所有權時，便會拆除這些邪惡的鐵軌，還給當地百姓一個安靜且祥和的生活環境。

大清時報

GREAT QING TIMES

丁丑

西元一八七七年

光緒三年

楊乃武合姦害人？ 小白菜謀殺親夫？
嚴刑取供成冤案 最後關頭大逆轉

　　曾經轟動一時的「楊乃武與小白菜」一案，終於在日前翻案成功，不但還給被告清白，還讓浙江巡撫（浙江省長）楊昌濬以下的審辦官員，都分別受到革職等處分。這個案子要追溯到同治十一年（一八七二年），當時餘杭（浙江境內）一家豆腐店的夥計葛品蓮娶了畢氏為妻。因為畢氏長相清秀，又喜歡穿綠色衣服外繫白色圍裙，所以鄉里間便把她暱稱為小白菜。兩人婚後向舉人（鄉試中榜者）楊乃武租屋並比鄰而居，原本也相安無事，但日久之後葛品蓮在母親的撥弄下，便開始懷疑楊乃武勾搭上了自己的老婆。不久，葛品蓮突然病亡，他的母親便向官府控告小白菜謀殺親夫。縣令（縣長）在仵作輕率驗屍之後，便聽信葛母的片面之詞以及街坊不實之語，將小白菜下獄嚴審。在嚴刑逼供之下，小白菜無法忍受，只好被迫招認與楊乃武之間早有姦情並合謀殺夫。於是縣令便將楊乃武拘提到堂審問，雖然楊矢口否認，但縣令仍以被害人乃被人毒死向上呈報。而杭州府便據此對楊乃武施加酷刑以逼取口供，結果楊乃武最後只好屈打成招，自白說是從藥店買得砒霜來下毒害人。之後本案向上層層審訊，一方面被告認為翻案無望，為免再受皮肉之苦而屈供如前，一方面則是巡撫（省

王朝、馬漢，大刑伺候！

官府嚴刑逼供的審問方式時常造成許多冤案

長）、刑部（司法部）各級的承審官員沒有用心辦案，忽略了顯而易見的案情破綻而一味的以嚴刑取供，使得被告一直蒙受不白之冤。直到光緒元年（一八七五年），給事中（監察官）邊寶泉察覺此案甚多疏漏，才上疏提出異議。由於許多浙江籍的中央官員也為此聯名上奏請求重勘，所以清廷便下令刑部展開複查。在移棺北京並重新驗屍之後，果然證明葛品蓮並非中毒身亡而是自然病死，才讓整起事件真相大白。

船政學生分赴英法 學習造艦駕駛技能

近年來看到各國的海軍實力，清廷終於體會到海防力量的重要性，不但成立了造船廠、船政學堂，又撥款準備購買新式戰艦，還大力提升海事人員的素質。日前，政府便同意讓福州船政局的學生出國留學，其中鄭清濂等十六人赴法國學習船艦的製造技術，劉步蟾、方伯謙等十二人則是前往英國的海軍學校學習駕駛船艦。一般相信，等到這批人員學成歸國之後，一定可以大幅的提升國內的海防力量。

左宗棠收新疆 阿古柏成回憶

左宗棠的西征大軍在哈密（新疆境內）集結後，越過天山山脈南下，沿路力殲回族的反抗部隊。回部領袖阿古柏面臨清軍步步進逼的同時，也因其祖國浩罕王國在去年（一八七六年）被俄國吞併無法得到外援，而陷入進退失據的空前壓力。在金順、劉錦棠分率的兩路先鋒軍橫掃新疆各部之後，大勢已去的阿古柏最後也只能選擇服毒以結束自己的生命。在阿古柏死後，他的兒子們為了爭奪繼承權而互相殘殺，殘餘勢力又一一被清軍所剿滅，終於讓已經脫離大清帝國控制十四年之久的新疆地區，又再度畫入版圖之中。

脫離大清控制已經十四年的新疆地區，終於在左宗棠的努力之下成功收復

大清時報

GREAT QING TIMES

戊寅

西元一八七八年

光緒四年

抽鴉片成全民運動　吸毒者占百分之十

自鴉片戰爭之後，中國不但在經濟上飽受侵蝕，造成大量的白銀外流，連百姓也因吸食毒品的人數激增，而把全民健康也全賠了進去。據外媒估計，在全國四億多的人口中，吸食鴉片者可能有四千萬人之多，幾乎是每十個國民就有一人吸毒，其中屬於中重度成癮者竟高達一千多萬人。雖然政府也對這個問題感到十分頭痛，但面對西洋各國武力保護下的鴉片產業，短期之內應該還是無法想到解決之道，只能任由情況再繼續惡化下去了。

在列強的努力下，中國吸食鴉片的人數已經突破四千萬人

左督議請新疆建省　伊犁未復暫緩實施

在新疆收復後，朝廷內部開始考慮是否要在此地建立行省。為此，陝甘總督（陝西、甘肅聯省總長）左宗棠也在清廷的詢問之下提出了他的看法。左督認為，自乾隆時期以來，新疆便只設有將軍（地區指揮官）、都統（旗指揮官）、參贊（將軍輔佐官）等軍事將領，可以說是治兵之官多而治民之官少。而且徵稅承催等等第一線的作業，更是都委任當地的頭目進行。使得長久下來官民隔絕，弊端叢生，人民只怕地方頭目而不畏官府，但卻又怨恨官府而不怨頭目。造成新疆地區回民的抗爭事件層出不窮，也才會釀成差點就無法挽回的大禍。此外，由於新疆的稅制與內地不同，是採用人丁計稅的方式，造成了富戶丁少賦役較輕，而貧戶人多負擔反重的不公平現象。而這些在管理、稅制、司法上種種的不合理現象，都可以在建省之後，將一切導入正軌。不過，清廷雖然同意左宗棠的看法，但在考量到伊犁（新疆境內）目前尚握於俄人之手的情況後，仍然決定暫緩建省之議，等到想辦法收復伊犁之後再另作打算。

在清廷無力追討而日本無意歸還的狀況下，被吞滅的琉球將不可能再從日本的口中吐出來

把小孩還我…

呼～好飽，已經來不及了…

日本出兵琉球島　王國變成沖繩縣

幾年前才剛剛不顧大清帝國政府的反對，硬是直接宣布把琉球（沖繩，日本境內）納為自己藩屬國的日本，果不其然的露出了其真面目。長久以來一直向中國稱臣納貢的琉球，雖然在名義上為大清的藩國，但實際上中國政府從未干涉其內政。但琉球國王之前卻因為懼於日本的威脅，態度曖昧的選擇了同時臣服於大清及日本。而這個選擇，則導致了如今日本直接派兵登島將琉球王國廢滅，並將其改設為日本國之沖繩縣的結果。而清廷方面在得知此項訊息之後，除了急命兩江總督（江西、安徽、江蘇聯省總長）兼南洋大臣（南洋通商海防執行長）沈葆楨加緊籌辦防務之外，也立即向日本提出嚴重的抗議。雖然不久後恭親王奕訢也利用機會，請剛好來華訪問的美國前總統格蘭特（Ulysses Simpson Grant）代為調解琉球問題，但一般相信，在清廷無力追討而日本無意歸還的現況之下，琉球從此以後應該不可能從日本口中再吐出來了。

赴俄談判欲索伊犁 崇厚簽下離譜條約

在清廷來不及阻止的情況下，一心想要趕快完事回家的崇厚已和俄國簽下了一紙離譜的條約

　　在掃除了新疆境內的反抗團體之後，清廷終於可以集中精神，盡全力的與俄國進行接觸，以設法取回被強占多年的伊犁（新疆境內）。為此，高層特地任命了崇厚為全權大使，到聖彼得堡（俄羅斯境內）就交還伊犁一事進行談判。不過，在會商的過程中，崇厚對俄人所提的要求根本毫無拒絕的能力，在並非戰敗的情況下，竟然答應將伊犁以西及以南的大片土地讓予俄國以換回伊犁。不但如此，崇厚還額外附贈讓俄人在伊犁所置的產業仍然可以照舊營運。這個條件乍聽之下很合理，但其實因為在之前俄國入據伊犁的這段期間，大部分的產業、店舖、房舍都

已被俄人強占，連城內也都住滿了俄國人。所以這條規定簡直就是讓這些非法取得產業的強盜就地合法，讓伊犁只是在名義上重歸中國，但實際上卻仍操控在俄人手中。雖然清廷在得知協議的內容之後，已緊急下令要求崇厚千萬不可以應允這種荒唐的協議。但一心想要趕快完事回家的崇厚，卻在還沒收到清廷命令前，便已經在這份《里瓦第亞條約》上畫押簽字。不僅答應了上述的條款，還同意俄方許多通商貿易的要求，並允諾再賠償五百萬盧布（約二百八十萬兩）的費用。清廷在得知崇厚和對方簽定條約之後，目前已經召開緊急會議研商因應之道。

向英採購軍艦　竟為過時艦種

在赫德的牽線之下，中國竟然買到已經過時的艦種

　　為了籌建新式的海防武力，清廷日前透過海關總稅務司（中國海關總長）赫德（Robert Hart）向英國購買了「超勇」、「揚威」兩艘快船。不過，據記者所得到的最新資料，顯示自從一八五九年出現新式的鐵甲戰艦之後，像「超勇」、「揚威」這種等級的軍艦，不論在速度、攻擊力或防禦力上，性能都早已遠遠不及，根本是屬於應該要被汰換掉的過時艦種。如今清廷竟然又花錢買進此型軍艦，根本無助於海防力量的提升。評論家認為，在清廷沒有自己培養有相關專業素養的人員之前，這種被外國人牽著鼻子走的荒唐交易是必然的結果。因為就英國政府的立場而言，

一旦讓中國擁有了先進的鐵甲艦，那就再也沒有辦法隨意以武力予取予求了。所以才會讓赫德不斷向直隸總督（直隸、河南、山東聯省總長）兼北洋大臣（北洋通商海防執行長）李鴻章等人遊說，建議此等級軍艦足以守護海口並制禦鐵甲艦。但是除了英國人的奸謀之外，大清高層自己也是極有問題。聽說慈禧因為想要預修兩宮太后的陵寢，所以挪用了原本要讓南北洋大臣購買鐵甲艦的關稅稅款。而在經費不夠的狀況之下，總理衙門（外務部）根本也別無選擇，只能以比較便宜的「超勇」級炮艦，做為新型艦艇的替代品了。

清廷決意毀約
崇厚革職下獄
中俄雙方瀕臨開戰邊緣

對於崇厚去年（一八七九年）與俄國簽下《里瓦第亞條約》一事，清廷在幾經討論之後，經慈禧太后的最後裁示，決定將崇厚處以斬監候（死刑，但暫時收押在獄等候執行），然後命駐英法公使曾紀澤（曾國藩次子）兼任駐俄公使，立即啟程赴俄進行改約事宜。同時，為免俄方以此為由發兵挑釁，也急令各地方加強防禦，並批准左宗棠三路出兵以武力收復伊犁（新疆境內）的計畫。而俄羅斯方面，據聞則是已經在邊境分別聚集了數萬名的軍隊及數量可觀的大炮，並積極調動在日本海附近的艦隊，打算以武力威脅中國接受條約。目前兩國之間的關係可說是十分緊張，大有爆發戰爭的態勢。

咔嚓！

來談談吧…

要小心後面那一個

面對俄國的大軍，清廷一方面派曾紀澤前去談判，一方面要左宗棠做好隨時出兵以武力奪回伊犁的準備

傳教士馬偕在臺設立醫院

加拿大籍的長老教會傳教士馬偕（George Leslie Mackay）於十年前被派到臺灣之後，便開始一面幫人拔牙一面宣傳福音。已經能夠講得一口臺灣話的馬偕，目前更在友人的資助之下，於滬尾（淡水，臺灣境內）創建了一所新式的西醫醫院。這所「偕醫館」的設置，不但可以讓臺灣北部地區的民眾可以有更好的醫療照顧之外，應該也對其傳教工作有很大的幫助。

英人出兵相助 李鴻章將發動武裝政變 !?

不要亂講

根據可靠消息來源指出，直隸總督（直隸、河南、山東聯省總長）兼北洋大臣（北洋通商海防執行長）李鴻章，在與前任外籍傭兵部隊「常勝軍」指揮官，也就是剛從英國蘇丹總督（英國蘇丹地區殖民地的行政長官）卸任的戈登（Charles George Gordon）會面時，英國公使威妥瑪（Thomas Francis Wade）就曾經表示英國高層有意要戈登以武力相助，讓李鴻章率領他的淮軍進占北京城並自立為帝。雖然此項建議已被李鴻章給嚴詞拒絕，但從英國人多次表達可以代至中國訓練海陸軍，以及慫恿李鴻章發動軍事政變的手段看來，英國似乎正企圖以各種可行的方法，來達到控制中國軍隊以及政府的目的。不過，李鴻章本人及英國領事館，都已經對以上的傳聞提出嚴正駁斥，表示一切都只是空穴來風而已。

電報自來水登陸 中國現代化啟航

在電報發明了四十多年以後，直隸總督（直隸、河南、山東聯省總長）兼北洋大臣（北洋通商海防執行長）李鴻章終於在去年（一八七九年）於天津至大沽、北塘炮台（皆河北境內）之間架設了電報線路。由於意識到這種現代化通訊方式的重要，今年清廷也在其奏請之下，核准設立天津電報總局，並預備創立天津電報學堂，購備各項機器及聘請外國技師，積極培訓本土的電報人員。而除了天津電報總局的設置之外，計畫中也將於各地開設分局。同時打算於明年初開始架設天津至上海，以及上海至福州、廣州的電報線路，全線預計於明年十月完工。另外，除了電報之外，自來水這種先進的設施，也於不久前被洋人引進上海租界之內，還特別為此創設了自來水公司。不過因為大部分的中國居民還是都認為自來水有毒，所以很少人敢真的使用。所以，自來水公司還得特別派專人前往各個茶館去宣傳，推廣這種新型的便利用水方式。

Hi~

WATER

這酒促小姐長得不錯！

她是自來水公司的水促小姐啦…

天津水師學堂成立

由於之前左宗棠在同治年間（一八六六年）擔任閩浙總督（福建、浙江聯省總長）時，所籌設的船政學堂已經培育出不少人材，令海防實力提升不少。所以直隸總督（直隸、河南、山東聯省總長）李鴻章也打算在天津設立專門學校，以便為即將成立的北洋艦隊預作準備。據了解，天津水師學堂也與船政學校一樣，模仿英國海軍學校的課程設計，並聘請英國軍官為教練，招收十四歲至十七歲的青年入學。學生分為駕駛及管輪兩科，在四年的課程中，學習漢文、英文、地理、數學、測量、化學、格致（科學）等等科目，最後再到船上實習一年。畢業之後則分往北洋海軍艦隊任職，或者是再繼續出國留學。

曾紀澤口條犀利　伊犁城順利收回

為了收拾崇厚之前留下的爛攤子，曾紀澤（曾國藩次子）受命赴俄交涉，力圖收回伊犁（新疆境內）並推翻之前所訂的條約。過程中雖然俄方堅持一定要中國批准條約，並不惜以武力作為威脅，但曾紀澤卻也祭出了若俄不交還伊犁，則要封喀什噶爾（新疆境內）為自主國，並與英國立約保護的手段。同時又以中國地大，可用持久戰與俄國相抗為由，將戰爭的威脅給頂了回去。俄人一方面怕英國人勢力介入此地，另一方面也因為自己剛與土耳其打完一仗而元氣大傷，已無足夠軍備並急需賠款補貼財政漏洞，所以便在去年（一八八〇年）底與曾紀澤達成協議，除了伊犁以西的地區讓予俄國之外，伊犁城及以南的地區則交還中國，賠款金額則由五百萬盧布增加到九百萬盧布（約五百萬兩）。雙方於今年初簽約之後，俄國的太平洋艦隊已於五月解散，並計畫於兩年後中國

付完所有賠款之後，俄軍便完全撤出。雖然這次的條約清廷仍做出部分讓步，但曾紀澤憑藉著高明的外交及談判手法，讓大清的損失遠遠低於所有人的預期，也為他自己贏得了國際媒體一致的稱譽。只不過，自一八五八年的《中俄璦琿條約》到現在，大清帝國在談判桌上已經被連哄帶騙的將一百六十萬平方公里的土地送給了俄國。而這些北疆國防要地，加起來竟然有四個日本，或是說三個法國那麼大。要是曾紀澤能早一點出生，而不是盡是讓奕山、崇厚等蠢材去交涉的話，或許損失就不會那麼嚴重了。

大清時報
GREAT QING TIMES

西元一八八二年

光緒八年

法國大軍重踩越南 清廷軟弱單方退兵

好可怕啊

奕訢和李鴻章膽小怕事，助長了法軍的氣燄

之前法軍試探性的侵越行動被劉永福的黑旗軍阻斷之後，法國政府果然開始加碼，在去年（一八八一年）由國會通過二百四十九萬法郎的軍費撥款，並於今年四月出動大軍攻陷了河內（越南境內），準備將越南侵吞為殖民地。清廷聞訊之後，雖然一方面派曾紀澤向法國外交部提出抗議，一方面立即調動軍隊入越聲援，但因清廷並不願意主動挑釁，所以清軍入越後只是在邊境不遠處布防，而沒有採取進一步的行動。盡管熟悉外交事務的曾紀澤對此提出了不少具體建議，但由於主事的恭親王奕訢、直隸總督（直隸、河南、山東聯省總長）李鴻章等人膽小怕事，竟然向法方表示中國僅要保全面子即可。最後更相信了法國沒有侵占越南土地的鬼話，而在天津與法使寶海（Frédéric-Albert Bourée）達成協議，同意中國單方面撤離駐北圻（越南境內）部隊，而法國則「保證」不侵占越南的領土。如此豐碩的談判成果，可說是大大的出乎法國政府的意料之外。對此，國際局勢專家則表示，這種未經戰敗即單方面撤軍的事，是在西洋國際關係史中從未發生過的。因為這種談判結果，絕不可能發展成中國所預期的永保和平，而只會誘使另一方更加速侵略的腳步。

情勢錯綜複雜　　列強各懷鬼胎

隨著大清帝國一步一步的被迫開放，染指中國的列強們在對華政策上也是各懷鬼胎，暗自謀求自己國家的最大利益。在俄國方面，對中國的態度從一開始便是試圖著以各種取巧的方法，在談判桌上盡可能的擴大領土；日本則是想利用中俄雙方關係緊張的機會，以聯合俄國作為威脅，要求大清在琉球歸屬、關稅，以及領事裁判權等外交問題上做出讓步；而法國所打的如意算盤，卻是不希望俄軍投入亞洲戰場，以便能繼續在歐洲牽制住

德國及奧匈帝國，來減輕自己的威脅；德國方面的立場則是與法國相反，他透過把中國的海軍兵力報告交給俄國等等手段，不斷的鼓動俄國對清作戰，以便從戰爭的準備及進行中，獲取更多的軍事武器訂單，同時也讓俄國將軍事力量消耗在亞洲戰場，以維持歐洲更為穩定的局勢；而英國方面則是為了避免俄國勢力在遠東坐大，影響到自己在亞洲的控制力及貿易利益，而致力於阻止中俄之間戰爭的發生。

大清時報

GREAT QING TIMES

西元一八八三年

癸未

光緒九年

黑旗軍再顯神威 越政府與法簽約

法國在大清單方面的從越南撤軍之後，看到了可以占有越南全境的大好機會，於是在茹費理（Jules François Camille Ferry）內閣上台之後，便撤去寶海（Fréédéric-Albert Bourée）駐華公使之職務，同時並毀棄之前與中國所達成的協議，再次調集了軍隊向越南發動軍事攻擊。沒了清軍的攪局，法軍在李維業（Henri Laurent Reviére）的指揮之下，十分輕鬆的便攻破了南定的越南部隊。於是曾經擊敗法國人的劉永福黑旗軍，便成了越南政府最後的希望，而四月中在紙橋（皆越南境內）的這一場戰役，也成為最關鍵性的一戰。早已擺開陣勢，準備一舉殲滅黑旗軍的法國部隊，一開始便在炮火的掩護之下，兵分兩路衝破紙橋防線，並把黑旗軍打得節節敗退。但其實這一切都是劉永福事先就安排好的戲碼，為的是誘敵深入再加以伏擊。過於自信輕敵的李維業，就這樣掉進了陷阱之中，而在激戰三個小時之後慘遭擊斃，失去了指揮官的法國部隊，也只能狼狽潰逃。不過，法國人已經燃起的侵略野心，可不是這麼容易被澆滅的。當法國政府聞知戰事失利時，便立即再撥了五百五十萬法郎，並增派四千名兵員赴越增援，於八月中再度對黑旗軍發動猛烈的攻擊。雖然此役法軍又是以大敗收場，但另一支部隊卻成功的拿下了順化（越南境內），還逼迫越南政府簽訂條約，從此開始接受法國的保護。

外人失序案件頻傳 各地爆發土洋衝突

自從外國人大量湧入中國境內，並享有領事裁判權的保護傘之後，便不斷出現失序的惡行。其中不但兵士、商人橫行無理，甚至連部分的傳教士都幹起了為非作歹的勾當。三月底，雲南地區便傳出一名叫張若望的傳教士，因強姦婦女、無惡不作而被當地白族百姓持鋤頭打死的事件。七月的時候，廣州地區又有一英人羅根，在槍殺中國兒童之後逃入了英國領事館躲藏。不久之後，一艘英船上的葡萄牙籍水手狄亞士，又無故踢傷中國搬運工人，並將其推落水中淹死。憤怒的在場群眾要求英國船長交出凶手，但該船長卻予以拒絕並立即將船駛離。消息傳出之後，已經隱忍多時的廣州市民終於爆發，群情激憤的衝入租界地遊行示威，還燒毀十多間的洋人房屋。不過一般認為，在激情過後，這些外國人囂張的態度應該也不會有太大的改變，反倒是大清政府又得出面賠款道歉了。

李鴻章這次識破赫德的技倆，改向德國訂購軍艦

英人重施故技推薦舊款　德國贏得新式軍艦訂單

　　由於各國海軍艦隊的威脅日甚，連日本也於幾年前（一八七八年）購買了「扶桑號」鐵甲艦，讓清廷終於意識到先前所購買的「超勇」、「揚威」等級快船，已經無法應付現今海戰之需求。所以便分別於光緒六年（一八八〇年）、七年（一八八一年）向德國下單訂造了「定遠」、「鎮遠」兩艘巨型鐵甲戰艦。而由於超勇等級的快船防禦力過於薄弱，無法擔負起護衛主力戰艦的任務，所以清廷也決定再砸重金，另行購買較新式的快船來補足空缺。此項軍購消息才剛傳出，

海關總稅務司（中國海關總長）赫德便又主動找直隸總督（直隸、河南、山東聯省總長）兼北洋大臣（北洋通商海防執行長）李鴻章接觸，打算重施故技騙清廷採購過時的艦種。只是有了上次的經驗之後，李鴻章倒是學乖了，便先將赫德所送來的船樣寄送給中國的駐德公使，然後向歐洲國家的海軍部徵詢意見。在「一遇風浪炮火便難以取準，偶受小炮則船洞穿」的評估報告出爐之後，清廷便拒絕了赫德的提案，並於日前改向德國下單訂造較新式的快船。

與洋商爭奪市場失利 胡雪巖金融集團垮台

胡雪巖經營的阜康錢莊遭到擠兌，導致整個集團破產

　　在國內極具規模，各省共設有二十多家分號的「阜康錢莊」，日前遭到擠兌並造成多家分號的關閉。預計這一波的金融風暴，將導致胡光墉（胡雪巖）集團的破產，同時也將重創國內經濟。財經專家指出，擁有「從二品」官銜的紅頂商人（從二品官銜頂戴為珊瑚，俗稱紅頂子）胡雪巖，在介入一向由英資怡和洋行（Jardine Matheson）壟斷的生絲市場後，決心占領生絲源頭，以擊破洋行對生絲的定價霸權。去年（一八八二年），胡雪巖判斷生絲市場將會因收成減少而產生供不應求的現象，於是便抓準時機，動員了自己龐大金融帝國的資金，將上千萬兩的白銀投入這場與洋行的世紀對決之中。他先一步的在生絲產地大量下訂收購，完全控制了貨源，使得怡和洋行完全失去切入的機會。雖然怡和洋行趕緊透過海關總稅務司（中國海關總長）赫德出面斡旋，並表示願意讓出巨額利潤，但在胡雪巖的堅持之下，卻仍無法買到一斤一兩的生絲。但胡雪巖沒有想到

的是，此時歐洲的生絲竟然意外的大豐收，以至於洋商們紛紛轉向歐洲採購而放棄了在上海市場的交易，結果反而讓上海生絲市場的價格暴跌。今年，胡雪巖又想繼續鎖住貨源迫使洋行屈服，但是好幾家絲商們卻已因為財務危機而先後倒閉，其餘的也不願再跟他配合。上海交易市場的停擺，使得買賣雙方的戰爭進入以資金實力一較高下的階段，只不過怡和洋行的背後有實力堅強的英國霸菱銀行（Barings Bank）撐腰，使得胡雪巖的處境漸落下風。而人在倒楣的時候總是禍不單行，此時蘇松太道台（上海道台，上海市長）邵友濂又故意拖延胡雪巖的餉款，導致胡雪巖必須挪用自己錢莊的現銀來償還他代軍方向匯豐（HSBC）銀行借的那五十萬兩銀子。結果消息一傳出，市街上人人都說胡雪巖因為積囤生絲大賠血本，而挪用阜康錢莊中各存戶的存款來墊付。存戶們因為怕自己的錢就這樣蒸發了，所以便瘋狂的開始擠兌，最後終於導致胡雪巖的金融帝國垮台。

金融風暴背後操手　李左兩派政治惡鬥

　　資深評論家指出，這次掀起金融風暴的原因，不只是胡雪巖集團與英資怡和洋行（Jardine Matheson）之間的商業競爭，或是本土銀莊票號與外商金融銀行之間的較勁，其實也包含了左宗棠與李鴻章兩大勢力之間的政治惡鬥。大家都知道，胡雪巖的後台便是兩江總督（江西、安徽、江蘇聯省總長）左宗棠，在之前左宗棠率軍平定新疆的期間，就是靠著胡雪巖運用自己的金融網路及信用，向外資銀行大舉借債來支撐著整個軍事行動。而一向主張海防優先的李鴻章，與堅持塞防不可廢的左宗棠，則是在立場上完全對立。因為如果朝廷決定海防優先的話，則鉅額資金將流向北洋派；但如果朝廷確定塞防的話，左宗棠一派的實力又會大增。之前左宗棠已經因為收復新疆而在聲勢上壓倒了李鴻章，如今左宗棠又力主對法作戰，使得李鴻章生怕大筆資金會再度流入左派手中，進而影響到自己的可用經費及政治地位，於是便決定發動一連串的倒左行動。而想要制住左宗棠，便得先廢掉他的錢袋子胡雪巖。於是北洋派的大臣盛宣懷便聯合在上海匯豐銀行（HSBC）極具影響力，並具有貸款簽字權的買辦席正甫，來進行下一步的計畫。其實，自幾年前開始，每逢中國的茶葉或生絲上市時，匯豐銀行

便會「碰巧」的緊縮銀根，使得貿易商們因無法取得足夠的資金而被迫將商品賤價求售。讓匯豐銀行背後的洋行股東們，可以用低價收購而獲取暴利。而這次胡雪巖暴發生絲危機時，匯豐銀行也是來這麼一手，以緊縮銀根的手段迫使大批絲商倒閉、生絲價格下跌，進而導致了胡雪巖八百萬兩的巨額虧損。隨後親北洋派的蘇松太道台（上海道台，上海市長）邵友濂，又在高層授意之下，故意拖延應付給匯豐銀行的五十萬兩款項，逼得以自身信用幫軍方做擔保的胡雪巖，不得不以阜康錢莊的家底償還，進而引發了擠兌，造成整個胡雪巖金融集團的崩潰。

胡雪巖的垮台根本就是李鴻章集團用來對付左宗棠的手段

老胡，你倒了誰幫我找錢啊…

全完了…

第 五 章

甲午戰敗　哀歌響起

（西元一八八四年～一九一一年）

大清時報

GREAT QING TIMES

甲申

西元一八八四年

光緒十年

清軍越南失利 奕訢黯然下台

由於在與法國之間的越南問題上面，直隸總督（直隸、河南、山東聯省總長）李鴻章等人強力主張以和平的方式來解決，以至於未能在第一時間就即時採取反制行動，使得法軍有時間可以不斷的派部隊增援越南戰場。各方面力量因此而逐漸取得優勢的法軍，便在去年（一八八三年）底反轉戰場形勢，以猛烈的炮火擊破曾讓他們嘗過多次苦頭的黑旗軍，造成劉永福部隊千餘人的死傷。到了今年二月間，總兵力已經增加到一萬六千人的法國部隊，更是大舉進攻北寧、占領興化（皆越南境內），逼得黑旗軍與前來協防的清軍只能不斷後撤。而清軍於越南的挫敗，也連帶的在北京政治圈中起了效應，掌管總理衙門（外務部）的恭親王奕訢更因此被慈禧太后革去所有職務，所有軍機處（皇帝機要秘書處）和總理衙門的舊班底也都被全部換掉。在權力重整之後，整個國家機器已經牢牢的掌握在慈禧及其親信醇親王奕譞（光緒帝載湉生父）的手中。

昔日戰友 今日仇敵 慈禧與奕訢關係生變

對於日前在北京掀起的政治風暴，評論家們認為，恭親王奕訢這次的下台，清軍在越南的挫敗當然是導火線，但背後的真正原因卻有可能是慈禧太后已經開始對奕訢浮現了不信任感。因為隨著光緒皇帝載湉（清德宗）親政的日子越來越近，慈禧也不得不開始擔心大權旁落的問題。由於載湉生性軟弱，所以她倒不擔心皇帝會唱反調，她所怕的是對政府運作極有經驗，在洋人圈中又有些關係的奕訢，要是在皇帝親政之後倒向光緒那邊的話，那她這個太后可就沒戲唱了。所以才會藉此機會，先將奕訢及其勢力給拔除掉，換成醇親王奕譞（光緒帝載湉生父）及禮親王世鐸、孫毓汶等庸才進入軍機處，以便自己能繼續從中控制。回想當初慈禧太后是在

總覺得有哪句成語很適合我現在的狀況⋯

奕訢的大力支持下，才能成功的發動政變，剷除了肅順等顧命大臣，把政權掌握在手中。但隨著物換星移，原本有著革命情感的搭檔，現在也在殘酷的現實之下，成為必須互相提防甚至要消滅的敵手。這種政治圈中的分合關係，恐怕才是自古以來不變的原則吧。

越南之火延燒… 清廷不斷退讓 法方一再進逼 ………………

在曾紀澤（曾國藩子）被免去駐法公使的兼職之後，直隸總督（直隸、河南、山東聯省總長）李鴻章便與法國公使在天津簽下和約，表示只要法國不會在與越南所訂的條約中，插入有礙中國體面的字樣，那中國便不再過問法越之間所定的條約，並立即撤回越南境內的中國軍隊，還同意由法國保護越南邊境的安全。雖然清廷已經做出如此大的讓步，但似乎仍無法滿足法國那貪婪的胃口。因為就在中法雙方簽約之後沒幾天，法方便以清軍沒有依條約中「即行」撤軍為藉口，又把部隊推進到觀音橋附近（越南境內）向清軍施壓。而在清軍派聯絡官至法營交涉之時，法軍卻又無故加以射殺並向清軍發動了突擊。只不過這次清軍的表現卻出乎意外的英勇，在幾經交鋒之後便將法軍擊退。這時，在戰事上沒有討到便宜的法國政府便使出「奧步」，將事情捏造成是清軍先埋伏開槍而引發的衝突，更想以此向中國索取賠款。據記者所得到的情報，法國政府為了製造更大的壓力來順利取得賠款，似乎已打算對馬尾（福建境內）的中國艦隊發起攻擊，以消滅大清水軍武力，同時並派艦隊強占基隆（臺灣境內）以當作賠款的保證。

法軍艦入襲基隆 劉銘傳誘敵反擊

六月中旬，五艘法國軍艦突然出現在基隆（臺灣境內）外海，並向當地守軍發出警告，表示如果不交出炮台及陣地的話，便要以武力強行奪取。面對這樣無理的要求，人在臺灣督防軍務的福建巡撫（福建省長）劉銘傳當然是嚴詞拒絕，並下令備戰。在法艦開炮攻擊之後，清軍也發炮還擊，但畢竟裝備等級有差，在幾個小時之後，岸上的炮台便已經全被擊毀。於是劉銘傳便改變戰略，令各軍退守山後以引誘敵人登岸進行陸戰。第二天，四百餘名的法國陸軍帶著四門大炮登岸，劉銘傳一面令部隊正面迎敵，一面又另遣一支部隊抄敵後路。法軍因為過於輕敵，沒有料到清軍會設下埋伏而大吃一驚，就在法人慌忙後退的同時，清軍各營則是趁勢猛攻，法軍在死傷百餘人之後，只好爭相逃回軍艦之上。此役雖然由守軍吹響了嘹亮的勝利號角，但船堅炮利的法軍恐怕不會就此輕易罷手，劉銘傳同樣的戰術也不可能再次使用，未來臺灣的戰局仍是充滿了變數。

劉銘傳誘法軍登陸後，成功的從後路發動突襲
噓…再等一下

—— 法軍瞬殺馬尾艦隊 登臺作戰二度潰敗 ——

在臺灣受到迎頭痛擊的法軍，把一股怒氣全部發洩在停泊於馬尾港（福建境內）的清軍艦隊上，在短短的七分鐘炮擊之後，中國海軍艦隊便受到重創癱瘓。被狠狠踩了一腳，完全失去海上戰鬥力的大清帝國，在此時才終於正式向法國宣戰。而在臺灣方面，福建巡撫（福建省長）劉銘傳基於戰略的考量，決定放棄基隆改守滬尾（皆臺灣境內）。他先派人用木船載了些石塊沉於海口之外以防法艦靠岸，又命滬尾（淡水）守軍與從基隆退援的部隊設伏。果然，七艘法國軍艦從滬尾口外向岸上連續轟擊數日之後，法軍便分乘小艇登陸。這時埋伏已久的清軍竄出，與裝備精良的法軍展開激鬥，最後法軍第二度被擊潰，共有二十五人遭到斬首、十四人被俘擄，還有三百多人在作戰中被擊斃，而清軍則付出了一百餘人傷亡的代價。由於攻臺的行動一再受阻，法軍遠東艦隊司令孤拔（Amédée Anatole Prosper Courbet）只好下令封鎖臺灣各海口，重新擬定新的作戰計畫。

德法聯手侵華？ 李鴻章亂放消息 大清國淪為笑柄

依據總理衙門（外務部）所傳出的消息，表示德國總理俾斯麥（Otto Eduard Leopold von Bismarck）為了與法國聯手，已經親自前往巴黎（法國境內）交涉，而法國政府也決定增派多艘戰艦前來助戰。為了避免出現德法聯軍的不利局面，總理衙門很快便派人前去與德國駐華公使交涉。但最後在德國公使的證實之下，才發現這根本是一個不存在的假消息，一切都是清廷內部自己製造的煙霧彈。而放出這個假消息的人，就是直隸總督（直隸、河南、山東聯省總長）李鴻章本人。他為了能全力應付來自日本的威脅，所以便有意對法國讓步。為了讓清廷感受更大的壓力以促成對法的和議，所以才會致電總理衙門，故意傳遞此項不實的情報。只不過這樣的做法，從德國公使口中傳出去之後，現在已經成了國際間的笑柄了。

狼來了…

李鴻章為了全力對付日本，竟釋放假消息企圖促成與法之和議

朝鮮親日派發動甲申政變 袁世凱射日退敵表現亮眼

日本在幾年前研究西方各種先進槍械，並自行設計出「村田步槍」配發給各級部隊使用之後，不但陸軍實力大為增強，向外擴張的行動也更加積極。而日本的首要目標，則是從大清帝國手中奪下朝鮮。為了達到這個目的，在日本駐朝公使竹添進一郎的暗中指使之下，親日派的朝鮮開化黨官員，在十月中便於日本公使館對面的朝鮮郵局內，擺筵邀請清軍駐朝鮮提督（軍區司令）吳兆有、總兵（軍長）張光前、營務處長（部隊行政官）袁世凱三人參加。但由於親日派想要在此宴中動手殺害清軍將領，而日軍也會同時採取行動控制朝鮮政府的傳聞，早已是傳得沸沸揚揚，所以吳兆有及張光前兩人根本就不敢前往。但年輕氣盛的袁世凱則認為如果三人皆不赴宴的話，那無疑是在日軍及朝鮮官員面前示弱。於是他便提早一小時攜槍赴宴，在宴會主人尚未到齊之前，便要餐廳提前上菜然後先行開動，然後宣稱接下來還有要務在身而先行離席，完美的破解了敵方的詭計。親日派官員見計謀未能得逞，兩天後便又在同樣的地點，邀請各國公使及朝鮮要人與會，然後在宴會進行期間於郵局後放火，

並動手刺傷了朝鮮親中派的大臣，以故意製造混亂。同時親日派也趁機進入皇宮，挾持了朝鮮國王李熙，然後矯詔稱清軍作亂，要求日本公使率軍入援。在日軍占領

袁世凱

朝鮮王宮之後，開化黨人又再次矯詔誘騙親中派大臣入宮覲見護駕並將之殺害。隨後在日軍的支持下，開化黨人以國王的名義宣布獨立，不再臣屬於大清，並推出一連串的政治改革措施。但是在幾天之後，吳兆有、袁世凱等人便在朝鮮守舊勢力的請求下，率兵攻入皇宮中與日軍激戰。最後日軍不敵退敗，日本公使竹添進一郎見大勢已去，只好自焚日本公使館然後逃往仁川（韓國境內）。至於那些親日派官員，不是被清軍所殺，便是隨著日本公使逃走。這次行動中，袁世凱冷靜果決的精彩表現，可說是出盡了風頭，獨占各大媒體的版面，甚至連清廷高層也開始注意這位年僅二十六歲的明日之星。

新疆建立行省

在左宗棠先後多次的建請之下，為了能更有效的管理新疆地區，並加速戰亂後的恢復與發展，清廷終於同意在此建立行省。這個新的省份，將以迪化（烏魯木齊，新疆境內）為省會，取代伊犁（新疆境內）成為新的政治中心，並以隨左宗棠復土有功的劉錦棠為首任的甘肅新疆巡撫（甘肅新疆省長）。同時並廢除了已在當地實施多年的「伯克」（代清廷管理地方的當地世襲貴族），讓新疆開始與內地各省實施同樣的行政制度。

天津武備學堂成立　聘請德國陸軍教練

在南北洋兩處的水師學堂都已經開始培育海軍人才之後，清廷也在直隸總督（直隸、河南、山東聯省總長）李鴻章的奏請之下，同意於天津設置武備學堂，以訓練現代化的陸軍為目標。不同於水師學堂採英國學制，武備學堂所模仿的對象，則是素以訓練嚴謹為名的德國陸軍。初期預計從各部隊中挑選有潛力的一百餘名兵士入學，並聘請德國軍官為教練，以一年的受業時間，學習天文、輿地、格致（科學）、測繪、數學、化學等學科，還要操練炮台、營壘、馬隊、步兵、炮兵、及行軍攻守等項目。未來還會再視情況逐步的擴大招生名額及修業年限，以期將國內陸軍的實力，提升到與國際相同的水平。

法軍戰敗內閣倒台　中法停火簽定和約

法軍在東亞的作戰真是連連失利，不但攻臺行動受阻，轉攻鎮海時也同樣被守軍發炮擊退，甚至連指揮官孤拔（Amédée Anatole Prosper Courbet）也因此而身受重傷。一連串的挫敗，加上法國國內又正好面臨大選的壓力，逼得法國政府只好開始與中國進行停戰協商。只不過協議還沒談定，在越南的戰場便又傳回法軍先後在鎮南關及諒山（皆越南境內）大敗，死傷高達一千餘人的殘酷消息。而這樣無情的打擊，當然讓力主發動侵華戰爭的茹費理（Jules François Camille Ferry）內閣失去了選民的支持而宣告倒台。不過出人意料的是，這次戰勝的大清帝國，並沒有像洋人那樣，向戰敗的法國索討軍費賠償。據主政的醇親王奕譞（光緒帝載湉生父）表示，由於在戰勝之前清廷就已經批准了兩國進行議和，為了信守承諾，所以才未以戰勝國的身分索賠，而是仍照之前雙方達成的協議停戰。之後直隸總督（直隸、河南、山東聯省總長）李鴻章也於天津與法國駐華公使正式簽約。除了承認法國與越南之間所簽的條約，還在雲南、廣西各開一通商處所，並另行訂定通商章程。而法國方面所要做的，則是從臺灣外海，及已經攻占的澎湖島上，將部隊全部撤回。

真的補用賠錢？
屎仔胎好了…

嗯…

中日朝鮮問題敲定 埋下日軍入朝伏筆

日本自從去年（一八八四年）發動甲申政變失敗，在朝鮮政治圈的控制力被剷除之後，便企圖另從外交管道，在談判桌上再重新染指朝鮮。而這個看似困難重重的任務，竟然在伊藤博文及西鄉從道與大清的直隸總督（直隸、河南、山東聯省總長）李鴻章談判之後，輕鬆的給完成了。依這張三月初才剛簽下的協定，中日雙方必須先共同從朝鮮撤出軍隊，

等以後朝鮮有事必須要兩國出手助援時，在發兵之前中日兩國也必須互相照會。只不過評論家表示，由於甲申事件根本就是由日方所挑起，所以理應要日本為此提出道歉，但是中方卻未提出任何此方面的要求。不但如此，共同撤兵並同意以後出兵互相照會一條，也等於完全承認了日本可以在未來派兵進入朝鮮的合法性。

海軍事務衙門成立 慈禧暗挪經費修園

在馬尾艦隊被法國海軍秒殺之後，清廷終於體認到應該要有一個專責機構，來統籌海軍的發展，以便能在最短時間內追上列強的水平。所以在今年九月，清廷便宣布設置「總理海軍事務衙門」（海軍部），以醇親王奕譞（光緒帝載湉生父）總理海軍事務，並由直隸總督（直隸、河南、山東聯省總長）李鴻章會同辦理。海軍衙門的設立固然是一項歷史性的突破，代表著一向只知道陸軍的大清帝國，已經正式的發展成海陸兩個兵種。但

慈禧以發展海軍為名，把修建工程的費用包裹於其中

是，卻有評論家認為這內情並不單純。因為早已多次嚷著說要重修圓明園的慈禧太后，因為所需工程費用過大而屢遭群臣勸阻，最後只好勉為其難的降低規格，決定改修三海（北海、中海、南海，位於紫禁城西側，又稱為西苑）以當作她的休憩住宿之所。但這筆費用對國家的財政支出來說，卻仍舊是一筆過於沉重的負擔。於是慈禧便想了個妙招，先同意李鴻章等人的建議設立了海軍衙門，然後再以發展海軍為名，把修建三海的工程款包裹於海軍經費之中。而一向重視海防的李鴻章，為了鞏固自己的權位，也等同是默許了這樣的作法。聽說，慈禧甚至還打算下令停購「致遠」、「靖遠」、「經遠」、「來遠」四艘快船，以便有更充裕的經費可以挪來修建園林。所幸駐英公使曾紀澤（曾國藩子）已經早一步和英、德簽訂了造艦合約而無法取消，否則就連這四艘快船也要換成園林中的山水池石了。

大清海軍新入手的「定遠」及「鎮遠」兩艘戰艦，可謂是當今亞洲第一巨艦

大清國建立第廿行省
劉銘傳轉任臺灣巡撫

在法軍侵臺事件告一段落之後，清廷似乎也明白了臺灣在戰略地位上的重要性。所以在九月初，終於決定將臺灣從福建的管轄之下分離出來，成為大清帝國繼新疆之後的第二十個行省。並以原任福建巡撫（福建省長）劉銘傳為首任的臺灣巡撫（臺灣省長），而福建巡撫一職則不再另行派任，改由閩浙總督（福建、浙江聯省總長）直接兼任。劉銘傳受訪時表示，未來除了將積極的清理田賦、增加財政收入之外，還要將洋務的推行及建設置於首要工作。不論是購買輪船軍艦、架設電報線、修建鐵路、增設炮台，還是設立西式學堂、郵電總局等等，都會成為施政的重點，一定會將臺灣建設成全國最先進的省份之一。

定遠級戰艦入手
戰鬥力亞洲第一

之前向德國伏爾鏗造船廠（Stettiner Vulcan AG）採購的「定遠」、「鎮遠」、「濟遠」三艘新型軍艦，已於日前駛抵大沽口（河北境內）。其中「定遠」、「鎮遠」二艦為長九十九公尺、最寬處二十公尺、排水量七千三百三十五噸、馬力六千匹、航速每小時可達十四點五海里的主力戰艦，是目前遠東地區噸位最大的鐵甲巡洋艦。兩艦於左右舷各配備一座雙聯裝炮塔，共計305mm 後膛炮四門主炮，以及船艏、艉各一門的150mm 後膛副炮二門。另外還有 75mm 四門、37mm 機關炮八門、57mm 與 47mm 速射炮各兩門，外加三具魚雷發射管，火力相當驚人。尤其是305mm 的主炮，若再配合開花炮彈（高爆裂彈）使用的話，殺傷力更不在話下，可說是當今亞洲第一巨艦。

大清時報

GREAT QING TIMES

西元一八八六年

丙戌

光緒十二年

英國殖民緬甸 大清提出抗議

去年（一八八五年）英國以緬甸政府無端對英商罰款為藉口，在緬甸軍隊完全沒有準備的情況之下，閃電攻占王宮並俘擄了國王。一開始英軍告知大清只是要推翻緬甸原有的政權，會再幫他們另立一位新國王，並仍舊保持著與大清之間的藩屬朝貢關係。但後來英國又改變立場，直接宣布緬甸為英國的領地，並將派出殖民地總督來加以管理。對於英國這種吞沒緬甸的無理行為，雖然清廷已經於日前提出嚴正抗議，但一般認為並不會有任何的結果，緬甸的滅亡已經成為無法改變的事實。

四川重慶再傳教案 釀成衝突多人死傷

由於洋人於重慶（四川境內）城外強行修建教堂，引起了當地居民的強烈反對，在向地方官府控告無效之後，民眾只好憤而罷市並群起抗議。結果數千名失控的民眾不但焚毀了城內外所有的教堂及洋房，還在衝突過程中意外殺傷三十多個人，並搗毀了英國領事館。事後英美法等國為此提出強烈抗議，並以武力威脅清廷一定要究辦此事。最後在四川總督（四川省總長）的查辦之下，帶頭抗議的群眾領袖以及行凶者全都被處死，同時還得再付給英美法等國二十三萬五千兩白銀的賠償金。

定遠級艦為假想敵 日本籌資造三景艦

在大清帝國的「定遠」、「鎮遠」兩艘亞洲第一的主力鐵甲艦開始服役之後，一直以中國海軍為假想敵的日本，也因此開始緊張了起來。由於目前日本海軍的主力鐵甲艦「扶桑」，排水量僅為定遠級戰艦的一半，配備的四門240mm主炮亦無法貫穿定遠艦的裝甲，使得日本政府在財政空虛的狀況之下，也不得不提出新的造艦計畫，來與中國海軍進行這項停不了的軍備競賽。據最新消息顯示，日

本政府已經核准發行金額高達一千七百萬元的海軍公債，準備用來建造專門用來對付「定遠」、「鎮遠」的「三景艦」（松島號、嚴島號、橋立號三艘以日本三景為名的戰艦），以及其他五十幾艘的軍艦。等到這批艦隊成形之後，在亞洲海域將形成大清與日本兩強相爭的局面。

253

艦隊訪問日本長崎　意外釀成流血衝突

在定遠級主力艦歸國之後，直隸總督（直隸、河南、山東聯省總長）李鴻章為了加強水師的操演並達到宣揚國威的效果，便讓由陸軍提督（軍區司令）轉任海軍的丁汝昌率領艦隊，前往朝鮮元山（北韓境內）一帶巡弋操演，之後又應邀前往俄國的符拉迪沃斯托克（海參崴，俄羅斯境內）訪問。在整個行程結束之後，因為「定遠」、「鎮遠」、「威遠」、「濟遠」等鐵甲艦在長途航行之後需要回港塗油保養，但大清自己的旅順（遼寧境內）軍港卻仍尚未完工，所以便轉往日本三菱造船所進行保養，順便對日本長崎做親善訪問。但是此時卻出現了意外的插曲，一些違紀前往妓院尋歡的大清水兵，因為酗酒鬧事而與當地警方發生衝突，其中一些情緒失控的水兵更是失手將一名日本警察給砍殺成傷。在肇事者被逮捕之後，為數眾多的水兵更是群情激動的前往警署要求放人，聽說連艦上的巨炮此時也調轉炮口，對準了長崎市區，非要日方妥協不可。日本警方懼於巨艦的強大火力，為免擦槍走火，只好放人了事。只是這起事件並未到此結束，兩天後四百多名水兵趁著放假上岸觀光時，卻又引發了更嚴重的流血衝突。原來在之前的糾紛發生後，日本當地的民眾便認為中國水兵無理鬧事，所以心中早已累積了許多憤恨之氣。加上水兵仗著有戰艦大炮作為依靠，所以態度也十分的囂張惡劣，於是小小的摩擦很快的就演變成流血械鬥。手持利刃的數百個日本警察聞訊趕到，在封鎖了街道之後，開始對中國水兵進行報復式的攻擊，一肚子怨氣的民眾也都抄出了傢伙，看到了中國人便發狠猛砍。甚至連居家的主婦或老人，也都以從樓上潑灑滾水或丟擲石塊的方式，來表達心中的憤怒。由於水師休假時長官早已宣布不得攜械上岸，所以此時水兵們只好拿剛剛在古董店買到的日本刀，以及在街邊隨手抓到的木棒或告示牌來防禦。狼狽逃到岸邊之後，日本船夫又拒絕協助擺渡登艦，造成十分慘重的傷亡。最後清方共有五人死亡，六人重傷，三十八人輕傷及五人失蹤，而日本警方也被打死五人並有三十多人受傷。目前衝突已經暫告平息，而雙方政府正就此事的責任歸屬及善後賠償問題進行談判。

上岸的大清水兵酗酒鬧事，最終引發中日雙方嚴重的流血衝突

呃…誰說我喝醉了…

大清時報 GREAT QING TIMES 西元一八八七年 丁亥

光緒十三年

長崎事件互賠結案 日本仇華意識高漲

在長崎事件後，日本仇華情緒高漲，連小朋友都玩起圍攻定遠艦的遊戲

　　針對去年的「長崎事件」，中日雙方終於達成了共識，對死傷的部分互相給予撫卹，由日方賠償中國五萬二千五百元，中方賠償日本一萬五千五百元，至於長崎醫院的醫療救護費用二千七百元，則由日本全額支付。此一事件雖然在大清的堅持之下，沒有像面對西洋列強那樣以龜縮賠償了事，而是取得了較公平甚至賠償金額在結算之後還有得拿的結果。但是對日本國民而言，中國水兵到他們的土地上喝酒鬧事，最後還要政府出面賠款的這種恥辱，已造成日本的排華情緒高漲。被船堅炮利的西洋人欺負也就算了，但中國與日本之間的瑜亮情結，誰也不肯在亞洲鄰國的競爭之中被比了下去。據說，現在日本孩童最夯的遊戲，就是分成兩組，強的一邊當日本艦隊，弱的一邊則當中國艦隊。遊戲的主軸當然就是在追逐中設法圍攻中國的「定遠」、「鎮遠」兩艘主力艦，而完美的結局則是日本艦隊大獲全勝，並把中國艦隊全都給轟到海底去了。或許當初直隸總督（直隸、河南、山東聯省總長）李鴻章把這幾艘巨艦送到長崎（日本境內）維修保養，本來是有意要以堅強的海軍實力來威懾日本。但最後竟演變成流血衝突，以及深深的刺傷了日本的國民情感，造成強烈的仇華意識，恐怕也是始料未及之事吧。

親政大典淪為形式
皇帝掌權仍需再等

元月十五日，今年已經十八歲的光緒皇帝載湉（清德宗）雖然舉行了親政大典，但實際上卻仍然只是個傀儡皇帝，一切權力還是操在慈禧太后的手中。但其實早在去年（一八八六年）六月，慈禧太后才剛頒下準備要讓載湉親政的命令後沒幾天，醇親王奕譞（載湉生父）為了討好慈禧，便已經上摺奏請太后再繼續主持裁決數

可以還我了嗎？

再等一下

滑！

即使光緒已經親政，慈禧還是以各種藉口緊握大權不放

年。而慈禧也只好因而「勉強」的答應這項請求，並宣布於皇帝親政後再繼續訓政數年，一直到皇帝大婚為止。但某位熟悉內情者表示，慈禧太后恐怕到時也不會就這樣乖乖的把權力交出來，如果不是盡可能的拖延皇帝大婚之事，以延長自己的政治壽命，就是會硬塞一個自己人給載湉當皇后，以便就近監視及控制光緒的行動。想要這位垂簾已久的太后交出政權，恐怕還是得等她死後歸天才行吧。

西化建設腳步增快

政府近年來西化的腳步已經越來越快，除了直隸總督（直隸、河南、山東聯省總長）李鴻章所大力推展的海軍事務之外，兩廣總督（廣東、廣西聯省總長）張之洞也在原來的實學堂基礎之上擴大招生，參考天津水師學堂以及福州船政學堂，成立了廣東水陸師學堂。除了本來的西文、算數之外，又加開駕駛、管輪等課程，並以講求武備之實用為主。另外，廣州的槍彈製造廠，以及電報學堂也都緊接著陸續開辦。臺灣方面在首任巡撫（省長）劉銘傳的策畫之下，洋務的速度也大有後來居上的態勢。不但設立了西學館，教授漢文、英文、圖算、測量、製造等學科，

廣東臺灣再催油門

也委託了英商怡和洋行代為鋪設滬尾（淡水，臺灣境內）至福州川石山（福建境內）的二百一十七公里海底電報線工程。此外，更已奏准招商集股興建基隆至臺南（皆臺灣境內）之間的鐵路，並預計基隆至臺北段將於光緒十七年完工，十九年臺北至新竹段可以完工，之後再陸續完成最後的建設。但財經專家在比對了種種主客觀條件之後，也對此做出了研判，預測這條鐵路可能會由商辦轉為官辦。但由於官方經費的短缺，到最後可能無法完成預設的全段工程。至於可以鋪設到何處，就要再看當時政府的財力狀況而定，目前初步預估大概工程只能進行到新竹。

印度茶取代中國茶成為市場新寵

隨著英國阿薩姆茶葉公司在印度的種植範圍不斷擴大，以及各式新型製茶機器的發明與大量使用，現在印度種植茶葉的土地面積早已超過了八百平方公里，茶葉產量更是突破四千萬磅之多。同時，由於從中國進口茶葉到英國時需要繳交百分之三十五的關稅，而自身殖民地印度則是享有免關稅的優惠，所以印度茶在很短的時間之內便成功的搶占了英國市場。今年，印度茶在英國地區更以高達八千六百萬磅的進口量，超過了稱霸英國市場已久的中國茶葉。一般認為，今後的歐洲市場將是印度茶葉的天下，而中國茶的黃金時期已然宣告結束，接下來將面對的只是逐年的萎縮了。

北洋艦隊風光成軍 領導階層潛藏隱憂

政府籌辦多年的北洋艦隊，在經過多次的測試及訓練之後，終於在日前正式宣布成軍。這支總噸位數排名世界第八名的新型艦隊，由北洋海軍提督（北洋海軍司令）丁汝昌所統率，並歸身兼北洋大臣（北洋通商海防執行長）的直隸總督（直隸、河南、山東聯省總長）李鴻章節制調遣。其下以光緒三年（一八七七年）首批赴英國學習駕駛的林泰曾為左翼總兵（左翼指揮官）兼鎮遠艦管帶（艦長），劉步蟾為右翼總兵（右翼指揮官）兼定遠艦管帶。從軍方發布的人事名單來看，各艦的管帶幾乎清一色是馬尾（福

全速前進！

長官，得先起錨呢…

海軍提督丁汝昌以外行領導內行，成為北洋艦隊一大隱憂

建境內）水師學堂的畢業生，其中至少有十個人都是該校第一期的同班同學。這樣的安排雖然素質十分統一，彼此之間也更有合作的默契，但是卻仍存在著令人擔心的隱憂。就是身為海軍提督的丁汝昌，其陸軍出身的背景可說是與這些管帶們格格不入。屆時要如何以外行來領導內行，既要指揮得宜又要能服眾，恐怕就是丁汝昌軍事領導生涯中所要面臨的最嚴峻挑戰了。

【專題報導】大清帝國國旗

由於在鴉片戰爭之後，中國與西洋各國的接觸日漸頻繁，而依照國際慣例，在海上航行的商船必須懸掛本國的國旗以做為識別，否則則會被視為海盜船來處理。但因為數千年來都以天朝自居的中國，並沒有世界是由許多平等國家組成的這種概念，所以自然也就沒有所謂的國旗這種東西。只是隨著幾次國際事件，清廷終於也意識到必須要在中國的兵船上懸掛足以識別的旗號，以免引起其他國家的誤解，或成為外國製造事端的藉口。於是在同治年間便決定仿照外國之例，也在水師船上都架起了一面黃龍旗，但又為免過於類似皇帝親領的正黃旗而有僭越之嫌，所以便削去一角成為三角形，成為大清水師的識別旗幟。到了光緒年間新式軍艦陸續回國服役之後，由於三角形的旗子與西方各國軍艦上的長方形旗子差異太大，為了能符合國際慣例，在李鴻章的奏請之下，便將黃龍旗改定為長方形的樣式。後來，時常出席國際場合的李鴻章，因為見到西方各國都在會場布置了莊嚴的國旗，唯獨大清帝國沒有，所以便上摺奏請制定一面真正的國旗，以免每次都陷入無旗可掛的窘境，有損天朝威儀。在慈禧太后的授權之下，李鴻章向各方徵集了許多樣式，最後呈上了八卦旗、黃龍旗、麒麟旗，還有虎豹旗等等的多種方案以供選定。於是在今年終於確定將原先「黃底藍龍戲紅珠」的海軍旗，當成大清帝國的正式國旗，並由總理衙門（外務部）發函照會東西洋各國一體知照。

乞丐捐出所得
武訓興辦義學

雖然近來黑心事件頻傳，官員貪瀆之風不減，但社會上還是有許多地方充滿著溫暖與人性的光明面。在山東地區就有一位名為武七的乞丐，因自幼孤貧跟著母親行乞，所以長大之後仍以行乞為生。他自恨不識字，深知讀書的重要，便用多年乞討所積攢下來的錢，於山東堂邑縣柳林村創辦了崇賢義塾，並聘請舉人（鄉試中榜者）或曾被選拔到國子監（國立大學）的生員（秀才，具有參加鄉試資格的知識分子）來擔任教師。地方政府在得知此項義舉之後，已向朝廷申請表彰。而清廷似乎也準備賞賜匾額及黃馬褂，並將由皇帝御賜新名為「訓」以獎勵其義行。不過武七在受訪時表示，未來他仍將繼續行乞，並把所得全數拿來興辦更多的義塾，讓那些窮苦的小孩也有書可讀。至於聽到朝廷要賞他穿黃馬褂（咸豐朝之後開始實施的一種尊榮獎賞）時，他笑著說：「那就不必了，我一身破爛的乞丐裝都已經穿了大半輩子，根本不在乎個人的享受，只要義塾裡的小孩都能用功讀書，將來對國家社會有貢獻我就心滿意足了。更何況穿了黃馬褂，哪還能要得到錢啊。哈哈……」

你所不知道的黑幕　北洋艦隊成軍之秘

　　雖然在不久前傲視亞洲的大清北洋艦隊終於風光的成軍，但在本報記者的深入發掘之下，發現這中間竟然隱藏著一些政府不願曝光的秘密。自光緒十一年（一八八五年）設立海軍衙門以來，增強海防力量的重要任務不見進行，出現的反倒是不斷的挪用海軍經費以興建園林的行徑。據資料顯示，慈禧太后修建三海（北海、中海、南海，位於紫禁城西側，又稱為西苑）以及頤和園工程款的來源，有許多都是挪用了海防經費來支應的。而為了掩飾真相，還特別宣諭說所有的工程款都是節省羨餘得來的，並未動用國家經費，更無傷於國家發展。但實際上，由於工程款實在過於龐大，所以僅僅靠著醇親王奕譞（載湉生父）以及李鴻章等專責海軍的大臣來挪用海防經費早已無法填補漏洞，所以只好讓李鴻章去向各省督撫索款分攤。就在這樣又籌措了二百多萬兩之後，仍然不夠支付所有的工程款項，所以奕譞便又想出一招，也就是直接宣布北洋艦隊成軍。因為艦隊既已成軍，自然便不需要再繼續花錢去添購船艦大炮，如此一來，便可以每年再挪出三十萬兩左右的經費來作為修建園林之用。但是軍事專家認為，北洋艦隊的總噸位數雖然已經排名世界第八，但其實距離可以成軍的階段還差距甚遠。各式淺水鋼製船、魚雷小艇等等的護衛船艦，以及各式的新式快炮根本都還沒有添購完成，到時如果真的打起海戰，只怕是漏洞百出，不堪一擊了。況且，依照政府原先所提出的海防計畫，在北洋艦隊成軍之後，還要再籌建南洋、粵洋兩艦隊，才可以完整的蔽護海疆。如今海軍衙門卻為了滿足慈禧太后個人的慾望，而對兩艦隊的籌設一事從此絕口不提。一般民眾看來足以強國的海軍衙門，以及北洋艦隊的風光成軍，事實上卻是遏止了中國海軍的建設，將中國拉入更不見天日的深淵之中了。

為了滿足慈禧太后個人的慾望，海軍衙門對籌建南洋、粵洋艦隊的事絕口不提

爸，為什麼我的註冊費沒交？

我也是

你媽把錢拿去週年慶…

天下父母心
奕譞用心良苦？

資深政治評論家指出，對於目前主政的醇親王奕譞（載湉生父），之所以頂住各界的壓力，不惜挪用大筆的海防經費來為慈禧太后修建頤和園的原因，除了討老佛爺的歡心以穩固自己的政治地位之外，其實他還有另一層的考量。因為奕譞雖然是太后的親妹夫，算是慈禧的心腹成員之一，但他同

奕譞同時身為皇帝的生父及太后的親信，其實內心也十分糾結

時也是當今光緒皇帝載湉（清德宗）的親生父親。夾在皇帝與太后的奪權鬥爭之中，奕譞的處境可以說是十分的尷尬。雖然在政治圈中人人都得替自己的未來做好盤算，但是天底下又有哪一個父親不希望自己的兒子能獨當一面，能有一番作為呢？所以奕譞之所以力挺頤和園的修建案，是希望能在其建成之後，以舉世無雙的園林美景，來轉移慈禧對朝政的興趣，藉此能讓載湉有機會成為一個實權在握的真正皇帝。天底下的父母，總是用盡心力去栽培自己的小孩，這樣的想法就算是皇帝的生父也無法避免吧。只不過這樣做到底值不值得？有沒有效果？那就只能靜待時間給出答案了。

【專題報導】頤和園

頤和園原址為乾隆十五年（一七五〇年）時為太后祝壽所建的清漪園，在咸豐十年（一八六〇年）被英法聯軍焚毀之後，今年慈禧又準備將之擴大重建並改名為頤和園。由設計圖看來，園區占地約五千畝，其中昆明湖水面占了約百分之八十，兩岸仿照西湖（浙江境內）的樣式修築東堤和西堤。而以萬壽山為主的山景，則可再分為前山與後山兩部分。前山有排雲殿、石舫、長廊、佛香閣、智慧海、樂壽堂等建築群，後山則有諧趣園、蘇州街、賅春園、丁花承閣、香院等設計，園內各種風格的精美建築共有三千餘間之多。尤其是園林的設計，更可說是集中國古典藝術之大成。不過，改建頤和園所需要的初期經費，據目前粗略的估算，就將花去一億兩之多。而這些錢，足足可拿來增建十支的北洋艦隊。但話說回來，北洋艦隊對於慈禧這位寡居深宮之中的太后來講，距離實在是過於遙遠了。修建一座可以怡情養性，疏解孀居禁宮之悶的園子，才是真正的當務之急。

大清時報

GREAT QING TIMES

西元一八八九年

己丑

光緒十五年

提建言忤及太后 屠仁守慘遭拔官

之前就曾經以太和門火災事件，上摺請求停建頤和園、請醇親王奕譞（載湉生父）避嫌不預政事、要求李鴻章下台而得罪了一大票政府當權者的御史（監察官員）屠仁守，日前又不改他那直言不諱的脾氣再次上書，結果被慈禧太后給下詔嚴責，永不敘用。一向被視為國內政治圈少有清流的屠仁守，因光緒皇帝親政在即，所以便在日前上摺請求慈禧太后可以仿乾隆皇帝訓政之例，讓尋常的部院題本及奏事，直接由皇帝處理。只有外省密摺及廷臣的封奏，才另請太后聖鑒裁決。同時，他也建請慈禧應該在歸政之後移居慈寧宮，並節制遊樂的活動。這樣的建議，當然觸怒了慈禧太后，不但把他的奏摺給丟了回去，還下令革除其御史之職並交部議處。吏部（文官考核任免部）因為屠仁守素有清譽，堪稱是政壇的模範生，所以有意加以維護，便擬了個暫時革職待日後再行補用的建議。結果反而惹得太后大怒，不但直接降下懿旨將屠仁守革職永不敘用，還同時把一大票的吏部官員都狠削了一頓，有些還因此而丟了官。看來，敢於直言的稀有動物，已經快速的邁向滅絕的邊緣了。

光緒大婚親政　太后仍操實權

元月底，在慈禧太后的規畫之下，正式冊封她的姪女葉赫那拉氏為載湉（清德宗）的皇后，隨即並舉行了大婚典禮。所有人都知道，長相並不討好的葉赫那拉氏並不是載湉喜歡的那一型，她之所以能成為皇后，純粹是因為慈禧為了在光緒帝親政之後，能夠就近監視所安排的一個眼線。而在皇帝親政之後被選入宮，並被冊封為瑾嬪與珍嬪（後宮第五級的妃嬪）的他他拉氏姐妹中，年僅十三歲的妹妹，便因為天生麗質又善解人意，不但懂得打扮還精通琴棋書畫，而深受載湉的寵愛，讓飽受冷落的皇后很不是滋味。但皇后與珍嬪之間的爭寵戲碼只是小意思，慈禧太后與光緒皇帝之間的奪權鬥爭，才真的是高潮迭起。原本以為大婚之後那煩人的老太婆便會乖乖捲簾歸政的皇帝，在親政之後才發現自己獨立做主的夢想又是一場空。原來早在大婚之前，太后便授意禮親王世鐸等人聯名上摺，請求今後大臣奏事時，必須要另外繕寫一份副本給慈禧太后，而皇帝也要在奏明太后的次日才能頒布諭旨。於是慈禧就在歸政之前，於此份奏摺上批了依議的字樣，並要求軍機處（皇帝機要秘書處）永遠存記。但由於並未明確的指出此項做法到何時結束，所以實際上等於慈禧歸政之後仍然大權在握，而光緒事事都要先取得太后的允許才可實行。看來載湉想要真的親政，可能得要等到慈禧太后死的那一天才有可能吧。

── 日天皇捐錢造艦　慈禧后生活奢迷 ──

　　日本自從「脫亞論」（脫離亞洲弱國之列，躋身西洋列強來侵略鄰國的思想）成為主流思想之後，富國強兵的步伐真是一刻也沒有停歇過。不但在去年（一八八九年）由天皇頒布了海、陸軍大臣有直接上奏權的命令，對中國積極備戰的動作也絲毫沒有停止。相較於慈禧挪用海軍經費修建頤和園，而且過著每天要花費四萬兩的奢華生活，日本天皇今年又下達命令要所有官員繳出薪水的十分之一，再加上天皇自己內庫的三十萬元作為造艦的經費。據說，連天皇的母親都把她的

所有首飾全捐了出來，來支持海軍的擴軍計畫。而陸軍方面則聘請德國的軍官做為指導，確立了新的德國制新式陸軍。另外，依據可靠消息來源顯示，日本早就以各種名義派員深入中國內地，調查並收集各項有用的資料及軍事情報，今年還在上海開辦所謂的「日清貿易研究所」。只不過在本報記者的調查之下，發現這根本就是一所間諜訓練學校。看來大清帝國要是不能趕快上緊發條，之後與這位東洋老弟交手的時候，情況恐怕將不是那麼的樂觀。

仿洋銀成色重量　張之洞開鑄龍銀

　　鑑於西洋銀元在國內的使用日漸普遍，影響所及已經造成國內金融秩序的混亂，所以兩廣總督（廣東、廣西聯省總長）張之洞便首開先例，仿洋銀的成色、重量及樣式，由官方以機器大量鑄造較紋銀使用上更為方便的「龍銀」（也稱為龍洋、九洋），以企圖取代現在流通最廣的「鷹洋」（墨西哥銀元）。經濟學者認為，在張之洞開鑄龍洋之後，各省雖然一定會陸續跟進，但由於受到地域觀念、政治環境及工業技術的限制，只怕到時各省的銀元在成色及重量上都會不盡相同，甚至同一省的銀元在前後期也可能都沒有辦法一致。這將使得國產銀元的通用性受到限制，導致其發行量及流通量在幾十年之內，應該都還是無法取代西洋銀元在國內金融市場的地位。

楊衢雲創立輔仁文社　知識圈宣揚民主新知

　　日前在楊衢雲等十餘位知識分子的策畫之下，一個名叫「輔仁文社」的組織已經在英國統治的香港地區正式成立。但據記者所得到的消息，其實這個名稱聽起來文謅謅的組織並非是個讀書會，也和文學沒有任何關係，而是一個反大清政府的政治團體。而其創立的目的，在於推翻滿清、創立合眾政府，以及選舉伯理璽天德（President，總統）來治理國家。雖然輔仁文社主要還是以宣傳理念為主，但是當這種新思維傳播開來之後，會不會以燎原之勢延燒整個中國，甚至撼動大清帝國兩百多年的江山，就還要繼續觀察了。

■ 勞工長期受欺壓 開平煤礦鬧罷工

在越來越多的外資及技術人員進駐中國之後，由於洋人普遍存在的種族優越性使然，使得管理不當而衍生出的問題一直層出不窮。三月時，開平礦區（河北境內）開挖煤礦的工人們，就因為長期受到外國技師的欺壓而群起反抗。憤怒的工人們在毆傷了洋工頭之後，進而發動了罷工，最後更迫使所有的外國技師離廠。雖然目前政府已經介入協調，但是要是薪資過低、工作環境惡劣、工時過長，以及基本人權未受到尊重等等的問題無法解決的話，只怕類似的情形還會在各處不斷發生。

洋教堂涉入拐買幼童案　釀暴動政府緝凶並賠錢

繼蕪湖（安徽境內）、武穴（湖北境內）等地於不久前發生外國教堂涉嫌販賣兒童，而使得當地憤怒的民眾焚毀教堂，或以暴力報復傳教士及領事館人員的事件之後，日前宜昌（湖北境內）地區同樣的情節又再度上演。據了解，這次事件的起因，是由於法國的天主堂收買了一名兒童，但重點是這名兒童既非孤兒，也不是因為父母親過於貧困才交給教堂撫育，而是被歹徒拐騙了之後再輾轉賣給教堂的。這個小孩的親屬在得知消息之後，著急的跑到教堂想要把小孩要回來，便與教會人員發生了一些爭執，並引來附近的群眾群聚圍觀。眼見群眾越聚越多，旁邊美國教堂的傳教士也開始慌了起來，竟然就向圍觀的群眾開槍示警。好死不死，這一槍竟然就把一位圍觀的民眾給打傷了，使得在場的鄉民一時群情激憤，情況也開始失控。化身成暴民的群眾們根本不管眼前的是哪一國的教堂，便一把火全給燒了，還毆傷了許多外國商人以及傳教士。暴動結束之後，英法美等國向清廷提出嚴重抗議，其中英法軍艦不但立刻駛進宜昌，英德俄義四國的軍艦還在漢口（皆湖北境內）舉行軍事演習以做為威嚇。最後湖廣總督（湖北、湖南聯省總長）張之洞為了平撫西洋列強的怒氣，只好加緊懸賞緝凶，很快的把涉案的幾十名百姓施以充軍或杖刑等處罰，然後賠了十七萬五千兩了結此事。

北洋艦隊盛大訪日！　旗艦主炮竟晾衣物？

身兼北洋大臣（北洋通商海防執行長）的直隸總督（直隸、河南、山東聯省總長）李鴻章應日本政府之邀，與北洋海軍提督（北洋海軍司令）丁汝昌率定遠、鎮遠等六艘戰艦前往東京訪問，並在駐日公使李經方的陪同之下晉謁了日本天皇並備受禮遇。隨後日本的東京灣防衛司令東鄉平八郎，也禮貌性的應邀登上北洋艦隊的旗艦定遠號參觀。據聞，東鄉平八郎事後對友人說，中國艦隊的軍容雖然壯盛，但其實卻

據聞日本軍官登艦參觀時，北洋艦隊竟有水兵在主砲上晾衣服

是不堪一擊。為什麼呢？因為他在參觀的時候，發現定遠艦的水兵竟然在兩門主炮上面晾曬衣物，可見其管理及軍紀之鬆散。不過此一說法並未得到東鄉本人的證實，而質疑者同時也指出，依常理來說，就算水兵們會在主炮上晾曬衣物，而指揮官看到了也無所謂，但再怎麼樣也不可能在外賓要登艦參觀時，不會事先要求把艦艇清潔布置好，足見這根本又只是酸民們放出的謠言罷了。

─政府教會狼狽為奸　金丹教眾起事犧牲─

素來一直擺脫不了拐賣兒童傳聞，並且早已惡名在外的熱河地區天主教會，今年三月時又以借糧為名義，與當地的蒙古王公及政府官吏相互勾結，向群眾行搜括之事。無端遭受損失的百姓們為此前往教堂理論，但教會人員不但對此置之不理，還朝著群眾開槍並當場擊斃一人。事後教士們不僅沒有好好的向天父懺悔，甚至更組織了武裝力量更進一步的迫害當地百姓。結果投訴無門的百姓們便紛紛投向「金丹教」以尋求精神上的庇護。隨著入教人數的不斷增加，以及對外國

傳教士不滿情緒的高漲，到了十月中旬，再也無法忍受暴行的金丹教徒，終於在「掃北武聖人」李國針的帶領之下，打著「仇殺天主教、仇殺蒙古、仇殺貪官」的旗號武裝起事。一時之間附近的百姓們紛紛響應，在占領了朝陽縣城之後，勢力也迅速擴大到了數萬人之眾。清政府見事態嚴重，只好趕緊調來直隸、熱河、奉天三省的軍隊進行圍剿。在歷經兩個多月，大小數十次的戰役之後，李國珍終於被擒斬，而二萬多名的起事群眾也慘遭政府軍無情屠殺。

反教文宣波及 候補道員遭殃

之前由於各地不斷發生百姓與教會衝突的案件，為了避免再有類似情形發生，所以德國使館便將傳教士在民間所蒐集到各種排斥洋教的一些文宣、書籍，甚至假造的官府公文，都一併送交總理衙門（外務部），希望大清政府能妥善處理此事。總理大臣在看過之後，也同意這些宣傳品或偽造公文，雖然手法粗糙、鄙俗不堪，但仍然對無知愚民有很大的影響力，確定為各地教案不斷的主因之一。在深入調查後發現，這些東西大多是由長沙（湖南境內）的三家書舖所刊印，於

是便要湖廣總督（湖南、湖北聯省總長）張之洞對此加以詳查。之後張之洞回奏，經調查後證實三家書舖都為以軍功出身的陝西候補（有任官資格但仍需等待實缺開出才能上任）道員（省與府兩級之間的行政單位長官）周漢所有。但近年來由於周漢迷信扶乩，鄉里間皆知其已近似瘋癲，所以這些資料並不是他所刊刻，而是有心人士假借其四品職官之名而為之。最後雖然周漢不用為此事負責，但卻也因為專以扶乩且行為荒誕，而被革去其候補道員的資格。

杖責站籠猴抱桃 官府酷刑令人驚

廬江（安徽境內）知縣（縣長）楊霈霖之前被人檢舉濫用非刑並傷斃多命，經過兩江總督（江西、安徽、江蘇聯省總長）劉坤一調查後證據確鑿，已由光緒皇帝載湉（清德宗）降旨，將其革職並發遣新疆當差。在判決書中指出，楊霈霖每次問案用刑，都一定要打到皮破見血為止。而屬下的差役們雖然不忍心對於已經受傷的人再痛下重手，但因畏於長官的嚴厲要求而不得不依命執行，所以就曾經發生過被要求在已經受傷之處再重打五百下，最後導致嫌犯當場斃命的情形。另外，楊霈霖也時常把人裝入「站籠」之中，然後用朱筆加封、斷絕米水，從一開始就打算把人給站死示眾。種種暴戾酷虐的行為，

當地的百姓們全都敢怒不敢言。如今惡官獲譴，鄉里間無不大快人心。但社會學者也指出，其實官府濫刑逼供的情形早已十分嚴重，不止廬江知縣如此，各種酷虐刑訊的花招根本已經達到令人瞠目結舌的地步。除了之前所說的「站籠」之外，還有「畫眉架」、「失魂牌」、「猴抱桃」、「天平架」、「敲腳筋骨」、「冷水澆背」、「荊條擊背」……等等數不清的刑罰。雖然中央一再明令禁止，可是打從包青天「大刑伺候」成為官府問案的口頭禪之後，嚴刑逼供似乎便成為中國官方的標準問案方式。也難怪西方各國怎麼樣也不肯讓本國人在中國受審，而極力要求要有「領事裁判權」了。

北洋艦隊儲彈不足　各級指揮素質堪憂

據聞，協助大清管理北洋艦隊的德籍軍官漢納根（Constantin von Hanneken），鑑於定遠、鎮遠兩艦305mm主炮的炮彈儲量不夠，所以建議北洋大臣（北洋通商海防執行長）直隸總督（直隸、河南、山東聯省總長）李鴻章即早購買以備戰爭所需。雖然李鴻章在評估之後也認同漢納根的看法，並同意向德國克虜伯（Krupp）兵工廠購買，但經管軍需的李鴻章女婿張佩綸，卻把此案以炮彈多儲無用為由而硬是擋了下來。不過，在本報記者深入調查後發現，張佩綸之所以卡掉此項軍購案，竟然不是基於戰備軍需之考量，而是因為從中索賄不成而刻意阻撓。目前不但北洋艦隊的炮彈存量嚴重不足，連各地海防炮台的炮彈及火藥也都極度的缺乏，一旦真的開戰的話，整體戰力恐怕將大打折扣。但也有軍事專家表示，比起炮彈存量的問題，北洋艦隊更需要擔心的恐怕是指揮官的

素質。由於經辦海軍的李鴻章可說是對海軍一竅不通，所以倚靠著不懷好意的英國籍海關總稅務司（中國海關總長）赫德（Robert Hart）和陸軍出身的漢納根（Constantin von Hanneken）創辦北洋艦隊，然後又以之前的舊屬丁汝昌為北洋海軍提督（北洋海軍司令）。可是丁汝昌亦是陸軍騎兵出身，對於需要高度專門化技術的現代海軍可說是一無所知，所以時常被各艦的管帶（艦長）所輕視及蒙蔽。而這些管帶們雖然也和日本艦隊的軍官一樣，都在英國海軍學校留洋過，但他們學習的時間都只有一兩年，質量遠遠不如日本軍官七、八年的扎實訓練。某位西方艦隊的司令在接受本報專訪時也表示：「由於中國海軍軍官缺乏武德、經驗及知識，將使得這支艦隊只能在平時當成李鴻章先生自娛的玩具，一旦真的在海面上開打的話，恐怕將會成為被敵人所擄獲的戰利品。」

朝鮮東華黨騷動　當地情勢陷緊張

據駐朝鮮通商委員袁世凱的回報，當地具有強烈拒倭排洋思想的東華黨人，不斷在漢城（首爾，南韓境內）內到處張貼榜文，威脅著說要殺光所有的洋人。而這種騷動不安的氣氛，已經讓身在朝鮮的外國人都感到惴慄恐懼。其中日本人更是在光天化日之下帶刀自衛，並派出軍艦及數百名的兵力停泊於仁川港（南韓境內）中，隨時有動武的可能。而且情報顯示，東華黨人也將號召數萬人上街抗議，到時也有可能意外引發大規模的動亂，或是讓日本人逮到一個出兵朝鮮的機會。北洋大臣（北洋通商海防執行長）李鴻章在收到袁世凱的電報之後，已經立即命丁汝昌派兵艦前往仁川做為應變。

朝鮮東華黨揚言號召萬人示威，並威脅殺光洋人和日本人

嘿嘿…機會來了

嗯嗯…

日軍參謀次長川上 親自至津實地勘察

積極主張對中國及朝鮮進行侵略擴張，多年來一直在日軍最高指揮機構負責制定對華作戰計畫，並且曾多次派遣間諜到中國收集情報的日軍參謀總部次長川上操六中將，日前以來華遊歷為藉口抵達天津（河北境內）。他在天津詳細觀察了城防情形，並試射上海機器局所仿製的新型快槍之後，已由上海返回日本。根據可靠的情報來源顯示，川上此行親自來華實地勘察之後，已向日軍高層確切的表示大清帝國不足為懼，進一步加強了日本對華用兵的信心。看來，日本與大清的東亞決戰，將是無可避免的了。

── 日本吉野戰艦下水　海軍實力不可小覷 ──

日本在去年向英國訂製的大型快速巡洋艦「吉野號」，已經在日前舉行下水典禮。這艘排水量四千二百噸，擁有一萬五千六百八十匹馬力，航速可達每小時二十三節的新型戰艦，在加入日本聯合艦隊之後，無疑將是大清帝國北洋艦隊的極大威脅。但是反觀清廷高層，包括身兼北洋大臣（北洋通商海防執行長）的直隸總督（直隸、河南、山東聯省總長）李鴻章等人，對於日本自明治維新以來的發展及變化，都是從僅有的一些零星傳聞得來，甚至完全無法理解日本海陸軍現代化的程度及戰力。所以還是一直很有自信的認為中國的陸軍強於日本，而海軍雖無法與西洋列強匹敵，但用來對付小日本海軍則是綽綽有餘。只不過，自從一八八八年成軍以來，就沒有再買過任何一艘艦艇的北洋艦隊，現在的戰力，可能已經遠遠的被日本聯合艦隊所超越了。

超過了!!超過了!!原本第一棒還遙遙領先的中國隊，在最後一棒被日本隊超越了…

自從成軍之後便未再買過一艘艦艇的大清北洋艦隊，其戰力已被日本的聯合艦隊所超越

臺灣鐵路基隆至新竹段通車

在光緒十三年，由臺灣巡撫（臺灣省長）劉銘傳奏准招商修建，原本計畫從基隆架設到臺南的鐵路路段，在改由福建每年協濟臺灣四十四萬兩官銀後，所得的銀兩已逐漸不敷向外國購買鐵軌、機車等費用。在邵友濂繼任巡撫之職後，已經向清廷奏准變更計畫，改成只從基隆架設到新竹為止。其中耗時三十個月才完工的基隆獅球嶺隧道，是目前中國所打通的第一座鐵路隧道，在工程技術上具有指標性的意義。十一月時，這條耗去一百多萬兩，總長一百公里的鐵路工程終於全部完竣。一般認為，在正式通車營運之後，對於臺灣產業的發展及交通的便利，都將有很大的幫助。

無視大清警告　日軍入主朝鮮

日本藉著之前朝鮮東學黨動亂之際，抓準時機派兵進駐了漢城及其外港仁川，而中國在朝鮮政府請求之下也派兵進駐牙山（皆南韓境內）。日本政府隨後向大清發出照會，並提出了與中國共同鎮壓朝鮮內亂、共同改革朝鮮內政，以及共同派軍官教練朝鮮軍隊等三項提案。不過北洋大臣（北洋通商海防執行長）李鴻章不但沒有同意此項提案，還警告日本應立即撤軍，否則中國將派遣大軍前來。只是中國的反應其實早在日本的預料之中，這種想要以不到人家一半兵力就來威嚇日本退兵的如意算盤，當然也就無法實現。而早就擬好行動方針的日本，仍然繼續向朝鮮增兵，使得進駐漢城、仁川的日軍人數不但達到八千人之多，而且還帶足了精良的槍械大炮，連彈藥、糧餉都準備的十分充足。反過來看清軍這方面，不但部隊總數只有二千五百人，而且因為一開始只打算去鎮壓東學黨之亂，所以並沒有攜帶大炮等重兵器，甚至連攜行的糧餉彈藥也顯得不足。李鴻章在發現他「伐謀」無效之後，只好趕緊增派部隊及船艦前往平壤及牙山。但據記者所得到的情報顯示，日方不但已經加緊運送槍械及布置進攻，還透過之前早就已經密布北京、天津及各港口的情報網，偵得了清軍增援部隊的人數、武器種類、彈藥數量，以及出發的日期。而且此時因漢城早已被日軍控制，所以漢城、仁川通往中國的電報線早就被日軍給破壞了，使得駐朝鮮的清軍和政府之間完全失去了聯繫的管道。到了六月時，一切已經安排妥當的日軍便攻入王宮，解除了朝鮮軍隊的武裝，並監禁朝鮮國王李熙（李載晃，朝鮮高宗），然後利用大院君（兒子過繼給王室並成為國王後，給予生父之封號）李昰應（李載晃生父）成立了傀儡政權。

清軍以不到一半的兵力竟想威嚇日本從朝鮮退兵

快放開她！

哇，好怕喔

豐島爆海戰 中日首交鋒　清軍受創嚴重

原本正在加緊腳步籌備今年慈禧太后六十歲壽誕的大清帝國，沒想到居然發生了比這還要重大的事件。七月二十三日，由濟遠艦管帶（艦長）方伯謙所率領的「濟遠」、「廣乙」兩艦，在牙山（南韓境內）完成協助駁卸士兵的任務之後，在豐島海面意外遭遇「吉野號」、「浪速」、「秋津洲」等三艘無論噸位、火炮或是航速都居於優勢的日本戰艦。雙方在互相開火數分鐘之後優劣立見，由中國自製的炮艦廣乙號企圖在硝煙及薄霧的掩護下向日艦發射魚雷，但卻遭到強大的火力壓制而嚴重受損，最後更在脫離戰場時不慎擱淺而只好引火自焚。濟遠艦則是在激烈戰鬥之後，也同樣遭受重創，在大副被日炮擊中而腦漿迸裂，二副肚子也被炮彈貫穿的情形下，帶著慘重的傷亡及破損的船體向西急駛奔逃。日軍以航速最快的吉野號繼續追擊，並留下其他二艦對付這時也剛好駛進戰區的軍械載運艦「操江」，以及向英國租來載運增援部隊的商輪「高升」。雖然高升號上面懸掛著英國國旗，但浪速艦仍然要求該艦停機下錨，英籍船長在抗議無效之後也只能表示服從。不過船上的清軍官兵們卻從中加以阻攔，並向日艦表示絕不投降。於是浪速發出了船員離艦的警告，表示將要對高升號進行攻擊。包括船長在內的許多外籍船員為求保命，都紛紛跳船避難，但清軍卻以洋人臨陣脫逃而開槍加以掃射。日艦一聽見槍聲，隨即發炮攻擊高升艦，而清軍則是據船以步槍回擊迎戰。想當然爾，用不了多久的時間，高升艦便被日軍的炮火擊沉，而艦上運載的七百餘名官兵，除了外籍人士被日艦所救以外，其餘的不是溺死就是被日軍以機槍掃射奪去性命。雖然濟遠艦後來發射尾炮擊中吉野號而擺脫追擊，但豐島海戰這場中日間首度交手的戰役，卻以「操江」被日方俘獲、「高升」遭擊沉、「廣乙」傷重自毀，以及巡洋艦「濟遠」受到重創收場。

日本軍奔襲牙山　葉志超望風遁逃

就在豐島爆發海戰的同一天，駐漢城的日軍也採取了行動，啟程準備向牙山的大清部隊發動攻擊。幾天後，日軍前進到牙山以東的成歡（皆南韓境內）附近，與清軍的外圍部隊發生激烈的戰鬥。這場仗打了六個小時之後，清軍因彈藥不足而撤走，日軍則是直接撲向牙山的清軍基地。不過，這時由直隸提督（直隸軍區司令）葉志超所率領的清軍主力，早就已經緊急拔營，經小路往北逃到平壤（北韓境內），而讓日軍撲了個空。

北洋艦隊龜縮　援朝陸軍夜遁

報告！右側發現敵艦！

好，立刻全速左轉

北洋艦隊完全不敢駛近日本艦隊可能會出沒的海域

在中日相互駁火之後，雙方政府於日前正式向對方宣戰叫陣，北洋大臣（北洋通商海防執行長）李鴻章也隨即命令北洋水師提督（北洋海軍司令）丁汝昌率領艦隊出海正面迎剿日軍。雖然李鴻章曾經叮囑要伺機進退，盡量保全這些造價昂貴的戰艦，但丁汝昌在見到高升艦被日軍擊沉後卻起了畏戰之心，而將這項指示發揮到極限。所以整個北洋艦隊就只是在外洋海面巡遊一遍，並不敢真的前往漢江口或是靠近日艦可能會出沒的區域，然後便縮回威海衛（山東境內）交差去了。軍事專家表示，不管到底是誰的主意，但北洋艦隊不敢出海搜尋日軍作戰的事實，將使得中國失去黃海的控制權，同時造成在兵員、糧餉、軍械火炮運送上的困境。據聞，清廷高層雖然對於丁汝昌避寇縱敵的行為罵聲不斷，但也只能無奈的改走六百里陸路，翻越高山峻嶺來運送軍械，然後讓士兵們喬裝成一般的旅客，再從長江口搭船北上以增援朝鮮了。花了好大一番工夫才到達平壤（北韓境內）的援軍，在膽小無能的葉志超統率之下，情況也沒比龜縮的北洋艦隊要好到哪裡去。當日軍在猛攻下奪取平壤北門後，葉志超便於城上掛起了投降的白旗，並與日軍約定於隔天展開停戰協議。到了第二天，日軍才發現葉志超已經連夜帶著部隊開溜，根本也不用進行什麼談判，就直接輕鬆的把平壤城給沒收了。

中日兩大艦隊　黃海駁火惡鬥

　　日本依靠之前在中國境內布下的綿密情報網路，探知北洋艦隊正在黃海執行護送部隊的任務之後，便派出聯合艦隊準備進行獵殺之行動。據北洋艦隊在事後提出的報告，北洋艦隊在發現敵艦之後，艦隊指揮官丁汝昌便下令擺出分段縱列的陣勢，以定遠、鎮遠兩艘主力艦居首向敵逼近。到了快要接敵時，又改變成橫陣，在敵艦前一字排開，將各艦火力最強的艦艇都對準了日艦。這時，日本以「吉野」領軍的第一游擊隊，以高速的優勢在陣前橫駛而過，去攻擊北洋艦隊最弱的右翼。而由「三景艦」（「松島」、「橋立」、「巖島」三艘）為主力的本隊則居於其後，準備與在正中央的宿敵「定遠」、「鎮遠」兩艦展開對決。進入射程之後，雙方互相開火，而丁汝昌也在開打後不久便因奮勇督戰而受傷，艦隊改由定遠號旗艦（指揮艦）的管帶（艦長）劉步蟾指揮。在劉步蟾的指揮進退下，不但使得敵炮無法取準，定遠艦還發炮重傷了日本的旗艦「松島」，接著又當場擊沉三艘日艦，並造成多艘日艦重傷潰逃後沉沒。而原本搭載著千餘名日本陸軍的運兵船，也在此役中沉沒於海中，使得其偷襲清軍後路的詭計無法得逞。不過在海戰時，由於方伯謙指揮的濟遠號臨敵逃避，先撞毀揚威艦又牽亂整個隊伍，使得廣甲號也隨之而逃，而造成北洋艦隊在接戰之後極大的損傷，更有數艘船艦都因之沉沒。清廷在收到此份報告之後，已經下令將方伯謙即行正法、廣甲指揮官帶職留營，同時並大力嘉勉指揮得宜、表現優異的劉步蟾。

【專題報導】中日海軍艦隊比較

	大清北洋艦隊				日本聯合艦隊			
總頓數	32100 噸				40840 噸			
總兵力	2156 人				3916 人			
平均航速	10.2 節				14.5 節			
戰艦數（依速度分）	19↑	18-17	16-15	15↓	19↑	18-17	16-15	15↓
	0	3	6	3	3	2	4	3
戰艦數（依噸數分）	7000↑	4000	3000	2000↓	7000↑	4000	3000	2000↓
	2	0	0	10	0	5	4	3
主砲口徑（mm）	320	305	280	260	320	305	280	260
	0	8	0	1	3	0	2	4
	250	210	170	150↓	250	210	170	150↓
	4	12	0	5	0	0	2	11
總炮數	195 門				268 門			
備註	因日本艦隊擁有多門發射速度六倍的速射炮，故總體火力為北洋艦隊三倍							

甲午海戰真相揭密

據本報隨艦記者所傳回的資料比對，發現事實與北洋艦隊所提出的黃海海戰報告有極大的出入。當雙方距離縮短到三千公尺時，具有射程優勢的日艦便首先發炮射擊，而北洋旗艦（指揮艦）「定遠」的檣桅及繩索便被擊毀而無法發號指揮，艦隊指揮官丁汝昌也因由高處墜落而受傷。在最弱的「揚威」、「超勇」被日艦鎖定而先後著火後，「濟遠」、「廣甲」兩艦在驚嚇之餘竟然不戰而逃，其中「濟遠」在擺脫日艦時還將已經擱淺的友艦「揚威」撞沉。隨後雙方互相開火，但由於北洋艦隊的實戰用彈奇缺，所發射的大部分都是殺傷力極弱的演習用彈，所以很快便居於劣勢。不久，「致遠」被擊中即將沉沒之時，管帶鄧世昌因炮彈即將用盡而決定全力撞擊日艦「吉野」，想要來個同歸於盡，

但才開到一半便被敵艦發射的魚雷擊中沉沒。之後雖然有人拋下救生圈給鄧世昌，但他卻決定與「致遠」號共存亡而於海中殉職。這時，「鎮遠」的主炮擊中了日本的旗艦松島並造成大爆炸，逼得「松島」升起不管旗，讓日本各艦自由行動。在日艦激烈的炮火攻擊下，「經遠」被日艦追擊後沉沒，「靖遠」、「來遠」、「濟遠」、「平遠」、「廣丙」等艦也因受創嚴重而只能設法脫離戰場施救。剩下的「定遠」及「鎮遠」兩艘主力艦，雖然因為裝甲厚實而沒有因為日艦的圍攻而沉沒，但由於船上缺乏殺傷力較強的實戰炮彈，所以也無力擊沉敵艦。到了下午五點多，已經完成初步搶修的「靖遠」代替旗艦升起隊旗，收攏各艦。日方也因研判無法於日落前擊沉北洋的兩艘主力艦，而下令收隊返航，結束了這場驚天動地的海上大戰，北洋艦隊也因日落逃過全軍覆沒的命運。

中日海戰才剛開打，北洋艦隊便因為旗艦「定遠」就被敵炮擊中失去指揮能力而陣形大亂

日軍入侵中國本土！！
大連旅順淪入倭手　北洋艦隊遠遁威海

　　在與日軍開打之後，清廷起用了對政務較有經驗的恭親王奕訢重出江湖，並一面設法與日本議和，一面加強鴨綠江（中國與北韓的交界）及山海關的防守。日軍雖然先在鴨綠江發動了攻擊，但這卻只是支佯攻的部隊，日本的真正目標其實是放在大連及旅順。雖然清廷在敵人於花園口強行登陸時才驚覺日軍的企圖，並急電丁汝昌率領已經修復完成的部分戰艦前往接應，以阻止日軍的登陸。但丁汝昌在收到命令後，卻不敢前往花園口攻擊正在登陸的日本軍團，而只是在沒有日艦蹤跡的山東沿海航行。這使得日軍在十四天之中，既不費吹灰之力，也不發一槍一彈便完成了登陸任務。之後，日軍攻陷金州（皆遼寧境內）並向大連挺進，而負責守衛大連的趙懷業則是在日軍還未到達之前，便早就帶著餉銀逃之夭夭了。於是最後日軍不但在沒有任何抵抗的情況之下輕鬆占有大連，甚至還意外獲得大批清軍留下的糧草、槍械、彈藥及大炮。日軍在大連休兵十天之後，又接著對旅順發動攻擊，並在城破之後對平民展開殘忍屠殺。至於丁汝昌、劉步蟾所率領的北洋艦隊，則早就遠遠的逃到威海衛（山東境內）去了。

──華僑愛國又投資一舉兩得　孫文成立興中會募集資金──

　　據外媒報導，不久前有一位名叫孫文的年輕人，在檀香山（火奴魯魯，夏威夷境內）建立了「興中會」，並於會中提出「驅除韃虜、恢復中華、創立合眾政府」的主張。而這項新觀念的提出，也開始在當地的華僑之中起了一些影響。在本報記者追查之下，發現孫文曾在數個月之前上書給北洋大臣（北洋通商海防執行長）李鴻章，並提出了「培養人才、發展實業」等變法自強的主張。但這封信卻從此石沉大海，並未被李鴻章所採納，也使得孫文的思想由變法革新轉成推翻滿清政府。而他所創立的「興中會」雖然是個反政府的政治團體，但其組織與性質其實比較類似於一間創投公司。入

愛國又可以賺錢的大好機會來囉！

會者每人需繳交底銀五元，並以報效國家、舉辦公家事業、兼為股友生財捷徑的說法，遊說會員以每股十元的價格盡量購買股票，同時承諾如果事業成功（建立新的國家）的話，每股將可回收本利百元。也就是說，讓這些身在外國的華僑們，在為祖國貢獻心力的同時，也能像買樂透一樣，在事業有成的時候，也可以順便賺進豐厚的彩金。在孫文的強力推銷之下，興中會目前已經收到大約一百多位的會員，並募集到大約一萬多元的港幣做為創業基金。

甕中捉鱉 被日軍困死威海衛 北洋艦隊全軍覆沒

　　去年（一八九四年）底，日軍在北洋艦隊沒有出面阻截的情況下，輕易的在榮城登陸，然後於今年初攻進威海衛（山東境內）並奪得炮台，接著日軍便利用炮台及魚雷艦大肆轟擊停泊在港中的北洋艦隊。北洋艦隊諸艦因動彈不得，只好就地還擊，但因為無法像在海面上一樣游移避彈，所以只能被當做靶子一樣挨打，最後「定遠」、「來遠」、「威遠」、

被困在港內動彈不得的北洋艦隊最後全軍覆沒

「靖遠」等艦都先後遭到擊毀。由於情勢完全不利又無計可施，丁汝昌在外國僱員的強烈建議，甚至可以說是脅迫之下，只能同意沉船投降。但身為北洋海軍提督（北洋海軍司令）的丁汝昌，以及艦隊中第二把交椅的定遠艦管帶（艦長）劉步蟾，都為此深覺愧對國家，所以便在無奈中相繼自殺了。於是外國僱員便以艦隊指揮官丁汝昌的名義向日本聯合艦隊投降，隨後日艦進入威海衛港，接收尚未被擊沉的「鎮遠」、「濟遠」、「平遠」等艦。至此，一度號稱東亞最強，實力排名世界第八位的北洋艦隊全軍覆沒。

—— 興中輔仁雙社合併 楊衢雲出任總會長 ——

　　去年在檀香山（火奴魯魯，夏威夷境內）創立了「興中會」的反政府分子孫文，於日前來到香港（廣東境內，英國殖民地），並與在地的反政府組織「輔仁文社」進行接觸。由於彼此理念接近，成員的背景也都類似，所以雙方一拍即合，在會談之後便決定將兩個組織予以合併。雖然合併後的名稱因為「振興中華」的口號簡單又響亮，所以仍然稱為「興中會」，但由於輔仁文社的實力遠遠大於原來的興中會，所以便以楊衢雲為興中會總會會長，而以孫文為秘書。據了解，興中會總會的辦事處，對外是以經營貿易的商號「乾亨行」為名，地點則是設在香港中環士丹頓街十三號。總會的組織架構與檀香山支會大同小異，並沿用相同的吸金手法來募集資金。不過，會員在入會的時候，還多了一項儀式，就是必須高舉右手對天宣誓：「驅逐韃虜，恢復中華，創立合眾政府。倘有貳心，神明鑑察。」以加強會員對組織的忠誠度。

李鴻章赴馬關談判

在日軍以完勝的姿態滅了北洋艦隊並占領威海衛（山東境內）之後，國際形勢也隨之起了變化。敏感的西方列強為了維護自己在中國的利益，已經增派軍艦準備對於日本侵華的行動進行干涉。日本政府迫於壓力，只好修改原本要進軍臺灣的計畫，將大軍集結於之前已奪得的旅順、大連（皆遼寧境內）及新近入手的威海衛，擺出一副要進攻北京的姿態，以逼迫大清政府在談判桌上答應日本所提出巨額賠款、割讓遼東半島及臺灣等等的要求。而就在慈禧太后決定派李鴻章為

電報密碼遭日破解

全權大使前往馬關（日本境內）議和的同時，日軍為了再向清廷施壓，並作為談判不成時再次進攻的根據地，又於日前對遼河三角洲（遼寧境內）及澎湖（臺灣境內）發動了攻擊。另外，據可靠消息來源指出，由於議和過程中李鴻章與清廷之間的電報往返都經由日本電報局收發，所以在密碼被日本人破譯而中方毫不知情的狀況下，中方所有的情報、態度以及談判底線，都已經被日本人掌握的一清二楚，所以在雙方談判時日本態度可說是極其強硬，完全沒有妥協的空間。

春帆樓回程近身槍響　李鴻章當街遇刺濺血

二月二十八日那天，當李鴻章於馬關（日本境內）的春帆樓與日本內閣總理伊藤博文會談結束，乘轎要返回寓所「引接寺」的途中，突然有一人從圍觀的群眾中竄出，並以迅雷不及掩耳的速度，用手槍朝著李鴻章所乘坐的轎子開了一槍。李鴻章被當場擊中而且血流不止，更引發現場一陣大亂，受到驚嚇的群眾四處走避，而行凶者也趁亂逃逸無蹤。隨行的醫生立即展開急救，所幸子彈只擊中了李鴻章的左頰骨而並未命中要害。隨後日本警方也立即出動搜捕嫌犯，並在現場附近的一間店舖中逮捕了行凶者。日

我的帥臉…

李鴻章遭到近距離槍擊幸無大礙

本政府隨即對此事件提出正式說明，表示已遭到逮捕的這個刺客名為小山豐太郎，為上野國館林藩（群馬縣館林市，日本境內）人。據嫌犯本人供認，他是日本激進組織「神刀館」的成員，為了阻止中日議和，所以決定借刺殺李鴻章來挑起中日之間的進一步矛盾，以達成讓戰爭繼續進行到底之目的。日本政府除了對此暴力行為表示強烈譴責之外，也一再強調此為暴徒個人的激進行為，和日本執政當局無關。國際情勢專家認為，在兩國談判的敏感時刻，竟然於日本本土發生對方代表被本國人刺殺的事件，對日本的談判情勢可說是十分的不利。為了避免中國以受害者的姿態博取各國的同情，自知理虧的日本政府可能會放寬部分的堅持，盡速完成談判及簽約，以免夜長夢多，另生變數。

馬關條約賠償天價二億兩 遼東半島及臺灣割讓日本

由於突發的暗殺事件，已讓日本政府整個慌了手腳，為免西方各國因此事件介入，日本內閣總理伊藤博文在前往探望李鴻章，並確定他沒有生命危險之後，為免節外生枝，已於日前與清方簽下停戰協定，同意在三月二十六日中午之前，除了臺灣與澎湖之外，雙方於奉天（遼寧）、直隸（河北）、山東的部隊都暫時停火，以便就和議條件進行最後的商議。三月二十三日，李鴻章與伊藤博文正式簽下了《馬關條約》，中國承認朝鮮之獨立自主，同時割讓遼東半島、臺灣及澎湖等附屬島嶼，並對日賠款二億兩白銀，增開沙市（湖北境內）、重慶（四川境內）、蘇州（江蘇境內）、杭州（浙江境內）為商埠並設立領事，也允許日人在商埠投資，生產的物品則可以享有免稅的優惠。

康有為公車上書 讀書人開始覺醒

在李鴻章與日本簽訂了《馬關條約》之後，全國上下對於堂堂大清帝國竟然敗在小日本倭寇手上，真是感到無比的痛心疾首。而正在北京應試的一千三百多個舉人（鄉試中榜者），也在康祖詒（康有為）的領導之下，聯名上書給光緒皇帝，呼籲「拒和、遷都、變法」。雖然此次的「公車上書」（漢代以公家車接送應舉之考生入京，後來即以公車代稱進京應試之舉人）已被督察院（中央監察院）所拒，學潮也因為領導者康有為在剛貼出來的黃榜中名列進士第八，準備入殿面聖作官去而就此鳥獸散，而地還是照割、錢也還是照賠，但卻突破了以往清廷不准士人干政的禁令，對中國的知識分子產生很大的影響力。一般認為，在此之後的知識分子組織各種社團、要求革新的情況，將會有如雨後春筍一般。

俄法德各自有打算 三國干涉日本還遼

就在《馬關條約》簽約的同一天，俄國為了怕放任日本占領遼東半島，在未來將對俄國形成嚴重威脅，於是便向德、法兩國的駐俄大使表示，俄國將出面以「友誼」的方式，向日本政府提出不要占領中國本土的建議。法國因為和俄國之間有同盟關係，所以自然是俄國說什麼便是什麼。而德國則因為身為法俄同盟的假想敵，而希望將俄國的注意力引到亞洲以減緩自身受到的壓力，所以便也同意了俄國的說法。於是俄、法、德三國便於三月二十九日正式向日本政府提出這項誠懇的建議。日本方面因為考量到目前的實力仍然無法與俄國抗爭，所以便只好接受了三國友誼上的勸告，放棄占領遼東半島。不過中國政府當然不可能就這麼平白得到好處，仍然必須在三個月內，於《馬關條約》原本就明訂的賠款之外，另外再繳付三千萬兩的贖金。

臺灣民主國抗日 總統唐景崧快閃
臺灣總督府建立殖民政權

大清帝國在《馬關條約》正式將臺灣割讓給日本之後，清廷也隨即下令要臺灣巡撫（臺灣省長）唐景崧解職回京，並讓臺灣的大小官員都內渡回國。不過，由於難以割捨的民族情感，不願成為日本臣民的臺灣鄉紳丘逢甲等人，共同推舉唐景崧上摺向清廷表達了反對割讓的立場，並在尊崇大清的前提下，成立了「臺灣民主國」，並支持唐景崧為民主國的大總統，曾在越南擊敗法軍的黑旗軍將領劉永福擔任「大將軍」一職，而丘逢甲則為義勇軍統領。只是這個舉動並未能阻撓日軍接收臺灣之決心，就在臺灣民主國宣布獨立的四天後，即五月六日這一天，大批的日軍便從澳底陸續

唐景崧一見情勢不對馬上化妝成老婦逃出臺灣

登陸，並在守軍戰死兩百人之後攻陷基隆。諷刺的是，就在基隆陷落的第二天傍晚，臺灣民主國的大總統唐景崧便化妝成老婦，帶著大批的銀兩逃出臺北，隨即登上德國商輪逃往廈門（福建境內）去了。而丘逢甲見到唐景崧已經逃走，便在不久後也搭船逃往廣東，於是日軍在富商代表辜顯榮的帶領之下，以堂皇之姿被迎入了臺北城。雖然目前新竹以南的臺灣反抗軍仍未屈服，但日本已於臺北設立了「臺灣總督府」，宣布正式建立殖民政權，並準備開始進行全臺大掃蕩。

藍地黃虎折旗　日軍全面據臺

在臺北受到商民擁戴進城的日軍，南下時意外的在新竹一帶遭到當地義勇軍的強烈抵抗，造成了日軍數百人的傷亡並使得攻勢一度受挫。不過日軍隨後便立即重整旗鼓，以優勢的兵力及裝備加強了攻勢並繼續向前推進。由於唐景崧早已棄職逃走，所以眾人便擁立劉永福於臺南繼任大總統之位。劉永福集全軍之力退守八卦山，與迎面而來的日軍進行正面對決，在歷經八小時的激戰之後，仍是無法敵過日軍的猛烈攻擊而節節敗退。這時日本增派的二支部隊，也從布袋及枋寮登陸，然後分別從三個方向對反抗軍的大本營臺南形成包圍之勢。劉永福至此見大勢已去，也只好搭船倉皇逃離。到了九月四日，臺南陷落，藍地黃虎旗倒下，日本正式全面據有臺灣。

臺灣民主國在唐景崧、劉永福相繼逃離之後已宣告瓦解，
日軍正式全面占領臺灣並建立殖民政權

興中會密謀起事　陸皓東被捕處死

今年元月「興中會」總部於香港（廣東境內，英國殖民地）成立之後，楊衢雲、孫文、陳少白、鄭士良等人便密謀於九九重陽當天在廣州（廣東境內）起事。但就在重陽節前夕，各路隊伍都已經就緒，討滿檄文也準備好，就連青天白日的旗幟也設計好，並準備以「除暴安良」為口號起事時，竟發生組織中有人向官府密告的情況。官軍在得到情報之後展開全面搜捕，而這時原本預計從香港運來的軍械又尚未抵達，使得一切計畫全盤大亂。陸皓東等人也因而被捕處死，主謀者楊衢雲、孫文則逃亡海外。

小站組建新陸軍　清廷相中袁世凱

在海陸軍都被日軍狂電之後，清廷終於下定決心也要籌設一支現代化裝備的陸軍，於是便在去年（一八九四年）於天津小站（河北境內），聘請了德國籍的教官，仿照歐美的軍制編練新式陸軍。到了今年二月時，新軍募集的人數已達到四千七百餘名，一共編為十營，並展開嚴格的訓練。日前，小站新軍的訓練任務交由之前在朝鮮表現出色的袁世凱接辦，同時將部隊員額擴編到七千餘人，並正式稱為「新建陸軍」。一般認為，新軍練成之後，將是大清帝國實力最堅強的一支勁旅，而袁世凱也將隨著新軍的成長，在政治圈中逐漸站穩腳步。

康梁辦報創強學會

之前曾領導「公車上書」的工部（國家工程部）主事（中階官員）康祖詒（康有為）於七月中在北京創辦了《萬國公報》，並以其學生梁啟超等人擔任編輯。這份隨著《邸報》（中央傳知各地方政府關於朝廷政令、人事異動、臣僚奏議等的新聞文抄）附送給在京官員的報紙，內容介紹了國內政情、西方國際現況、自然科學知識，同時也宣傳變法維新的觀念，在政治圈中有著很大的影響力。只是不久之後，康有為便發現這個名稱與其他刊物撞名了，所以只好改成《中外紀聞》然後繼續發行。到了十月時，康有為、梁啟超等人又成立了「強學會」，並積極的招納許多希望國家求新求變的知識分子加入。而在軍機大臣（皇帝高級機要秘書官）翁同龢從戶部（財政部）劃出一小筆經費並撥給一部印書機，工部尚書（國家工程部長）孫家鼐也協助找了做間房屋當做強學會會址的支持下，大學士（皇帝高級秘書官）王文韶、兩江總督（江西、安徽、江蘇聯省總長）劉坤一、湖廣（湖南、湖北聯省總長）總督張之洞也都各捐了五千銀元響應。據說，李鴻

康有為

章原本也有意想要捐助二千銀元入會，但因為之前與日本簽《馬關條約》導致社會觀感不佳，把自己弄臭了，所以入會申請還被康有為給拒絕。在這般經濟基礎及政治背景的支持之下，原本應該可以發展得一帆風順的強學會，卻在年底時，被御史（監察官員）楊崇伊以「私人堂會，將開處士橫議之風」上奏給慈禧太后，並於隨後遭到查禁。同時，由於康有為過於強調他所認為的「今文經正統」理念，不斷貶抑長久以來儒家所尊奉的《周禮》、古文版《尚書》、《左傳》等經典，並不時將這些學術性的問題搬上檯面。甚至自號為「康長素」（長於素王，「素王」指無冕之王孔子），還將他門下的梁啟超等五名弟子分別取了「軼賜」（超過子貢）、「超回」（超越顏回）、「駕孟」（凌駕孟子）、「越伋」（優於子思）、「乘參」（把曾參當馬騎）的名號，所以漸漸的也讓政治圈中的大老們開始對其保持距離了。

大清時報

GREAT QING TIMES

西元一八九六年

丙申

光緒二十二年

中國向外巨額借款 英國緊握大清海關

　　由於近年來接連不斷的戰爭與賠款，龐大的經濟壓力已經讓中央政府幾乎快喘不過氣，而不得不向外尋求金援，以舉債的方式讓國家可以繼續的運作下去。日前，清廷便與英、德簽訂了借款合同，向匯豐銀行（HSBC）及德華銀行（Deutsch-Asiatische Bank）借款一千六百萬英鎊（約九千七百餘萬兩）。這筆年利率百分之五的款項由兩間銀行各攤一半，並以中國海關之收入作為擔保，共分三十六年還清。不過，合約中也規定自借款後六個月之內，中國不得再向其他銀行借款，同時也要求在款項未完全清償之前，中國不得改變海關的行政架構。分析師表示，透過這份貸款合約的簽定，雖然大清帝國的財務壓力可以稍微獲得喘息的空間，但卻也更進一步的保證了英國人占據總稅務司（中國海關總長）的位置，讓中國海關的行政權力完全被英國人所掌握。

為了逐狼卻引虎 大清與俄簽密約

　　在中日甲午戰爭失利之後，清廷便幻想著聯合西洋各國來抵禦日本的再次入侵，於是派李鴻章前往西洋各國訪問。據本報得到的最新消息顯示，李鴻章已於日前在莫斯科（俄羅斯境內）與俄國簽定了一紙密約，同意日本一旦侵略遠東的話，則中俄兩國共同出兵，並互相援助糧食及軍火。而在戰爭期間，俄國軍艦則可以駛入中國的所有口岸。同時也同意讓俄國在黑龍江、吉林兩省修築可以直達海參崴（俄羅斯境內）的鐵路，以方便戰時軍隊及物資之運輸。不過評論家也對此提出警告，如果傳聞屬實的話，那清廷的想法就實在是過於天真了。因為顯而易見的是，

我是神燈精靈，你必須為我完成三個願望…

長久以來便一直想方設法侵吞大清領土的俄國，以共同防禦日本為幌子來簽下這份密約，為的只是要將其勢力伸入中國的東北地區。而清廷此舉，無異是為了驅逐野狼而引猛虎入室了。

時務報發行數量破萬　梁啟超宣傳變法維新

提倡變法維新的汪康年、梁啟超等人，於上海創辦了以變法圖存為宗旨的《時務報》。這份以梁啟超為主筆的報紙，每十天出刊一冊，每冊約有二十餘頁之多，除了梁啟超之外，其他力主維新的人士也紛紛在此撰稿。刊物的內容主要在宣傳變法圖強，並對舊有的封建勢力多有批判，十分受到讀者的歡迎。

目前每期的銷量已經達到一萬餘冊，為當今發行數量最高的報紙。不過，由於報中文章所提出的部分觀點，對舊思想造成很大的衝擊，就連較能接受創新觀念的湖廣總督（湖南、湖北聯省總長）張之洞也覺得不妥而屢加干涉。一般認為，不出幾年之後，清廷為了抑制輿論，一定又會加以查禁。

清使館倫敦誘捕孫文　孫逸仙脫險享譽國際

去年（一八九五年）在廣州（廣東境內）策畫武裝反政府行動失敗的孫文，在逃往日本之後，又轉往美國、歐洲等地考察各國先進的民主制度。不過當他在今年八月下旬抵達英國之後，卻意外的被大清駐英公使館的人員給誘捕綁架，並囚禁於使館之中。後來孫文說服了一位在使館中服務的英國僕人，請他暗中聯絡之前孫文於「香港華人西醫書院」（香港西醫書院，即香港大學李嘉誠醫學院之前身）就讀時的老師康德黎（James Cantlie）。康德黎在獲悉此事之後，便立刻在倫敦（英國境內）邀集了許多友人奔走營救，並向英國媒體揭露此事。在這件大清使館人員於英國本土公然擄人的醜聞曝光之後，引發了當地的熱烈

接下來步上星光大道的是最近竄紅的孫文先生⋯

孫文在清使館綁架事件之後，已從一位沒沒無聞的反政府分子，變成國際知名的革命家

討論。最後，英國政府因為輿論的壓力而出面干涉，才使得大清使館將孫文給放了出來。所謂大難不死必有後福，逃過一劫的孫文竟也因禍得福，因此事件而意外的在國際間享有極佳的聲譽，成了一個世界級的革命家及政治家，也奠定了他在反政府運動中精神領袖的地位。

—— 中國自設通商銀行　匯豐仍占金融鰲頭 ——

日前，在大臣盛宣懷的奏請之下，政府批准了「中國通商銀行」在上海設立一案。這家有史以來首間由中國人自行興辦的新式銀行，在資金的籌措上，由盛宣懷主管的「輪船招商局」及「電報局」分別投資八十萬兩及二十萬兩，他本人及李鴻章等官員加起來投資了七十幾萬兩，再加上民間富商的投資，以初期總資本額共二百五十萬兩的規模，開始承辦各項金融業務，並將於明年開始發行紙幣以為民間流通之用。在制度方面，由於大清沒有相關的銀行法令及成規可以援引，所以一切的組織管理及營業規則，都比照匯豐銀行（HSBC）辦理。未來也將在全國各省開設分行，以拓展營業規模。不過，目前中國境內最具影響力的還是匯豐銀行，它自一八六五年成立後發展至今，已經包攬了大部分外資銀行在中國的匯兌、商業放款、鈔票發行等業務。而中國政府的外債發行、關稅鹽稅的存放業務，也大多由匯豐銀行所經手。甚至連中國各通商口岸的外匯市場，亦大都是以上海匯豐銀行的牌價做為標準。也難怪經濟學者一致認為，在中國，匯豐銀行不但有著左右金融市場的力量，還控制著整個國家的財經命脈。

康有為再組聖學會　維新刊物雨後春筍

由於康有為先前所創立的「強學會」，已經因變法維新等言論過於極端而被清廷查禁，所以康有為便只好回到南方，與曾經擔任過臺灣民主國總統的唐景崧等人另行成立了「聖學會」。這次康有為提出了「尊孔教、傳聖道、育人才、救中國」的口號，邀集了二百餘位知識分子共同參與。並發行《廣仁報》，以宣傳變法維新、廢除八股取士、鼓勵國人學習新知、提倡男女平等等等觀念。另外，在澳門、湖南、天津等地，同屬於維新一派的知識分子，也相繼的創立了《知新報》、《湘學新報》、《國聞報》等等的刊物，來向當地士民傳達變法維新的主張。

這些全部都是反政府的刊物

全部給我拿去資源回收，看了就煩…

曹州又鬧教案
德國必作文章

十月時，由於鉅野（山東境內）的百姓與當地的天主教徒之間發生了一些糾紛，而教堂的態度明顯袒護教民，結果引發了群眾的暴動。憤怒的民眾們衝入教堂，不但把教堂給砸了，還失控的打死了兩位無辜的德國傳教士。分析家指出，各地之所以教案頻傳，其實與這些來自國外的傳教士作風有著很大的關係。在順治、康熙年間來華的耶穌會傳教士，正值大清帝國的全盛時期，所以他們的到來是代表兩個對等文化的交流。但是時隔百餘年之後，再次踏入中國土地的傳教士們，見到的已經是由盛轉衰的腐敗帝國，而西洋各國則是已經正如日中天的發展起來。這樣的強烈對比，使得新的傳教士們多少都有著不可一世的種族和文化優越感，認為中國人唯有完全放棄傳統文化及生活方式來接受上帝，才能獲得救贖。而這些不受中國法律管轄的神職人員，也不願意他們的教民受到當地落後、野蠻的法律迫害。加上教民之中又有一些人根本並非誠心歸信，而是只想利用教會力量來撐腰做壞事的傢伙。他們不但危害鄉里，還恣意說謊誣陷，也加劇了教會與民眾之間的誤會與衝突。而這次的事件，雖然地方政府為了避免激怒德國，已經以最快的速度破案，並對肇事者做出嚴厲的懲處。但一般相信，德國政府仍會以此大作文章，來要求更多的利益。

有許多不是真心歸信的教徒危害鄉里，導致教會與民眾之間的衝突加劇

大清時報
GREAT QING TIMES
西元一八九八年

戊戌

光緒二十四年

德軍藉口曹州教案　強租膠州灣九九年

在曹州（山東境內）發生當地居民與天主教會的嚴重衝突事件之後，德國果然不出所料的以此做為藉口，在去年（一八九七年）十月出動軍隊強占了膠州灣（山東境內）。然後又大作文章，於今年二月和李鴻章在北京簽定了《膠澳租借條約》，強迫中國政府將膠州灣租給德國九十九年，並允許德國在山東享有修築鐵路、開採礦產，以及興辦事業的優先權。除此之外，德軍也得依條約所載，在膠州灣沿岸自由通行。評論家認為，自同治九年（一八七〇年）普魯士擊敗法國之後，國王威廉一世（Wilhelm I）在有「鐵血宰相」之稱的俾斯麥（Otto Eduard Leopold von Bismarck）策畫之下，統一了德意志諸邦，成立了以普魯士王為中心的德意志帝國。到了幾年前威廉二世（Wilhelm II von Deutschland）繼位時，德國已經成為中歐一等強國，並迫不及待的想要向外擴張。之前德國已經在和清廷所定的條約中享有派出艦隊在膠州灣內外巡弋的權力，這次又逮到了曹州教案的藉口，便毫不客氣的命艦隊轟擊岸上的炮台，然後令陸戰隊強行登陸，最後再以租借為名進行實質上的合法強占，使得山東成為德國的勢力範圍。

各國瓜分出現危機　光緒急欲變法圖強

在德國強租膠州灣（山東境內）之後才不到半個月的時間，李鴻章又在俄國的威逼之下，於北京簽下了《旅大租借條約》，將旅順口、大連灣（遼寧境內）及附近海面，以二十五年的期限租與俄國，並明定在租地內的管理權歸俄國所有，旅順、大連兩港除了中、俄兩國之外，其他國籍的船隻不得停泊。同時允許俄國興建直達旅順、大連的鐵路支線。而這種貪婪的氣息一傳開之後，各國便有如嗅到腐屍臭味的鬣狗群一樣爭相前來啃食。在英國畫長江流域為其勢力範圍、德國取得膠州灣，俄國占旅順、大連之後，法國公使也對總理衙門（外務部）發出照會，自顧自的將雲南、廣東、廣西等地畫為其勢力範圍。不久之後，日本也跟著有樣學樣的照會清廷，硬將福建劃為其勢力範圍。面臨著列強即將瓜分中國的危機，也使得焦慮不已的光緒皇帝載湉（清德宗），更加強了想要變法圖強的決心。而此時，由於光緒皇帝的老師，也就是兼任戶部尚書（財政部長）的協辦大學士（皇帝高級秘書官）翁同龢之大力推薦，也讓載湉在看了康有為所提「能變則全，不變則亡；全變則強，小變仍亡」的論點，以及沙俄彼得大帝（Пётр Вели́кий）改革與日本「明治維新」的事蹟後心中大為震動，已確定了非變法不能立國的想法。

── 新界租給英國 直到一九九七 ──

不久前，英國政府因為商業團體要求加強香港（廣東境內，英國殖民地）防衛的壓力，便由香港總督麥當奴（Richard Graves Macdonnell）正式向李鴻章提出了租借九龍半島的要求，並在北京簽訂了《展拓香港界址專條》，正式以九十九年的期限，向中國租借由九龍界線以北，至深圳河以南土地，以及附近的二百多個島嶼。國際情勢專家表示，英國之所以會選擇用租借的方式來取得這塊土地，是因為對身為世界第一霸權的英國來說，租借與占領不但在實質上並沒有什麼差異，反而還可以避免列強有樣學樣，同來瓜分中國而影響其經濟利益。而另一方面對李鴻章而言，反正列強都在中國各地租借土地，再多畫一塊地租給英國不但沒有太大的影響，也可以來個以夷制夷，讓西洋各國彼此牽制。於是，這片總面積將近一千平方公里，被英國人稱為「New Territories」，即「新領土（新界）」的土地，就這樣淪入英國的殖民統治之中。而在新界入手以後，英國在香港所擁有的行政區面積，足足比之前還擴大了十倍之多。

政府仿外發行公債 弊端叢生緊急喊卡

大清政府為了償付《馬關條約》中巨額的賠款，決定仿照外國公債的制度，發行總額高達一億兩的「昭信股票」以籌措資金。發行的面額分為一千兩、五百兩、一百兩三種，以田賦、鹽稅作為擔保，年息則為百分之五分二十年本利付清，債票則准許抵押買賣。雖然政府還特別在戶部（財政部）之下設立「昭信局」，以辦理公債發行及償還的所有事宜。但由於經驗不足，所以在發行後很快便產生許多弊端，可說是砸了「以昭信守」的本意，並進而遭到輿論強烈的指責。於是在公債發行半年之後，清廷也只好宣布除了目前已經認購的二千兩公債之外，官員仍准繼續請領認購，但民間部分則一律停辦。

光緒下令變法維新
新手上路操之過急

我還沒拿到駕照…

　　光緒皇帝於四月二十三日頒布了「明定國是詔」，宣布正式開始變法，並隨即召見康有為等維新派人士。為了能夠推行新政，載湉（清德宗）不顧守舊派的反對，大刀闊斧的裁撤了許多無用的政府部門及冗員。又諭令擁護新政的內閣學士楊銳、內閣候補中書林旭、刑部候補主事劉光第、江蘇候補知府譚嗣同四人，加四品卿銜在軍機章京上行走（擔任軍機處辦事官），並將要推行新政的所有實務，都交付給這四個政治新手來操盤。於是這些維新派的精英在很短的時間內，便陸續推出一連串的新法，包括設立農工商總局、鐵路礦物總局，並仿西方國家編製國家預、決算按月公布。同時也裁撤閒散衙門、淘汰冗官，要軍隊改練洋操，採用西洋兵制，籌辦兵工廠、添建海軍。還廢除了八股，改以策論取士，並派人出國留學。不過，由於領導變法的康有為過於理想化，而不知考量現實的狀況，加上光緒帝急於變法的心理，所以許多沒有考量到實際狀況與可行性的詔令，便如雪片般接連發下。使得整個政府的運作完全停擺，而所有的變法措施也都淪為一紙無用的空文。

帝后交鋒　慈禧緊握朝政人事　光緒拉攏袁帥新軍

　　對於光緒皇帝近來一連串維新變法的動作，慈禧太后其實都一直非常謹慎的在注意著。為了避免皇帝身邊集結的力量過大，所以在一開始要進行變法時，慈禧太后便將載湉（清德宗）身邊最重要的智囊人物，也就是他的老師翁同龢給外調了。接下來又頒下諭令，要求凡是二品以上的大臣在具摺奏事之後，都必須要直接向太后陛見謝恩，以此來控制朝政及人事大權。而在新法實施後，許多被裁撤的官員們也都紛紛前來向她哭訴，使得慈禧驚覺光緒身邊的那幾個維新派新人其實並不太鳥她，並認為再如此下去的話，自己的影響力勢必消失殆盡，於是便下令收回了四品以上官員的任免權。在慈禧一出手之後，感受到前所未有阻力的光緒也覺得大事不妙，因而寫了一份密詔要楊銳等人想辦法繼續推展變法維新。並隨即於八月一日召見直隸按察使（直隸省司法首長）袁世凱，同時將其擢升為侍郎（副部長）。次日，又再次召見袁世凱，對其所練新軍一事表示誇獎，並口諭其不必聽直屬長官，也就是代理直隸總督（直隸、河南、山東聯省總長）兼北洋大臣（北洋通商海防執行長）榮祿的指揮行事。分析師表示，因為此時北京城內已有傳聞說慈禧太后將於九月天津閱兵時廢去光緒的帝位，所以光緒此舉，無疑是想拉攏手上握有新式陸軍的袁世凱來支持自己，以便與太后對抗。但此謀是否會成功，則端賴袁世凱到底是對皇帝的推心置腹按讚，還是會倒向太后的一方了。

光緒皇帝主導的維新變法在實施僅百日後便遭攔腰砍斷，慈禧太后重新掌權

太后政變架空皇帝　戊戌維新百日夢醒

慈禧在獲得載湉（清德宗）兩度約見袁世凱的情報之後，研判光緒皇帝極有可能想要借著武力來奪權，於是便決定先下手為強，於八月三日時無預警的直接宣布取消了皇帝獨自處理政事的權力。而在同一天的下午，康有為前往日本公使館拜會來華訪問的前日本總理伊藤博文，並希望伊藤能出面代為勸太后支持新政。當天晚上，得知慈禧已奪回權力的維新派核心人物譚嗣同，便慌忙的前往拜訪袁世凱，希望袁帥可以帶兵包圍太后所在的頤和園。但袁世凱當場並未給予確切的回應，只推托說等九月閱兵時由皇帝下令，一切便可成事。而另一方面，慈禧太后在風聞康有為拜會伊藤博文的消息之後，為免日本真的插手此事，便決定搶在光緒召見伊藤之前下手。第二天，慈禧突然現身皇宮發動政變，對外宣布因皇帝患病所以由她再一次臨朝訓政。第三天，袁世凱入朝觀見皇帝時，發現太后已經重新掌權，便見風轉舵，當場批評起維新派及變法的不可行。之後回到天津，還向太后的心腹直隸總督（直隸、河南、山東聯省總長）榮祿告發了譚嗣同曾要求他兵圍頤和園的事。於是慈禧下令搜捕維新人士，被稱為「戊戌六君子」的譚嗣同、康廣仁、楊深秀、楊銳、劉光第、林旭等人遭到逮捕，並於八月十三日被處決於菜市口。已經逃往日本的康有為、梁啟超則是遭到大清帝國的通緝。原本想藉著維新變法以強國的「戊戌新政」，在實施一百日之後正式宣告失敗，一切又回到原點。

大清時報

GREAT QING TIMES

西元一八九九年

己亥

康梁成立保皇會 主張立憲反革命

今年夏天，「保救大清皇帝會」（保皇會）於北美洲的加拿大成立，這個以「保救光緒皇帝、實行君主立憲、反對革命」為宗旨的組織，由維新派精神領袖康有為出任會長，梁啟超、徐勤任為副會長。目前仍被大清帝國所通緝的康有為等人，已決定將保皇會的總部設置於澳門（廣東境內，葡萄牙殖民地），並計畫在全球各處的華僑地區建立上百個支會，以全面性的推行其理念。雖然保皇會強調的也是推行民主制度，不過和孫文等反政府分子所不同的是，康有為、梁啟超主張的是實行所謂的君主立憲制度，也就是仍然保有大清皇帝，但必須定立憲法來加以約束，比較像是日本所實行的制度。而孫文等人所主張的是更為激進的革命，也就是直接推翻大清帝國的統治，重新建立一個民主的國家。可以預見的是，基本論調就不同的兩派，在未來一定會在輿論及媒體上有一番論戰。但不管結局為何，這兩派的新民主思維，都已經在中國歷時數千年的帝王專制體制頭上狠狠的敲了一記，將中國推向一個嶄新的新世紀了。

美國提出門戶開放 英人背後老謀深算

不久前美國提出了所謂的「對華門戶開放政策」，並照會其他列強，要求各國支持「讓中國領土保持完整、主權維持獨立、列強均可分享利益」等三大訴求。這個提案的出現，對已瀕臨被瓜分邊緣的大清帝國來說，可說是一劑救命的強心針。不過，據記者深入調查，發現這個策略其實是英國在幕後所策動，然後由美國出面執行的。而深究其原因，則是由於英國在殖民統治了印度之後，便一直妄想著要把中國變成印度第二。只是後來在主客觀因素都不允許的情況下，英國於一八五八年「亞羅號船事件」之後，便捨棄獨占的想法，而改成與列強在政治上妥協以取得經濟上之實質獲利。但是後來因為列強先後宣布在中國的勢力範圍，嚴重侵蝕了英國在華的商業利益，於是便只好再改變政策，乾脆不承認列強的勢力範圍，而改口成不否認所謂的利益範圍，然後中國來個門戶開放。但這中間還有一個問題得先解決，也就是這個議案不能由英國自己提出，因為他自己在中國也有勢力範圍，到時要是被各國反問一句香港、九龍、西藏等地要不要開放的話，那就很尷尬了。所以機關算盡的英國佬，便將這個球作給美國去接。而美國自立國以來，與其他的國家相比，算是比較充滿理想、敢衝敢做而較不會老謀深算的。加上他在中國並沒有畫定勢力範圍，所以美國總統麥金萊（William McKinley）在英國與他接觸之後，便欣然同意而成就了此事。

——義和拳扶清滅洋鬧山東 毓賢收編民團惹怒洋人——

由於近數十年來西洋各國的教會，時常因為一些誤會與當地居民產生摩擦，或是藉故惡意欺凌中國百姓，早就已經造成基層民眾強烈的反感。所以當以「反對外國侵略、打擊教會勢力」為目標的「義和拳」，於去年（一八九八年）十月在山東地區，由民間梅花拳教師趙三多以「扶清滅洋」的口號起事之後，便很快的被群眾所接受。加上許多秘密團體也陸續配合行動，不斷的與西洋教會及官府發生衝突，造成社會極大的震撼。雖然山東巡撫（山東省長）毓賢素有劊子手之稱，並曾在擔任曹州（山東境內）知府（府

行政首長）時，創下三個月內殺死一千五百個亂民的紀錄。但這次毓賢再此試圖以武力鎮暴，卻怎樣也無法完全壓制住這一股騷動的力量。在捕殺了好幾個義和團的領導人物，並剿滅了成千上百的亂民之後，亂象仍然無解。這使得毓賢也開始緊張了起來，最後只好決定改剿為撫，把義和拳亂民編入由政府管理的民間團練，改稱「義和團」並發給毓字大旗。毓賢此舉雖然暫時讓動亂得到了控制，但卻又意外惹惱了洋人。於是在美國公使的施壓之下，清廷只好將其解職，另以袁世凱接任山東巡撫一職。

【專題報導】義和團

大清帝國在中日甲午戰爭慘敗之後，全國出現了空前的民族危機，加上反抗西洋教會欺凌的聲音不斷浮現，使得原本隱藏在社會底層的許多秘密集會團體，有了合體的最佳黏著劑。這些團體中，趙三多的「梅花拳」練的是拳腳工夫，但他起事之後，為免拖累同門，便將梅花拳改稱為「義和拳」。另外還有劉士瑞的「大刀會」，他們練的是金鐘罩、鐵布衫的硬氣功，可以刀槍不入。此外，朱紅燈、心誠和尚的「神拳」則更厲害，宣稱可以透過降神附體的儀式，不需要長時間練功，便可以擁有刀槍不入的金剛之身。當這些多由農工等勞動群眾所組成的團體各自起事之後，雖然官府及洋人不斷打壓，但最後仍因仇洋的不滿情緒，而越壓越烈的聚集為一股驚人的力量，也就是所謂的「義和拳」。雖然有人說義和拳即為白蓮教所演變的一支，但其實白蓮教的組織十分嚴密，並有清楚的師徒關係而且立場一向反清。而義和拳則是一個組織十分鬆散的團體，他們並不反清，反的是欺負中國的西洋鬼子。在政府有意的招撫之下，成為合法民團的「義和團」聲勢也越來越大。不過評論家也指出，一般農民起事的反政府大軍，當然是越大越好，最好是大到可以把政府給推翻掉。但是這次「義和團」的性質卻轉變成官辦民團，政府可以吸納的容量有限，要是受撫入團的人沒飯吃，勢必又會轉變成四處劫掠做亂的匪徒暴民，到時恐怕將會演變成失控的局面。

各國公使拒絕出席慈禧太后介紹大阿哥溥儁的慶典以示杯葛

捏造病情 冊立阿哥　慈禧欲廢光緒 列強出手杯葛

經過去年的帝后惡鬥之後，慈禧便一心想要廢去載湉（清德宗）的帝位，於是便密令太醫捏造光緒的病情，然後以此為藉口以謀廢立之事。但出乎慈禧太后意料的是，此舉竟然立刻遭到列強的反對，並堅持派西醫來為光緒治病。不過慈禧廢帝的行動並沒有就此放棄，今年她又授意端郡王載漪、崇綺、徐桐等人上奏請求廢立。在與心腹榮祿等人討論之後，慈禧決定將她親姪女的小孩，也

就是載漪之子溥儁過繼給同治皇帝。於是在十二月四日，慈禧下令冊立十五歲的溥儁為大阿哥，準備要於即將到來的新年慶典之時，讓大阿哥溥儁與各國公使見面，以取得列強的支持。但由於列強早已聞知溥儁是個愚呆且不成材的傢伙，為免中國政局惡化而影響各國在華之權益，所以列強仍然表態支持光緒，甚至據聞各國公使已經決定拒絕出席新年的慶典活動以示杯葛。

大清時報

GREAT QING TIMES

西元一九〇〇年

庚子

光緒二十六年

袁世凱追剿義和團民　老佛爺扶植紈褲親貴

袁世凱於去年（一八九九年）接任山東巡撫（山東省長）一職之後，對義和團所採取的態度剛好與前任巡撫毓賢完全相反。在他率領的新式陸軍大力剿辦之下，在很短的時間內便肅清了境內的義和團之亂，讓山東恢復了平靜。不過在清廷高層方面，因為慈禧太后之前冊立大阿哥溥儁的行動受到西洋各國杯葛，讓她極度擔心列強是否會強迫她退位。而這樣的恐懼心理，也使慈禧太后不但無時無刻都在提防著洋人，連對一直忠心耿耿的李鴻章、榮祿等人也開始有了不信任感，並覺得只有和他血緣相近的親人才不會背叛她。於是慈禧便將李鴻章下放到廣州去代理兩廣總督（廣東、廣西聯省總長），在北京則是另外扶植了載濂、載漪、載瀾、載勛等親貴來擠掉榮祿。但這幾個人其實都是些圍繞在慈禧身邊小圈圈，嬌生慣養、教育低劣、極端無知的紈褲子弟。他們在毓賢的慫恿之下，便想藉著義和團的力量來鞏固自己在政治上的地位。結果不但直隸的義和團聲勢日漲，連被袁世凱追剿的山東團民，也流入直隸與之合流。

清廷陽剿陰撫　直隸全面失控

由於義和團仇殺洋人、焚毀教堂的行動越演越烈，使得西洋各國的駐華公使不得不向清廷提出強烈抗議，要求嚴加懲辦這些亂民。但是慈禧太后一方面想用拳民來幫她驅逐洋人，一方面又心虛的怕洋人干涉內政，所以清廷的態度就變成了陽剿陰撫的狀況。口頭上配合洋人說要鎮壓拳亂，背地裡卻又出手扶植。而原本與山東巡撫（山東省長）袁世凱約好，要對拳匪來個南北夾擊的直隸總督（直隸、河南、山東聯省總長）裕祿，雖然在一開始的時候也剿滅了不少拳匪，但後來當他漸漸看出慈禧及載漪等高層護團的態度轉趨積極時，便改變了自己的立場，由嚴剿轉為縱容、甚至包庇。裕祿為了討好朝廷，還撥餉二十萬兩邀請義和團進入天津一同扶清滅洋。甚至還向朝廷保薦了義和團的領袖們掛一品銜，乘著綠呢大轎直入總督衙門與他共商大事。這樣的處理方式，使得山東的拳民大量湧入直隸，而各村鎮街坊也在政府的鼓勵之下紛起組團，設壇練技。到了最後，情勢終於失控，暴走的拳民不但燒教堂殺洋鬼、毀鐵路拔電桿，還反噬官軍、霸占官署，到處殺人放火，目前的情況可說是已經完全失控。

沒問題，我看到那隻狗一定會把牠抓起來的

醒

八國聯軍出動　拳民大鬧北京

慈禧在看了義和團刀槍不入的表演之後大為讚賞並強力支持

在拳亂越鬧越大之後，英、美、法、俄四國的軍艦也於三月中逼近大沽口（河北境內）施壓，以逼迫清廷對義和團造成的騷亂能夠真的採取行動。拖到了五月中旬，再也受不了的西洋各國便以保護使館為名，由英國東亞艦隊總司令西摩爾（Edward Hobart Seymour）帶領二千餘人的八國聯軍，由天津往北京進發。清軍聞訊後，與義和團在廊坊（河北境內）阻截聯軍並發生激烈戰鬥。雖然號稱刀槍不入的拳民們都在敵軍機槍的掃射之下血肉模糊，但由聶士成所率領的部隊，卻讓八國聯軍陷入重圍之中而只能就地苦守待援。這時在北京城內，由於高層下令九門大開讓義和團入城，結果一下子湧入了十幾萬的拳民。而慈禧在觀看了義和團刀槍不入的表演之後也大表讚賞，並傳旨讓莊親王載勛及大學士剛毅來統一指揮這十幾萬人的義和團。有了太后的大力支持，肆無忌憚的拳民們竟然在北京大開殺戒，逢洋必燒。最後搞到烈燄失控，一片火海，前門大街的四千家商舖也被焚成廢墟。更造成銀行歇業、市場交易全面停擺，北京城內幾乎一半都被夷為平地。在莊親王府的大院前，上千個天主教信徒被集中殘殺，倖存者則逃入了使館區和西什庫教堂請求洋人庇護，而義和團隨後也對西什庫教堂發動攻擊。由於該教堂為天主教重要據點，所以法國的北京教區主教便糾集了二千餘名的中國教民，發給他們新式武器並修築防禦工事，與義和團僵持對抗。雖然此時張之洞、劉坤一等封疆大吏也對清廷頻繁提醒，表示一味姑息拳民必然會導致列強為了保護傳教士而出兵，而總理大臣奕劻也奏請保護外國使館與教堂並嚴懲拳民。但老佛爺到目前為止，對於義和團該撫還是該剿，以及西洋各國的抗議與進犯應如何因應，仍未做出最後之決定。

─聯軍加碼攻陷天津　直督戰敗自盡軍前─

由於西摩爾（Edward Hobart Seymour）所率領的八國聯軍行動受挫，加上北京的使館區又與停泊在大沽口外的列強海軍失去聯絡，連在天津租界的各國領事館消息也都全數斷絕，使得各國決定採取進一步的行動。各國軍艦先以艦炮岸轟大沽炮台，在解除威脅之後，第二批的列強援軍登陸，前往支援被聶士成所圍困的西摩爾部隊。大軍挺進之後，與清軍發生激戰，聶士成受傷多處仍持刀督戰，最後力竭戰死。聯軍隨後則是攻陷了天津，直隸總督（直隸、河南、山東聯省總長）裕祿在兵敗後於軍前自盡殉職。不過，據記者得到的資料，此次所謂的八國聯軍，其實只有七個國家的軍隊參與。其中日軍八千

人、俄軍四千八百人、英軍三千人、美軍二千一百人、法軍八百人，而奧軍只有派出五十個人掌旗，代表他們有參一腳，義大利同樣也只派出五十三個掌旗官兵。德國原本想派強大兵力，搞個帶頭的地位，後來卻由於各種因素，結果連一兵一卒也沒出。軍事專家表示，七國聯軍聽起來雖然嚇人，但其實因為彼此之間誰也不服誰，根本沒有總指揮，加上總兵力也不多，所以其實戰力十分有限，可以說只是隻紙老虎。無奈的是大清帝國檯面上的將領，盡是些舊式軍官，或是甲午戰爭中被日軍嚇到腿軟的敗將，再加上裝神弄鬼的義和團，其程度又要比這隻紙老虎不知再弱上多少倍。

雖然八國聯軍的真正戰力並不強，但無奈的是清軍更弱

烏龍情報 太后受驚 清廷竟向十一國同時宣戰

由於情報人員的烏龍，導致慈禧太后喪失理智的同時向十一國宣戰

由於義和團問題及八國聯軍的危機越來越嚴重，使得慈禧不得不召開緊急會議以研商對策。其中雖然光緒皇帝挺身而出，強烈表示中國目前沒有能力與列強聯軍開戰，應當立即彈壓義和團，不可輕啟戰端。但載漪則希望藉著義和團的排外情緒，讓自己的兒子順利當上皇帝。於是便仗著自己是大阿哥的親生父親，公然在會議中頂撞光緒帝，堅持藉義和團之力宣戰。在失控的拳民們火燒前門大街數千家商舖，而大失人心之後，慈禧原本已經下諭要將義和團勒令解散，然後取其年少精壯者另行招募成軍的。但是就在這道命令頒布的當天午夜，慈禧便接獲密報，說外國公使們已經決定要合力扶植光緒並強迫她下台了。而這可是慈禧日夜提心吊膽，最為擔心的一件事情。因為已經獨裁專制了四十年的太后，誰也不怕，就怕洋人。如今洋人即將出手，眼看著自己就要被逼到上吊自盡了，所以方寸已亂的慈禧，此時仇洋的

情緒壓過了懼洋的理智。於是便緊急召開會議，取消宣布才發布不到二十四小時的義和團解散諭令，並向英、美、法、德、義、日、俄、西、比、荷、奧匈等十一國同時宣戰。還拿出數十萬兩的私房錢犒賞拳民，要他們殺盡洋人，以洩心頭之憤。光緒帝原本還希望事情能有轉寰的餘地，大家再好好的商量一下。但慈禧卻怒斥光緒，要其放手，不要誤事。載湉（清德宗）最後見已無法挽回，也只能悲嘆的說十八省數萬萬生靈都將遭到塗炭。不過，據本報所得到的第一手資料顯示，當初由榮祿緊急上稟的密報根本是個烏龍。各國公使並沒有做出像密報所說要慈禧下台的協議，而是榮祿手下的情報人員，把英商在上海所辦的《英文北華捷報》中，第二天將要刊出的社論，胡亂加油添醋而來。原本只是一篇報紙上的社論，卻被想要邀功的情報人員說成是各國公使們的協議，才會嚇得慈禧太后喪失理智，下令開戰。

多省督撫畫清界線 東南互保置身戰外

在大清政府尚未向各國宣戰時，兩江總督（江西、安徽、江蘇聯省總長）劉坤一、湖廣總督（湖南、湖北聯省總長）張之洞、兩廣總督（廣東、廣西聯省總長）李鴻章、鐵路大臣盛宣懷、山東巡撫（山東省長）袁世凱、閩浙總督（福建、浙江聯省總長）許應騤、四川總督（四川省總長）奎俊等人，便已開始商議如何保住東南各省的穩定。等到清廷向十一國宣戰之後，這幾個封疆大吏，便立即與西洋各國達成一項被稱為「東南互保」的協議。宣稱之前由皇室所下的宣戰詔令，是在義和團脅持下的「矯詔、亂命」，所以東南各省並不會支持這一項不合法的命令。並保證在各轄區之內，絕對不會對洋人採取軍事行動，而各國也不會在這些省分發動攻擊。據可靠消息指出，這幾個地方大員甚至已經在私底下協議，要是北京失守、太后不測的話，就要推舉李鴻章坐上「伯理璽天德」（總統）大位，以撐起危局。

毓賢調任山西 血腥殘殺教民

之前在山東因為支持義和團，而在列強抗議聲中被調任山西巡撫（山西省長）的毓賢，在收到清廷緝捕傳教士和教民的命令之後，便以集中保護為說詞，把全省的外國傳教士及家屬都騙到巡撫衙門。然後於廣場前剝掉他們的上衣，在罰跪之後將他們全部殺死。據統計，一天之內，在毓賢手中被殘忍殺害的洋人，就有十五個傳教士、二十個女人及十一個小孩。而在他命令之下被殺死的中國教民人數，則是多到無法做出正確的統計。

俄軍入侵黑龍江 屠殺數千條人命

數十年來不斷以各種方法，入侵中國東北的俄國部隊，在六月二十一日當天，突然無預警的出兵封鎖黑龍江，不但扣留了全部的船隻，還大肆搜捕中國居民。先是在海蘭泡地方瘋狂屠殺百姓，造成五千多個無辜民眾當場被殺或被趕入江中淹死，整個地區僅有八十人游泳過江而倖免於難。同一時間，又以同樣手段對付黑龍江東岸的江東六十四屯（皆黑龍江境內）民眾，在殺死二千多個軍民之後，目前俄軍已經強占了該地。

慈禧太后在出逃當天，下令將光緒最寵愛的珍妃給推入井中溺死

── 八國聯軍入紫禁 太后皇帝奔西安 ──

在八國聯軍不斷的進逼之下，已經無計可施的慈禧太后最後終於決定出逃。但在她狼狽出走之前，卻還有一件重要的事得做，就是下令處死吏部左侍郎（文官考核任免部次長）景澄、太常寺卿（祭祀司司長）袁昶、兵部尚書（國防部長）徐用儀、戶部尚書（財政部長）立山、內閣學士（皇帝高級秘書官）聯元等五位之前強力主張剿拳議和，與她大唱反調的人。原本光緒皇帝載湉（清德宗）為了擺脫慈禧太后的控制，還請求能親自留在北京與列強商議停戰事宜，但慈禧擔心列強支持光緒而架空自己，所以便堅持帶著載湉一起出逃西安（陝西境內），只留下首席軍機大臣（皇帝高級機要秘書官）慶親王奕劻處理善後。據聞，慈禧在逃出北京的當天，還下令將光緒皇帝最寵愛的珍妃給推入壽寧宮外的水井中溺死。而這起事件，也令光緒皇帝悲憤不已，在身心遭受重大打擊之後，

身體狀況急轉直下。到了七月二十一日，八國聯軍占領北京，列強也以德國元帥瓦德西（Alfred Graf von Waldersee）為八國聯軍統帥並擴大侵略，到處燒殺搶掠。其中日軍搶在各國之前從戶部（財政部）搶走將近三百萬兩的庫銀送到日本使館中，又洗劫了戶部的緞匹庫及內務府倉庫，奪走大量的絲綢、倉米及銀兩。而其他國家的士兵，則是從民間瘋狂搜括，只要看得見的都被拿個精空。甚至連之前被困於東交民巷和西什庫教堂的教民們，也在數十位傳教士的率領之下，四處掠奪。據說有一位叫都立華（Rev. E. G. Tewksbury）的長老會牧師，還占據了一整座王府，不但從中找到了三千多兩白銀，還拿走了府中的無數珍寶。都立華事後還開心的表示說，這全都是上帝給他的恩賜，他打算把一半的銀兩拿來買地蓋教堂，還要辦個跳蚤市場把王府中的東西都拿來拍賣。

俄軍閃電入襲盛京
開出嚴苛贖回條件

在八國聯軍進占北京後不久，俄國的軍隊也攻陷盛京（瀋陽，遼寧境內），並占領東北的重要城市及交通要道。然後強迫盛京將軍（盛京指揮官）增祺簽下一紙《奉天交地暫且章程》，開出了中國要將奉天贖回的條件。據記者了解，這份協議，規定俄國得以駐兵盛京及其他各地，並由中國提供住房及糧食。而中國軍隊卻必須要解散，軍械則全數交由俄軍收繳，炮台、營壘、火藥庫等一律拆毀。同時，常駐盛京的俄國總管，將有權預聞盛京將

軍辦理的所有重要事件。評論家表示，盛京將軍被迫簽下的這份協議一但實施的話，無異將使奉天地區成為俄國的殖民地。不過由於增祺在與俄方簽約時並未獲得清廷的授權，所以未來清廷在得知相關消息後，應該會將盛京將軍增祺給革職查辦，然後拒絕承認此項章程之效力。

鄭士良惠州起事失敗　楊衢雲香港遭人暗殺

革命組織「興中會」的成員鄭士良，不久前於惠州（廣東境內）地區發動武裝起事，雖然在行動一開始的階段屢敗政府軍，但最後仍因彈藥不足而只好結束此次的行動。目前政府除了已經發表強烈譴責之外，也下令追查相關的涉案人員，並表示一定要將這些破壞社會和平的壞分子繩之於法。而之前早就已經遭到清廷通緝的興中會總會長楊衢雲，則是於日前被人發現陳屍於香港（廣東境內，英國殖民地）的寓所之中。據本報記者所得到的第一手資料顯示，楊衢雲是被人

在近距離以手槍刺殺身亡，而所有的相關證據也顯示，行凶者極有可能就是清廷所雇用的殺手。堂堂一個這麼大的國家，竟然使用這種不入流的手段來除去心腹大患，實在是過於卑劣陰險。雖然清廷想藉此一舉瓦解興中會的勢力，但其實楊衢雲在回到香港之後，早已於去年（一九〇〇年）便辭卸了總會長一職，而改由孫文擔任。所以楊衢雲的死，雖然對反政府力量造成不小的衝擊，但一般認為，以孫文為中心的興中會，仍會繼續不斷的從事革命行動。

東吳大學於蘇州成立

美國基督教會在蘇州（江蘇境內）成立以培養法科人才為宗旨的東吳大學，這間學校是由上海中西書院及蘇州博習學院合併而來。根據其校務規畫，預計將於蘇州設立文理學院，而於上海設立法學院。其中法學院的課程會採用美國大學法律系的教材，學生必須先讀兩年的一般大學課程，再進入法科修業三年，然後才能取得法學士的學位。教育學者認為，東吳大學的成立，將為中國未來的法界注入新血，幫助中國成為一個法治的新國家。

太后，看來現在只有推行新政才能保住一切了…

好吧…那就去推吧

…什麼是新政？

慈禧太后為了維護其繼續統治的可能性只好下詔推行新政

老佛爺下令推行新政　外務部成六部之首

在八國聯軍攻入北京，給了古老大帝國再一次的迎頭痛擊之後，倉皇逃至西安（陝西境內）的慈禧太后為了維護其繼續統治的可能性，已於去年十二月（一九○一年初）下詔展開變法。今年三月，以首席軍機大臣（皇帝高級機要秘書官）慶親王奕劻為首的「督辦政務處」成立，負責處理所有實施新政的相關事宜，並於六月將「總理衙門」改制為「外務部」，班列六部之首。而兩江總督（江西、安徽、江蘇聯省總長）劉坤一、湖廣總督（湖南、湖北聯省總長）張之洞也聯名上呈三道奏摺，全面性的對清廷提出具體的變法建議。一般認為，這三份奏摺將成為推行新政的重要指導方針。

大清同意天價賠償
雙方簽訂辛丑條約

國都已淪陷於外人之手的大清帝國，於七月二十五日以奕劻、李鴻章為全權代表，與英俄美德日法奧義西荷比十一國在北京簽訂了一份極不平等的《中國為一九○○年的動亂事件與十一國最後議定書》（北京議定書，辛丑條約），規定中國必須賠償白銀四億五千萬兩，共分三十九年還清，創下了本息共計將近十億兩的天價。並將北京東交民巷畫為外國使館區，由各國駐兵管理，而中國人則不准在界內居住。另外，中國還必須拆毀大沽、北京直到渤海的所有炮台，各國則有權在北京至山海關之間的十二個據點駐軍。同時，清廷還被要求嚴辦義和團以及懲處縱信義和團的一百多名官員，然後派高層人員赴德日，為亂民殺死使館人員一事正式謝罪。評論家表示，由於英、美兩國為了自身的經濟利益，力阻德法日義等瓜分派，加上李鴻章、張之洞、劉坤一等三位總督，在與列強協議時，引用國際公法將中國由交戰國的身分轉換成受害國，也就是提出「義和團是叛逆團體」、「皇帝及太后遭到挾持，宣戰詔書是矯詔」、「洋兵是來華助剿叛逆」的論點，使中國僅對八國聯軍有著賠償軍費的義務，而讓列強沒有要求割地的藉口，才讓中國可以逃過被各國瓜分的命運，仍舊維持領土及名義上主權的完整。不過，此議定書的簽定，也使得清政府完全淪為西方列強統治中國的工具，變成一個洋人的朝廷了。至於賠款數字的產生，據記者深入了解，其

列強羞辱性的對中國四億五千萬人各罰一兩

實是由英、德、法、日四國組成的賠款委員會所議定的。在簽約之前，委員會便找來海關總稅務司（中國海關總長）赫德（Robert Hart）、匯豐銀行（HSBC）總經理熙禮爾（Edward Guy Hillier）等人，共同研議中國賠償的財源及能力。而在最後委員會決定採用赫德所提出的方案，將賠款轉為長期債務，把四億五千萬兩的金額，分成三十九年還清，如果連本帶利算下來，總數將近有白銀十億兩之多。評論家表示，赫德所提出的方案，讓列強可以保證收得到賠款，而中國也免於被瓜分。對他自己來講，由於賠款以關稅做為擔保，也使得他身為總稅務司的身分更顯重要。至於賠款的四億五千萬兩，反倒不是精算出來的結果，而是列強有意讓中國的四億五千萬人口都可以感受到賠款的存在，所以才以每人罰款一兩所計算出來的數字，可說是一項羞辱式的賠款。

—— 李鴻章病逝北京 評價呈正反兩極 ——

中國當代政壇最重要的人物之一李鴻章，於九月底時卒於北京，享壽七十八歲。在慈禧太后的指示之下，清廷也特開為漢籍大臣在京師建立專祠的首例。官至直隸總督（直隸、河南、山東聯省總長）兼北洋大臣，授文華殿大學士，負責洋務運動之推行，並多次代表大清帝國與外國簽下好幾個重要條約的李鴻章，所得到的評價可說是褒貶不一。像是日本內閣總理伊藤博文（目前已第四度出任此職）就視其為大清帝國中唯一有能耐可和世界列強一爭長短之人，美國總統格蘭特（Hiram Ulysses Grant）還公開表示李鴻章可名列當今世界四大偉人之一，而英國維多利亞女王（Queen Victoria）也曾授予皇家維多利亞勳章，甚至連慈禧太后也認為他對大清帝國有「再造玄黃之功」。不過，也有許多人對於李鴻章簽下許多喪權辱國的條約，感到十分的不諒解。像因塞防海防之爭與其相爭不下的左宗棠，就嚴厲的批評他說「十個法國將軍，也比不上一個李鴻章壞事」，還說他「誤盡蒼生，將落個千古罵名」。平心而論，由於國家羸弱，所以若要以談判時被迫接受了屈辱要求這點來批評李鴻章的話，未免過於淪為苛責。但諸如中日甲午戰爭中指導方針的失誤導致北洋艦隊全滅，戰勝法國後反而簽下不利的條約，以及早期鎮壓太平天國時殘殺太多中國人等，則都是李鴻章所必須扛下的罪責。

清廷續推新政改革 廢除八股改試策論

清廷於今年宣布推行新政之後，已陸續做出了許多重大的改變，包括廢除了科舉考試中考「八股」（題目只限於經書，而內容格式有極嚴格規定，必須分為破題、承題、起講、起股、中股、後股、束股、大結等段，字數限定在七百字以下的一種作文方式）而改成考「策論」（就當前之政治、軍事、社會或國際情勢等為題目的問答題）、各省建立武備學堂、書院改授新式教育、選派學生出國留學、廢除溥儁大阿哥的名號並令其出宮、准許滿漢之間通婚、提倡漢族婦女廢除纏足惡習等等。一般認為，這些政策的推出，顯示政府似乎真的有推行新政的決心。但是否能夠掌握住正確的方向一直堅持下去，並在國家遭到列強吞滅或是被反政府團體推翻之前達到改革的成效，才是必須加以觀察的重點。

怎麼這麼早回來，補習班停課嗎？

哎…現在都沒有人要來補八股文了…

大清時報

GREAT QING TIMES

西元一九〇二年

光緒二十八年

豪華列車盛大排場　太后風光回京

在拳亂結束，而四億五千萬中國百姓以每人一兩的代價，換得八國聯軍退出北京之後，慈禧太后一行人，終於在日前乘著號稱現今全世界最豪華的專列火車回到北京。據了解，這列豪華專車，是新任的北洋大臣（北洋通商海防執行長）袁世凱，特別為了太后首次的火車之旅而訂製的。當慈禧乘著火車自保定（河北境內）直駛京郊時，袁世凱還特別率領了文武百官在月台排班恭迎，而中國第一支軍樂隊也在此刻響起了《馬賽曲》（法國國歌）來恭候太后回鑾，在雄壯的軍樂聲及驚人的排場襯托之下，搞得就好像是戰勝國凱旋一樣體面。不過，或許就某個層面來說，慈禧太后算是打了一場勝仗，畢竟江山仍舊無恙，生活依舊奢靡，她沒被洋人要求下台歸政，而大權也仍然握在手中。至於那連本帶利將近十億兩的天價賠款，反正也不是從她口袋掏出來的。

慈禧太后在《馬賽曲》的歡迎樂聲中風光回到北京

俄國簽約允撤軍　清失國防自主權

俄軍在幾年前（一九〇〇年）出兵強占東北之後，原本不管大清政府如何抗議及交涉，他就是一直賴著不走。不過日前由於列強認為俄軍長據於此，將會與各國間產生利益上的衝突，於是英、美、日等國便出面加以干涉。在龐大的國際壓力之下，俄國不得已只好於三月初與清廷簽定撤兵協議，答應歸還東北地區，並於十八個月內分三期撤回全部的軍隊。不過這份協議也有附帶條件，就是中國政府以後不得增兵東北，而駐防於此的軍隊人數若有增減也都要知會俄方，同時還要賠償俄方所交還的鐵路價款。國際專家表示，此約的簽定，是以中國政府失去東北地區的國防自主權做為代價，來換取俄軍的撤退。但由於俄羅斯向來不守誠信，未來會不會依約撤軍，則還是一個未知數。

大清時報

GREAT QING TIMES

西元一九〇三年

癸卯

光緒二十九年

續推新政 商部及練兵處成立

清廷為了振興商務並發展實業，終於捨棄數千年來重農輕商的基本國策，於六部（吏戶禮兵刑工）之外又增設了「商部」，以保惠、平均、通藝、會計四個司，分別掌理全國性的商業及鐵路、礦務等事。不久，又為了編練全國性的新式軍隊而成立了「練兵處」，其下又設有軍政、軍令、軍學三個部門。但由於負責的慶親王奕劻不懂軍事，所以實際上是由協助辦理的袁世凱來全盤掌握。

俄人食言不退兵　各界引發抗俄潮

原本已經答應要分三個階段，把入侵部隊撤出東北的俄軍，到最後果然還是言而無信，就算已經定了白紙黑字的協議，他還是照樣要賴撤潑。都已經過了第二梯次的撤軍期限，部隊卻仍是屁股黏得老緊，完全看不出有任何要撤軍的跡象，甚至還另外開出了更為無理的「七項撤軍新條件」。對於俄人這樣的行為，雖然大清政府還是拿他沒轍，但民間不滿的情緒卻再也無法壓抑，目前國內各地以及留日學界都已經引發了激烈的抗俄風潮。而對於大清政府的無能，各界批判的聲浪也迅速蔓延，尤其是在上海租界及日本，「革命」一詞似乎已經成了最熱門的話題，也竄升到網路熱搜關鍵字的前幾名。而清廷也意識到這個嚴重的威脅，已經在國內各地加強查緝反政府言論。

由於清廷的腐敗無能，「革命」一詞已經成為最熱門的搜尋關鍵字

二虎搶食東北肥肉　日俄戰爭無可避免

在俄國拒絕依約自東北撤軍,並又對清廷開出「七項撤軍新條件」之後,外務部研判如果只單靠自己的力量,絕對無法扼止俄軍入侵的意圖及行動,所以在第二天便將條件的內容透露給日本駐華的外交官員。由於俄國提出的新條件中,明列著「列強勢力不得進入滿洲」、「俄國參與北滿行政管理」等獨霸條款,明顯的要將各國的勢力排除在外。而日本在「明治維新」之後國力增強,尤其在甲午戰爭中大敗中國,已經成為東亞的霸主,也想進一步獲得中國東北的控制權。由於雙方標的物相同,在利益上有著嚴重的衝突性,所以日本在英、美的支持下,便出面與俄國交涉,要求俄軍自東北撤軍。不過雄跨歐亞兩洲的俄羅斯帝國,說什麼也不願意和小日本分享利益,他要的就是整盤端走,所以也擺明著要用武力來解決這件事情。在談判破裂之後,雙方已經各自調動大軍、集結艦隊,東北亞的火藥味濃到令人窒息,日俄之間的大戰已無可避免。

財政歲入再創新高　賠款黑洞赤字驚人

雖然大清政府今年的財政總收入,因為稅收的不斷加重而創下了一億零五百萬兩的新高,但總結下來,卻呈現了三千萬兩的赤字。而這中間最主要的財政黑洞,就是在於巨額的對外賠款。不過,這可能還不會是最糟的情況,因為據財經專家估計,接下來幾年政府的赤字將會再持續擴大,這不但將使中國陷於借債養債而益加窮困的地步,也對於清廷好不容易才下定決心要推行的新政十分不利。

【科技新知】萊特兄弟試飛成功

據外媒報導,之前曾經開過印刷廠及自行車廠的萊特兄弟(Wright brothers,Wilbur and Orville Wright),在日前駕駛著自行研製的固定翼飛機「飛行者一號」,創下了離地三公尺,受控飛行六十一公尺的成功試飛記錄。資料顯示,「飛行者一號」的駕駛員必須以頭部朝前的方式趴在下機翼的上面,透過連接在臀部的搖架,以左右移動搖架的方式來牽動纜線,進而使機翼扭曲以達到改變飛行方向的目的。雖然萊特兄弟並不是第一個進行航空器飛行試驗的人,而且飛行的距離也沒有很遠,但他們克服了當今航空實驗最令人頭痛的操控問題,首創了可以讓駕駛員有效操控固定翼飛機的控制系統,可以說替未來航空器的發展找到一個新的方向,讓人類像小鳥一樣翱翔天空的夢想成為可能。

Yes!!

日俄正式開打　大清尷尬中立

在日俄雙方談判破裂之後，日本便展開全面性的戰略部署，以海軍第一及第二艦隊封鎖旅順（遼寧境內）的俄羅斯太平洋艦隊並予以殲滅，然後以第三艦隊確保對馬海峽（韓國與日本之間）的制海權。並計畫分別以陸軍第一軍及第二軍登陸朝鮮半島與遼東半島牽制驅逐當地的敵軍以孤立旅順。再以三軍、四軍於中國的東北地區共同掃蕩俄軍主力。而俄軍則是預測日本將於朝鮮半島南部登陸，於是便在鴨綠江（中國與北韓交界）附近集結了重兵以迎擊北上的日軍，準備誘敵深入，等日軍的補給線延長後再一舉消滅。而停靠在旅順港的太平洋艦隊先期則避免與日本海軍決戰，等到波羅的海艦隊增援之後再一舉合圍。但日本卻於俄軍尚未準備就緒，波羅的海艦隊未能就位之時，就以艦炮對停駐於旅順的俄國艦隊發動了奇襲，同一天陸軍先遣隊也在仁川（韓國境內）登陸。兩天後，已經習慣先偷打的日本政府，才正式對俄羅斯宣戰，正式爆發了日俄戰爭。而面對別人在自己家裡開打的大清帝國，只能尷尬的宣布中立。

英軍入侵西藏　強簽《拉薩條約》

英國在一八八八年侵擾西藏，並取得了前進基地之後，又任命了榮赫鵬（Francis Younghusband）為「西藏邊境事務行政官」，在去年（一九○三年）秋天率領了一支近萬人的武裝部隊，於亞東與錫金（皆西藏境內）邊境集結，準備再次對西藏發起侵略行動。今年春，入侵的英軍與藏軍遭遇，雙方擺開陣勢準備對決的同時，藏軍的指揮官也在陣前企圖試著以談判來化解這一場干戈。而榮赫鵬則是要求雙方必須先保證停火，也就是把火繩槍的火繩熄滅之後，才能開始談判。但就在藏軍照著要求執行之後，英軍卻不守信用的發動了襲擊。而藏軍所持的老式火繩槍在火繩熄滅之後根本就無法點火射擊，使得這一場戰役很快就變成拿著新式武器、沒有重新點火問題的英軍，對藏軍的一場大屠殺。之後英軍繼續推進，到了秋天已經攻下拉薩的榮赫鵬，將炮口對準了布達拉宮（達賴喇嘛居所，西藏的政教中心），強迫西藏領袖簽下了《拉薩條約》。在榮赫鵬的部隊屠殺了近五千名藏族百姓之後，除了要求增開商埠、賠償軍費、拆除防禦工事之外，也不許其他國家以任何形式取得西藏的土地、金融、鐵路、道路、電線、礦產等權利。不過清廷認為此條約嚴重侵犯的大清帝國的主權，所以堅持不予批准，並派員與英國當局交涉要求修改條約內容。

民風轉變
各地爭搶自辦鐵路

就在幾十年前，各地的官紳百姓都還把冒著黑煙、發出巨響的火車，視為破壞風水祖墳的怪獸，而不斷的抗爭，拒絕鐵路鋪設在自己家鄉的土地上。但經過甲午戰爭的洗禮，各界也慢慢的發現了鐵路所帶來的交通便利、實業發展等種種好處，於是在中央政府的鼓勵之下，現在國內各界也逐漸興起了建設鐵路的一股潮流。但是由於本土資金的募集不易，所以修築鐵路所需要的巨額經費主要還是來自於外國資本家的投資。而外資也利用這個機會，控制了各線鐵路的管理、人事、稽核、購料等等的權利，並在合約中載明以鐵路的所有權做為抵押，要是政府無法依約還款付息的話，到時鐵路便會淪入外國人的手中。也正因為有著這種種的疑慮，使得「拒外債、廢成約、收路自辦」的口號在各省相繼發酵，而政府及工商界也大力支持由民間自行集資，以國內自有資金獨立建造鐵路的想法。雖然目前各省民間自行集資的鐵路公司正在陸續成立中，而中國人自行建造鐵路的夢也正逐漸成形，但財經專家指出，未來是否能順利募集到足夠的資金，將是此行動成功與否的關鍵點。

日俄軍浴血大戰　太陽旗高舉旅順

日軍不但先在鴨綠江（中國與北韓交界）邊擊破了俄軍，隨後在遼東半島登陸的部隊也攻陷了位於南山的俄軍陣地大本營。接著又以重砲猛轟旅順港內的俄國軍艦，使其幾乎完全失去戰鬥力。在浴血突破俄軍旅順要塞東北的防線之後，取得制高點的日軍便集中火力，從山腰上使用重砲狂轟俄軍要塞，並殲滅旅順港中殘存的十幾艘俄國太平洋艦隊殘存軍艦。在日軍發狂似的進攻之下，駐旅順的俄軍終於決定投降。雙方自開戰至今，俄方傷亡將近十一萬人，而日本自己則是折損了將近十三萬人。雖然俄國部署在東北亞的總部隊人數占有優勢，但最後日本還是在傷亡慘重的情況下取得了第一階段的重大勝利，掃除了旅順口的俄國艦隊，取得了制海權，並準備傾全力與俄國做最後的決戰。

日本完勝俄羅斯　東北權利又轉手

　　日軍在血戰中贏得了旅順之役的重大勝利之後，又集中兵力對奉天地區的三十幾萬俄軍繼續發動攻擊，最後俄國在損失將近十二萬人之後，以全面慘敗收場。而原本被俄羅斯沙皇視為最後希望的歐洲艦隊，也因為長途跋涉以及沒有完備的作戰計畫等因素，被數量、航速、火力都占優勢的日本艦隊給徹底擊潰於對馬海峽（韓國與日本之間）。在美國總統羅斯福（Theodore Roosevelt）的出面斡旋之下，戰敗的俄國被迫於樸茨茅斯（美國境內）與日本簽定了和約，承認日本在朝鮮所享有的政治、軍事及經濟上之利益，同時把遼東半島的租借權及其他所有特權都移讓給日本政府。評論家表示，日俄戰爭的結果，使得慘敗的俄國沙皇政府將無法逃開國內革命的壓力。而身為第一個擊敗白人殖民者的黃種人國家，日本則可望以戰勝國的身分，達到修改幕末時期以來所簽定不平等條約之目標，並完全掌控中國東北及朝鮮半島。但是，對中國來說，日俄戰爭中大量東北平民的遇難，以及日俄之間對於中國東北權益的私相授受，也使得中國的知識分子更徹底的看到了大清政府的無能，更進一步強化了革命的決心。

帝國覺醒 教改啟動　科舉制度終於喊卡

在一八九八年戊戌變法的時候，維新派曾提出了改革文武科舉的主張。但隨著變法的失敗，一切又回到原點，朝廷仍舊以老方式選用政府官員，武舉甚至無視於槍炮的存在，還在考著刀劍弓石。不過，在日俄戰爭的衝擊之下，讓同為亞洲人的中國民眾信心也為之一振，認為只要徹底求變，中國仍然有希望可以重新站起來。於是輿論要求改革的呼聲隨之高漲，也讓清廷終於下令停辦延續了一千多年的科舉制度。其實，在一九〇一年慈禧決定重新推行新政之後，清廷便已開始逐步改革科舉制度。不但選派人員出國留學、增建西式學堂，還在去年（一九〇四年）制定了以日本教育為模式的新學制，將全國學堂分為初等、中等、高等的三級制基礎教育。還把將高等小學到大學的各級畢業生，都分別授與附生、舉人、貢生、進士等等相對應的功名。另外，也開始興辦包括師範教育、實業教育、特別教育在內的職業教育。另外，為了解決舊階段讀書人的出路問題，據聞政府也將在明年（一九〇六年）公布辦法，讓原來已經取得功名，但因已上了年紀而無法接受新式教育的那些舉人、生員等，可以有重新安排出路的機會。由政府的這些舉措看來，沉睡已久的古老帝國確實有動了起來。不過，這是一件和時間賽跑的重大工程，到底大清帝國能否在完全當機、被汰換掉之前，更新好它的系統，仍是未知之數。

高牆動搖…　慈禧允諾預備立憲　將派專員出國考察

由於實施君主立憲制度的小小島國日本，在日俄戰爭中打倒了專制的龐大沙俄帝國，使得國內支持立憲的呼聲也隨之不斷高漲。最後在輿論已經沸騰的情況之下，逼得慈禧太后也不得不降旨，表示將派專員出國考察其他國家的憲政體制，以為中國將來的立憲預作準備。這個消息發布以後，真是大大的振奮了全國人心，各界可說都對此寄予了無限的厚望。回觀歷史，前後兩次的鴉片戰爭促使中國開始推行洋務運動，甲午戰爭的慘敗激發了戊戌變法，而八國聯軍所帶來的震撼，則讓慈禧太后態度產生了一百八十度大轉彎，促使大清帝國終於真正的走上了推行新政這條路。但由於之前戊戌政變時，維新分子受到迫害的陰影尚未消逝，所以官員們似乎還抱著猜疑的態度在做觀望。分析師表示，看來這次清廷在已無退路的情況下是玩真的了，將整個政府機構完全改制、廢除科舉考試、讓司法權獨立於行政權、建立現代化陸軍、引進西方國家的財政預算制度、獎勵實業保護工商等等的作法，都將對中國日後的發展有著重要的影響。但分析師同時也提出警告，由於新政從根本上動搖了傳統體制，將切斷仕紳階層與政府之間的舊有連結，而使得政府失去社會精英分子的支持。在政府創辦新式學堂、派遣留學生出洋、編練新軍的同時，這批清廷賴以沿續帝國生命的新型知識分子，由於接收到較新的思維及觀念，所以也極有可能會反而走向帝國政府的對立面去，成為推倒高牆的革命分子。

北京火車站驚傳恐怖攻擊 憲政考察團官員被炸受傷

在慈禧太后允諾預備立憲之後，宗室（皇室成員）載澤、戶部左侍郎（財政部次長）戴鴻慈、兵部侍郎（國防部次長）徐世昌、湖南巡撫（湖南省長）端方、商部（商業部）右丞（部長、次長之下的官員）紹英等五位受命出國考察的官員，在各界的熱烈歡送下，正準備從京城外的正陽門車站坐上火車，

革命分子自製的炸藥因不穩定而自爆身亡

各位同學要認真聽啊，不然化學式弄錯爆炸，可是會要人命的啊…

才剛要緩緩駛離，準備踏上考察之路的時候，突然傳出巨大的爆炸聲響，接著濃煙和烈燄便由車廂中不斷竄出，現場也隨即陷入一片混亂之中。而五位官員中，載澤等四人並無大礙，只有紹英傷勢較重，不過所幸的是並沒有傷到要害。據專案小組的調查，這次的恐怖攻擊事件共造成三人死亡，其中一名就是行凶的反政府革命分子吳樾。讀書人出身的吳樾，認為清廷的新政改革只不過是其苟延殘喘的手段，應當要以激烈的暗殺行動來給予清廷更重大的打擊。於是便改換成皂隸的衣服，帶了自己私製的炸彈混上火車。不過由於土製炸彈太不穩定，所以正當他準備投彈之時，火車的震動意外的引爆了炸彈。事件發生之後，大部分的輿論及媒體都不支持這樣的恐怖活動，紛紛對吳樾的行為表示譴責，並向受傷的考察大臣們致上慰問之意。而憲政考察團的行程，也因此而耽擱順延。

【科學新知】愛因斯坦發表狹義相對論

猶太裔理論物理學家愛因斯坦（Albert Einstein），於今年先後發表了六篇劃時代的科學論文，提出了足以撼動現代科學界的許多理論。這些理論包括：光是由小的能量粒子「光量子」組成的，而「量子」則可以像單個粒子那樣運動；每秒高達二九九、七九二、四五八公尺的「光速」是一個不變的數值，沒有任何物體或信息運動的速度可以超過真空中的光速；在「光速不變」以及「相對性原理」論點的基礎上，提出了「狹義相對論」，也就是「四維時空」的概念，即時間和空間各自都不是絕對的；在「質能等價」的新觀念下，導出了「$E = mc^2$」的公式。由於這些非凡的成就及原創性的理論，使得科學界將今年稱作為「愛因斯坦的奇蹟年」，而「愛因斯坦」與「天才」這兩個名詞之間，也被畫上了等號。

孫大砲魅力狂掃東京　同盟會提出三民主義

今夏，日本的中國留學界，邀請了在海外極負盛名的革命家孫文前往演講。一向有「孫大砲」稱號的孫文，在這場大會中發揮了他見多識廣、能說能吹的長才，硬是把「興中會」南洋會員的人數灌水到數十萬之多，並強調美洲的千萬富庶華僑多為慷慨好義之士，以及他與歐美朝野得心應手的交往等等新奇的事。但除去這些煽動性的演講內容，更重要的是孫文幫這些支持革命的知識分子，規畫出了一個沒有皇帝的未來國家願景，讓在場的一千多名聽眾聽得是熱血沸騰。會後，

孫文的魅力不但風靡了東京的兩萬名中國留學生，也對國內外的知識分子造成了極大的影響。一星期之後，「華興會」、「興中會」、「光復會」等等的大小組織，便決定成立一個跨組織的「中國同盟會」，並公推孫文擔任總理，準備於中國境內及海外分設許多支部，廣泛的發動群眾革命並極力爭取外援。十月底，原屬於華興會的刊物《二十世紀之支那》改名為《民報》，成為同盟會的機關報。而孫文在發刊詞上也正式的提出包含「民族」、「民權」、「民生」在內的「三民主義」。

太廢了！！
陸軍貴冑學堂成立　貴族學生荒唐至極

由於近年來軍權逐漸掌握在曾國藩、李鴻章、左宗棠等漢籍大官手中，讓滿洲貴族們開始有了危機意識。為了要牢牢的抓住軍隊，清廷便決定成立「陸軍貴冑學堂」，專門招收皇室的貴族子弟入學，以培訓可以掌控部隊的軍官人才。而最先帶頭入學的便是提出此議的醇親王載灃（奕譞之子，光緒皇帝載湉的同父異母弟），隨後他的弟弟載洵和載濤也都跟著進了學堂。不過，聽說這些到貴冑學堂當學生的王公貝勒或宗室子弟們，根本就沒什麼在上課。授課的老師教官往往被他們視作奴才般的呼來喚去。每天都要老師們派人去請上四五次，一直拖到要吃午飯的時候才會到校。來了之後便喊著上午飯，在享用了極其精美的餐點之後，便又揚長而去了。偶爾有到課堂上課的根本也沒有在聽，二郎腿一翹、身體一靠，便自顧自的唱起京調戲曲來了。將來要是把大清帝國的部隊交在這些人手上，那可真不知道會是什麼個樣子。

大清時報

GREAT QING TIMES

西元一九〇六年

丙午

光緒三十二年

教士威逼　知縣自刎
南昌萬人走上街頭　焚毀教堂擊斃洋人

之前南昌（江西境內）地區的教會與民眾之間有一些糾紛，而由知縣（縣長）江召棠出面幫忙協調時，因為蠻不講理的法國傳教士不斷的威逼江召棠在他們已經預先擬好的文本上簽字，逼得這位知縣在不願簽字卻又無計可施的情況下，最後選擇了自刎身死。消息一傳出之後，果然引起南昌百姓極度的憤怒，數萬名群眾自發性的走上街頭，焚毀了三座教堂及一所法文學堂，並擊斃包含傳教士在內的十名外國人。雖然此事起因於外國傳教士的無理威逼，但演變至今，反而又引起了各國強烈的抗議及交涉。未來政府勢必又得賠錢，然後逮捕肇事的民眾，才能平息得了列強的怒火。但是，對於百姓們因政府無能，屢被外人欺壓而燃起的心中之火，政府又要如何才能平息呢？

二次啟動異常低調　憲政考察團分批出國

就在俄羅斯帝國搶先一步宣布要實施立憲體制之後，進度已因去年（一九〇五年）恐怖攻擊事件而嚴重落後的清廷，也於日前分批派出立憲考察團。但為了避免事件再次重演，這次的考察行動可說是異常低調，而維安工作也提升了不少。其中由端方和戴鴻慈率領的「端戴團」，第一批三十三名考察人員，已由日本前往美國，並接著轉往歐洲各國，主要負責考察教育、工業、文化等項目。而由載澤率領的「載澤團」，隨後也啟程前往日本神戶參訪，隨後又到東京拜訪了日本政界的重要人物，並考察了上下議院、郵局、教育、地方行政機構等。之後，載澤團也將按計畫前往美國、歐洲繼續進行考察，與端戴團不同的是，載澤這一團主要偏重於考察各國的憲政及政府職能，內容也較為詳細，而受訪各國也多派有專家講解。

在炸彈攻擊事件之後，憲政考察團這次低調出發

噓…快閃

【專題報導】立憲體制

相對於大清帝國由皇帝（現在是太后）獨裁專斷的「君主專制」，「立憲體制」是透過「憲法」的訂定，來約束一個國家裡面，包括領導者及被領導者所有人的權利及義務。如果是像美國一樣，由人民選出國家元首，並由憲法限制政府統治人民權力的，就稱為「共和立憲體制」。而如果保留了國家的君主（皇帝、國王或女王等），但通過立憲來樹立人民主權、限制君主權力的，就稱為「君主立憲」。但實際狀況又有區分，像英國的君主就只是所謂的「虛君」而沒有實權，權力集中於人民所選出的「議會」，而由議會中的多數黨或政黨聯盟組成「內閣」來施政並對議會負責。日本的君主立憲體制則與英

國不同，雖然同樣實施憲政，但國家最高決策權仍是掌握在天皇手中，議院等只是輔佐國君之機構。但基於立憲之精神，包括天皇在內的所有國民，還是必須受到已經公布的法律所約束，並不能像大清皇帝那樣可以任意妄為。未來大清帝國要是實施憲政體制的話，不管是那一種方式，皇權都勢必受到極大限制。而好幾十年來已經緊握著權力不放的慈禧太后，是否肯就此鬆手，則是中國是否能夠順利施行憲政的最重要關鍵了。

中英就西藏問題達成協議

之前英國以武力強行入侵西藏，並與西藏地方政府簽下了不平等的《拉薩條約》之後，清廷便立即表示不承認此項協議，並積極的派員與英國政府進行談判。不久前，中英雙方終於就西藏問題簽定了《中英續定藏印條約》，明定英國承認清廷對西藏的主權，並同意不占併西藏也不干涉西藏的政治。但中國則必須承諾亦不允許其他國家對西藏事務進行干涉，並同意英國在西藏所享有的經濟特權。

考察團建議仿日設責任內閣
正反兩派爭論不已尚未定論

清廷之前派出的憲政考察團相繼回國之後，提出了八條改革官制的建議，其中第一條便是建議撤銷軍機處（皇帝機要秘書處），改學德國、日本的責任內閣制。在建議書中，主張由總理大臣、左右副大臣及各部尚書（部長）組成內閣，在閣議決定政策之後再奏請皇帝頒旨實行。而皇帝頒布諭旨時，則需要總理大臣、左右副大臣及相關部門尚書的副署才能生效。同時建議將原來的政府機關加以裁併整頓，改成設立新的九部。但由於這樣的變動幅度太大，將使得許多軍機大臣及部會首長丟了工作，而他們之前賄賂買官所用的錢也將血本無歸，所以引起了守舊派極大的反對。但手握新式陸軍的袁世凱則是因為怕慈禧太后死了之後，光緒皇帝會因之前戊戌政變的事對其報復，所以便強烈主張成立責任內閣以限制皇權。而且按照袁世凱的推估，到時可能由和他關係很好的慶親王奕劻接任總理大臣，而他自己則可以出掌陸軍部尚書（部長）一職。但目前支持與反對兩派的爭論仍是相持不下，而握有終極決策權的慈禧太后則尚未做出最後的決定。

憲改之夢破滅!! 改革虎頭蛇尾 大清原地踏步

原本對於設立軍機處（皇帝機要秘書處）與責任內閣的區別不甚明白的慈禧太后，在守舊派大臣的咬耳根之下，忽然發現一旦撤銷軍機處並成立責任內閣，所有軍國大事的決策權將從自己的手中溜走。於是便果斷的做出了最後決定，下令保留原有的內閣與軍機處，仍將一切權力牢牢的掌握在自己手中。不過對於部門的整編方面，則同意將政府重新編制為外務部、吏部、民政部、度支部、禮部、學部、陸軍部（由兵部改制並納入練兵處）、法部、農工商部（商部吸收工部合併）、郵傳部、理藩部、督察院、大理院等機構。並廢除原來的滿漢雙尚書制的低效率領導，改成單一領導制。評論家指出，這次的官制改革，使得袁世凱的如意算盤落空，雖然奕劻仍然出任外務部總理大臣，但他一直覬覦的陸軍部長一職，卻落入對手掌中。而從清廷所公布的十三個部院首長名單看來，七名滿人、七名漢人及一名蒙古人的比例雖然合理，但實際上重要部門尚書則大多由滿人出任，滿族親貴專制化的現象反而較以往為烈。此次改革可說是虎頭蛇尾，完全沒有新意可言。中國藉著實施新政及立憲而重新振起的希望，也隨著這次守舊派的得勢與親貴重新崛起而完全破滅。

憲政改革

慈禧為了避免權力流失，阻斷了憲改之路

東北改制 分設三省

　　清廷為了強化東北地區的管理，特別於日前將盛京將軍（盛京指揮官）一職改設為東三省總督（奉天、吉林、黑龍江聯省總長），並同時兼管三省的將軍事務。而奉天將軍、吉林將軍、黑龍江將軍的位置則予以裁撤並改設為行省，與內地一樣交由巡撫（省長）治理。

天津試辦獨立審判
司法制度開啟新元

　　中國自古以來的司法審判制度，就與政治脫不了關係。在地方上，無論是老王丟了牛還是小張被毆打，不管是錢被騙了或是老婆跟人跑了，小至唱歌吵到鄰居大到殺人放火，全都是由縣老爺（縣長）來裁決，然後再往上呈送給巡撫（省長）、總督（聯省總長）批核。雖然重大刑案之後還會再由三法司（刑部、都察院、大理寺）複審（主要由刑部決斷，但大理寺不同意時可提出異議，都察院則監督其中有無違法瀆職之情事），有著層層節制的設計。但一來由於承審的縣令、督撫等行政長官皆非學有專精的司法人員，二來也容易受到政治力的干預與操弄，所以在與西方的司法審判制度相較之下，就顯得十分原始而沒有效率了。因此，在輿論要求各方面都要大步伐改革的的壓力之下，直隸總督（直隸、河南、山東聯省總長）袁世凱便於天津試辦了中國有史以來第一次的司法獨立審判。在新的司法制度下，在天津府設立了高等審判分廳，各縣則設地方審判廳，而城鄉則設鄉讞局。負責審判的人員也開始走向專業路

大人，我分析了這些資料，認為被告罪證確鑿，應該…

不不不…我分析了大老闆的眼神和表情，這案子還是判無罪好了

中國自古以來就一直沒有獨立的司法審判

線，由平時對法律有研究者、日本法政學校畢業者，或是原有官府發審各員中擇優錄取。一般認為，這樣的改變，將為中國的司法改革帶來重大的影響，讓一直以來素為洋人所詬病的中國式審案方式，終於可以邁出現代化的第一步。

敦煌珍貴文物竟外流 將由大英博物館收藏

英國學者斯坦因籍著學術研究的名義，竟然私運二十九箱裝滿敦煌文物的行李離境

一位名叫斯坦因（Mark Aurel Stein）的英國人，在英國印度殖民政府的派遣之下，前往敦煌（甘肅境內）進行學術研究與考察，結果最後竟然帶著二十九箱裝滿敦煌珍貴文物的行李離境。據可靠消息指出，英國印度殖民政府打算把這一批「偷來」的珍貴文物獻給大英博物館收藏，而預計敦煌文物也將因此在西方掀起一股研究的風潮。

安徽巡撫被刺身亡 徐錫麟秋瑾被捕處死

繼前年（一九〇五年）北京車站發生反政府分子的恐怖攻擊事件之後，日前安徽巡撫（安徽省長）恩銘在出席巡警學堂畢業式的時候，又遭到革命分子刺殺身亡。據調查單位指出，當恩銘一到達會場時，凶嫌便在第一時間取出預藏的手槍，對著他開槍射擊，恩銘也當場中彈死於血泊之中。接著早已計畫好在場的許多學生，便也同時跟著拿出預藏的武器起事。雖然一時之間情勢十分混亂，但沒多久便被政府軍給鎮壓逮捕。第二天，開槍射死恩銘的徐錫麟立即遭到正法，而包括「鑑湖女俠」秋瑾在內的許多革命黨人，也於不久後相繼被捕處死。

萬牲園對外開放

中國歷史上第一座動物園於日前對外開放，這座位於北京廣善寺的「萬牲園」，收集了印度象、白鹿、黑鹿、虎紋馬（斑馬）、美洲野牛、各式猿猴、獅、虎、鴕鳥、天鵝、鷺鷥、鸚鵡及各種獸類與水鳥，門票則為銅元八枚，孩童及跟役半價。而除了動物園之外，旁邊也有植物園及農事試驗場，是一個十分適合闔家參觀的地方。

同盟會起義不斷　清政府頭痛萬分

近幾年來不但批判時政、倡議新政、激進暴動的種種言論令清廷困擾不已，各地接連不斷的革命行動也讓政府應接不暇。而在這些反政府的組織中，又以孫文為首的「中國同盟會」最令清廷感到頭痛萬分。目前已經被證實由同盟會策劃的行動，就有去年（一九〇六年）十月的萍瀏醴（江西的萍鄉，及湖南的瀏陽、醴陵）事件、今年四月的潮州黃岡（廣東境內）事件、惠州七女湖（廣東境內）事件、七月的欽廉防城（廣西的欽州、廉州、防城）事件等。這幾起事件雖然都以失敗告終，但對清廷的統治威信卻已產生極大的打擊。十月底，同盟會成員又襲擊了鎮南關（廣西境內）炮台，據聞，孫文、黃興、胡漢民

等革命黨的領袖都親自參與了這次的行動。在雙方相互駁火七天七夜之後，政府軍的後援抵達，革命黨人不敵被迫往越南方面撤退。而在清政府的交涉之下，孫文也被越南當局給驅逐出境。不過，雖然革命事業勃興，但在革命黨內部也有些矛盾產生。許多人就認為孫文、黃興等領導人所策畫的行動太偏重以南洋為基礎，而在西南等地的起事又屢不得手，明顯漠視了在長江流域的行動，因此在內部也鬧起了分裂危機。最後，這一些不滿孫文領導方針的革命黨人，便在東京成立了「共進會」，自稱為同盟會的行動隊，並制定了「紅底十八星」的會旗，準備在長江中游等地伺機起事。

帝后最後決戰!? 光緒慈禧雙傳病重

根據不願透露身分的政府高層表示，原本身體就不是很好的光緒皇帝載湉，在慈禧太后發動戊戌政變（一八九八年）將之幽禁在瀛台（紫禁城西側苑囿的「南海」中，一座建有精美建築且四面臨水的皇室渡假小島）之後，健康狀況就急轉直下，現在甚至已經傳出了病重的消息。清廷已經急調各地的良醫入宮進行會診。而慈禧太后這位大清帝國的中心人物，也聽說因年事已高，所以已經快要不行了。目前兩人之間，似乎是憑著最後的意志力在撐著，說怎樣也不肯在這人生的最後一場對決中輸給對方。

同盟會黃興以寡擊眾 革命黨雖敗士氣大振

同盟會的革命黨人黃興二月時又從越南進入欽州（廣西境內），發起了武裝起義的行動。人數僅有二百餘人的反政府軍，出人意料之外的以少擊眾，屢敗政府軍。雖然最後仍是因為彈盡糧絕而撤回越南，但由於此次的行動竟然持續了四十多天，所以已經大大的鼓舞了革命黨人的士氣，而黃興本人的威名也因此大振。四月時，原本已經撤出的革命軍又從越南重返，再次對清軍發動襲擊。不過這次清廷透過了外交系統，讓法國政府介入此事，而使得黃興等人相繼被法國越南殖民當局拘捕及繳械，行動仍以失敗告終。

庚子索款過多　美國答應退款

美國總統羅斯福（Theodore Roosevelt）於不久前向美國國會提交了一份議案，要求退還中國超額支付的庚子賠款（八國聯軍後《辛丑條約》所定之賠款）。而這項提案在通過之後已於今年生效，預計將分成兩次來完成退賠的動作。但美國政府同時也表示，這筆大約一千一百六十萬美金，將近索款總數一半的退費金額，將不會直接放進中國政府口袋，而是會用於資助留美學生之用。此案的成功，駐美公使梁誠功不可沒。在他上任後掌握到美國實際出兵中國的軍費，以及在華商人、傳教士的生命財產損失的總和，發現這數字遠低於其在庚子賠款中提出索賠的金額。而這時剛好

美國答應退還當初多拿的庚子賠款

因為美國排華法案以及鐵路的種種問題，導致了中國國內和海外僑界，都發生了大規模的的拒買美貨運動，對美國經濟造成很大的影響。所以美國政府才會修正對華政策，改成以教育為切入點，透過獎學金的設置來培養親美的知識分子。於是在梁誠的多方奔走交涉之下，兩者一拍即合，才促成了這個退款的案件。國際情勢專家表示，雖然現階段只有美國答應要退款，但這個行動一定會引起效應，相信在不久的將來，各國應該也會陸續跟進。

清廷頒布《憲法大綱》預備時間定為九年

清廷在立憲派的要求及輿論的壓力之下，終於頒布了《憲法大綱》，將預備立憲的時間定為九年，預計於西元一九一六年時，正式宣布憲法與皇室大典，並進行國會選舉。不過，在這份大綱中，雖然規定了公民有納稅、當兵之義務，且在憲法和法律的範圍內享有言論、著作、集會、結社的權利，以及人身、財產的不受侵犯權，但對於眾所期待的議院，卻只將其定位為一個諮詢機構，連皇帝的人事大權也不可干預。照這樣子的規畫看來，皇帝的權力仍是不可侵犯，與原來的專制體制並沒有太大的區別。一般認為，對立憲期待已久的知識分子與輿論媒體，對於這樣一份感覺不到誠意的《憲法大綱》應該是不會滿意的。預料接下來各界應該還會採取一些手段，來逼迫清廷做出修正。

光緒駕崩 慈禧仙逝 皇帝死因成謎

已受病痛折磨一段時間的光緒皇帝載湉（清德宗），終於在十月二十一日駕崩，享年僅三十七歲。由於載湉與同治皇帝載淳（清穆宗）一樣都沒有留下子嗣，所以隨後清廷便發出慈禧懿旨，立年僅三歲的溥儀繼承皇統，過繼給同治，並兼祧光緒皇帝（溥儀以

載淳繼子的身分同時接續載湉的香火，並在宗廟裡供奉祭祀），同時下令所有軍國政事，都還要經由太后的訓示才可以施行，也就是宣告慈禧太后仍將繼續垂簾聽政。只不過，在這份命令發布兩個小時之後，也就是光緒死後的第二天，便接著傳出慈禧的死訊。從官方發布的消息看來，光緒及慈禧兩人都是因為長期生病而自然死亡，但由於二人的死亡時間過於接近，所以也引起了各界的揣測。有學者認為因為生病而走到生命盡頭的兩人，其實最後在比的是意志力，誰也不願意在另一個人面前先倒下，只是慈禧最後贏得了這場比賽。但也由於光緒已死，讓她放下心中大石，在緊張感消除之後，整個人也隨之萎頓，所以才會於第二天便跟著駕鶴而去。不過，也有不願意透露身分的核心人士明確指出，其實光緒帝根本就是被慈禧所毒死的。也就是說光緒帝雖然長期健康狀況不佳，但其實還沒有到致死的地步，而年邁的慈禧在知道自己已經來日無多之後，不願光緒於她死後重新掌握大權，於是便派人用砒霜將其毒死，要是驗屍的話，一切便可真相大白。至於事實的真相到底如何，因為也沒有人敢把皇帝的遺體拿來解剖驗屍，所以一時之間恐怕難以查明。

——宣統繼位 載灃掌權 袁世凱遭排擠暫離政壇——

十一月九日，清廷為年僅三歲的宣統皇帝溥儀舉行了登基大典，先後在中和殿與太和殿接受領侍衛內大臣等及文武百官的叩拜。但是因為正值先帝光緒與慈禧太后的國喪期間，不能奏樂，而年幼的溥儀又哭鬧不停，所以原本應該是非常莊嚴隆重的登基大典，就在哄亂之中草草結束。甚至還有傳聞說，攝政王載灃（溥儀生父）在典禮中為了哄小皇帝，還一直跟他說：「馬上就完了。」而這句話很快的便在宮外傳了開來。就在國家飄搖的動盪時刻冒出這麼一句話來，還真的是有點大觸楣頭的感覺。不過，皇室發言人也已經出面表示一切都是杜撰，也呼籲各媒體不要再傳播不實的消息。不管載灃有沒有講過這句話，但他為了鞏固自己的權位，在上台後就把手握北洋軍權的袁世凱排擠掉可是事實。而袁世凱在奉旨開缺回籍之後，則可算是暫時遠離了政治核心。不過分析師認為，袁世凱雖然離職，但由於久居要位，在朝中羽翼已豐，北洋軍中的將領也多是他手下出身，所以對於政局仍有一定的影響力，只要一有機會，一定還會東山再起。

大清時報

GREAT QING TIMES

西元一九〇九年

己酉

宣統元年

粵漢鐵路問題引發地方鄉紳富商不滿

在認識到鐵路所帶來的便利及經濟發展後，雖然全國各地都開啟了修建鐵路的風潮，但資金的取得仍是最困難的問題之一。十幾年前，廣東、湖南、湖北的鄉紳就提出了由民間自行集資，來修築粵漢鐵路（廣東廣州至湖北漢口）的計畫。時任湖廣總督（湖南、湖北聯省總長）的張之洞雖然同意修路，但卻認為光靠民間集資無法籌措出足夠的資金。於是便奏請清廷同意以「官督商辦」的方式來辦理，由官方出面向外商銀行借款，再交由民間經營管理。但是當負責督辦鐵路事務的大臣盛宣懷，在透過駐美公使向美商借款四百萬英鎊時，美國方面卻要求於合約中載明在中國尚未還清借款的五十年之內，鐵路的管理權為美方所有。而簽約之後，美方又不斷的拖延執行，甚至還將三分之二的股份私自賣給了比利時。美商的種種行為，不但引起了地方鄉紳的不滿與反彈，更引發了國內外一陣拒買美貨的行動。在輿論強烈要求廢除合約並收回路權的呼聲及壓力下，張之洞最後以六百七十五萬美元的高價贖回了路權。原本張之洞答應讓廣東、湖南、湖北的鄉紳富商各自籌款，然後分別興建各自的路段，但在不久前卻又以商股籌集不易為理由，徑自宣布改為由官方向德、英、法三國的銀行團借款五百五十萬英鎊，而民間資金的部分則只能認購部分的股票。由於這中間牽涉到極大的商業利益，所以已使得各地鄉紳們罵聲不斷，未來是否會掀起更大規模的反抗浪潮，是值得觀察的。

各省代表建請速開國會 請願遭到清廷明確拒絕

各省於九月初才剛選出的諮議局（省議會），在江蘇省諮議局議長張謇的發起與聯繫之下，都在日前派出了代表前往上海集會。在十六省代表前後開了六次的會議之後，決議建請清廷盡速召開國會，並於十二月初由二十多名代表赴北京都察院（中央監察院）呈遞〈速開國會請願書〉。請願書中明白建議清廷速降諭旨，頒布議院法及選舉法，並於一年之內召集國會。但當請願書送上去之後，都察院一反行事推拖的常態，極有效率的在不到半個月的時間便給予了非常明確的回覆，直接拒絕了此項建議。評論家認為，由於召開國會、改造政府一事幾乎已成為眾所期待的目標，政府選擇不願意聽見人民的聲音，將導致執政者與民意的嚴重背離，造成國家內部更大的分裂。而各省諮議局的代表們絕對不可能就此收手，一定會再更進一步的對政府施加壓力。

大清時報

GREAT QING TIMES

西元一九一〇年

庚戌

宣統二年

廣州新軍起事造反　統治工具竟助革命

大年初三那天，當所有人還在歡慶春節的時候，廣州（廣東境內）的部分新軍士兵便突然發動了武裝起事，並與官兵一直纏鬥至深夜。據了解，原本大清帝國砸了大錢、費盡心力訓練，打算用以維繫政權的新式陸軍，在同盟會的滲透之下，竟然有許多士兵都已經投入了反抗政府的行列。在黃興、胡漢民、汪精衛等人的策畫之下，由新軍排長倪映典所率領的這個組織原本預定於元宵節當天起事，但在除夕當天，因為有部分新軍士兵與商家發生了小小的購物糾紛而引起警方介入，結果竟意外的演變成新軍與警方的嚴重衝突，部分新軍士兵們更於大年初一攜械入城打算報復。兩廣總督（廣東、廣西聯省總長）袁樹勳在聞訊後研判新軍軍心不穩，便藉著集合訓話的機會暗中收繳其子彈，並宣布禁假以防生事。但憤怒的士兵們事後仍是衝進了軍械房去取出了軍械及子彈，並在初三這一天發起了攻擊行動。只是這次政府軍早就做好了準備，在有利的制高點發炮轟擊，把三千名起義軍打得七葷八素。之後官軍代表又來到陣前，假意有事要與義軍領袖磋商。倪映典因來者一位是安徽同鄉，另一位又曾加入

過同盟會，便以為對方是來磋商反正事宜的，於是便獨自一人來到陣前。誰知這一切都是官軍設下的陷阱，倪映典就這樣被清軍突襲而死。之後起義軍由於失去領袖而陷入混亂之中，戰到深夜終因子彈用盡而潰散。第二天，清軍四出搜剿並逮捕了一百多名的參與者。評論家認為，這次廣州新軍之役雖然還是以失敗收場，但其實已經對民心產生了巨大的影響。證明新軍這個政府賴以維持統治的工具，竟可變成一股造反的力量，這讓許多原本不看好革命的人，也看到了革命或許會成功的一點點曙光。

喂，我是主人

狠咬！

清廷苦心培植的新軍竟然反而成為革命的最大助力

322

謀炸攝政王行動未遂
汪精衛被捕終身監禁

不久前政府破獲了一件恐怖行動，並逮捕了執行此項行動的同盟會成員汪精衛。據了解，與汪精衛同夥的七人組成了一個以攝政王載灃為目標的暗殺團，企圖在載灃往來必經的一座小石橋下埋設炸藥。只不過任務尚未完成即被人發現，在警方調查之後汪精衛也遭到逮捕。原本載灃有意將其處死以洩心頭之憤，而自認難逃一死的汪精衛，也在獄中寫下了「引刀成一快，不負少年頭」的激昂詞句。但在民政部尚書（部長）善耆的勸說之下，載灃才改變心意，將汪精衛改判為無期徒刑，成為革命黨人被捕之後竟能逃過一死的特例。

米價高漲民不聊生
各地發生民眾騷動

湖北地區由於近兩年來水患嚴重，奸商們又囤米居奇，導致米價竟然高漲了三倍之多，甚至還傳出多起民眾因沒錢買米而投水自盡的新聞。民眾們於是請求地方政府將官倉的存糧用平價售出以平穩糧價，但卻遭到官府的拒絕，而引發了長沙民眾的激烈反抗。這些憤怒民眾不但失控的焚毀政府辦公室，還直接動手搶奪米店，並搗毀了教堂、郵局等處所，讓整個城市陷入一片混亂之中，一直到五天之後才漸漸的平靜下來。但可不是只有湖北地區的百姓日子不好過，山東萊陽地區不久後也發生了因為縣令（縣長）私增捐稅與劣紳侵吞社倉積糧，引起了鄉民不滿的狀況。一開始鄉民們的訴求只是要求政府清算穀積並免除苛稅，但官府表面上假裝安撫，私底下卻向上級申請調兵鎮壓，最後終引發了數萬人的大規模民變。在山東巡撫（山東省長）命新軍前往鎮壓，殺死了一千六百多名抗議人士之後，才總算把事情給壓了下來。

投資公司吸金捲款數千萬兩
橡膠類股崩盤　上海金融大亂

近日來上海股票交易市場的橡膠股重挫，進而造成許多砸下重資的大型商號也因受到牽連而紛紛倒閉，並引起當地金融市場的極度恐慌。在政府介入調查之後發現，今年再度襲捲上海股市的這一場風暴，是因為有英國籍的股票商人在上海設立了間空頭的投資公司，然後不斷哄抬橡膠股票的價格，並誘騙許多商人瘋狂搶進所造成的。眼中只看到錢超級好賺的許多商號及投資客，便紛紛把資金全都瘋狂的投了進去，甚至有些錢還是去借貸而來的。最後這家空頭公司在吸飽了資金之後，便捲款數千萬兩潛逃出境，回英國享福去了。由於這件事的影響層面實在過大，為了避免整個上海金融體系就此崩解，連政府也不得不出面向匯豐（HSBC）等外國銀行，先行墊借了六百五十萬兩做為應急之用。俗話說得好：「你要貪人家的利，人家可是等著要吃你的本」也呼籲投資大眾不要輕信那些投資公司的美麗謊言，錢如果真的那麼好賺，他們自己賺就來不及了，哪能輪得到你呢？

攝政王載灃在龐大的民意壓力之下，終於點頭答應縮短立憲的時間

民意沸騰 清廷鬆口 國會將於宣統五年召開

在「國家請願同志會」的努力之下，各省諮議局（省議會）的代表們又第二次前往北京，為先前已經遭到清廷否決的「速開國會」一事繼續努力。這一次的聲勢可說是更為浩大，不但光代表就有一百五十人之多，還另外徵集到了三十萬人的簽名。可能也因為見到了群眾力量的覺醒，所以這次都察院（中央監察院）並沒有加以為難，而是立刻代為將請願書上交清廷。不過政府高層仍是認為要是此例一開的話，恐怕以後百姓們將群起效尤，有事沒事便來請願，到時朝廷威信必將蕩然無存，於是便以更為嚴厲的語氣駁回此議，並下令不得再行瀆請。但請願代表們並沒有因此而放棄，反而決定再發起更大規模的活動，徵集更多的簽名，同時以遍地開花的方式，各省同步進行再繼而向中央施加壓力。最後，這個策略果然奏效，國外各地的華僑更是紛紛致電表示支持請願活動，而媒體也大肆談論，使得「召開國會」成為最熱門的討論話題。由於輿論的一面倒，加上各省成千上萬的群眾上街遊行，動不動就數十萬的簽名支持，令各省督撫長官也不得不公開表態支持。在排山倒海的壓力之下，清廷也終於決定讓步，攝政王載灃（溥儀生父）只好宣布將原定為九年的預備立憲期限縮短三年，改於宣統五年時就召開國會。雖然政府這次總算是做出了比較正面的回應，讓國家民主化的進程往前跨進了一大步。但也有政治評論家指出，加速改革固然是好事，但立憲是一件工程浩大的根本大事，就連歐美等國也是經過長時間的醞釀及修正才能走向民主憲政之路。今天因各界民意沸騰，人民連一刻也等不了，短短幾年的時間是否能真的讓已經實施幾千年君主專制的中國準備好，實在是令人擔心之事。畢竟民粹不能當飯吃，在喊爽的同時，到底要為國家選擇一條怎樣的道路，是必須要稍微沉澱一下激情，好好思考的。

大清時報

GREAT QING TIMES

西元一九一一年

辛亥

宣統三年

中央實施責任內閣制　皇族成員過多引撻伐

清廷在各界強大的壓力之下，終於在日前頒布了《新訂內閣官制》，開始實施全新的「責任內閣制」，以原任首席軍機大臣（皇帝高級機要秘書官）慶親王奕劻（皇族宗室）為新內閣總理大臣，而舊有的「內閣」及「軍機處」則同時予以裁撤。新的內閣將由十三名國務大臣組成，除了總理大臣及協理大臣（副總理）那桐（原任軍機大臣，滿籍）、徐世昌（原任郵傳部尚書，漢籍）之外，分別由梁敦彥（漢籍）出掌外務部、肅親王善耆（皇族宗室）為民政部大臣、載澤（皇族宗室）為度支部大臣、唐景崇（漢籍）為學部大臣、廕昌（滿籍）為陸軍部大臣、載洵（皇族宗室）為海軍部大臣、紹昌（覺羅，即皇族遠親）為法部大臣、溥倫（皇族宗室）為農工商部大臣、盛宣懷（漢籍）為郵傳部大臣、壽耆（皇族宗室）為理藩部大臣。只不過這份名單一公布之後，便引發全國一片譁然，更被諷刺為根本是個「皇族內閣」。因為在十三位閣員之中，滿洲貴族就占了九人，其中的七個人還是皇族，而漢籍官員竟然只有四個，而且都被安排在影響力不大的部門。評論家表示，雖然這批皇族閣員有許多是兼具學識及實務經驗，政治立場也相當開明，甚至可以被歸類為改革派。但是這樣的滿漢閣員比例，已經造成了社會觀感的普遍不佳，使得閣員本身的優點變成毫無意義。不論考

量為何，推出這樣的內閣名單已經犯了在政治上極嚴重的錯誤，將讓以反清排滿為宣傳重心的革命黨人得到更有力的正當性，使得許多原本支持立憲的緩和改革派，在失望之餘轉而支持較激進的改革方式。而對於手中握有實權的地方督撫大員來說，原本可以直接向皇帝奏事的權力被剝奪了，而像被降級般變成改由內閣統轄各省。這種失落與不滿的感覺，也極有可能在不久的將來會對中央政府進行反噬，而讓這個愚蠢至極的內閣人事付出沉重的代價。

令人失望的皇族內閣名單變相助長了革命聲勢

內閣第一號令　鐵路收歸國有

之前各省由國人集資成立的多家鐵路公司，都因為資金募集的成果不如預期，使得集資和興建的速度都過於緩慢，而導致各線完工的日子可說是遙遙無期。就以川漢鐵路（四川成都至湖北漢口）為例，要是以現在的速度繼續進行的話，恐怕得等一百年以後才可以通車。但是反觀京漢（北京至漢口）、滬寧（上海至南京）、汴洛（開封至洛陽）等由外資興建的鐵路，在充足的資金以及成熟的技術之下，則是早就都已經陸續完工。這

使得中央政府陷入一個尷尬的局面，要是繼續支持國內合資商辦鐵路的話，那對整個國家的建設發展來說是極其不利的。不過要是為了有效率的完成鐵路建設而將鐵路收歸國有，則勢必又會激起國內強烈的反對聲浪。但再怎麼兩難，政府還是得做出最後決策，也就是在這種情況下，郵傳部大臣盛宣懷便於皇族內閣成立的第二天，發布了由內閣發出的第一號令，將鐵路全部收歸國有，改成以舉借外債來興建。

公義？私利？
四川鐵路虧損嚴重　保路組織對槓政府

中央政府要將鐵路全部收歸國有的命令傳至各省以後，湖北、湖南、廣東、四川等地的反對聲浪四起，已經投資大量資金在鐵路事業的仕紳富商們，紛紛以各種方式要求政府收回成命。雖然在地方政府的強力介入之下，兩湖地區以及廣東的保路運動已經逐漸的被壓制下去，但在四川方面的情況卻似乎有越演越烈的趨勢。此時代為管理四川總督（四川省總長）職務的王人文，在群情洶湧的壓力下勉為其難的代為上奏，請求中央政府暫緩接收。在中央一陣嚴斥並將請願駁回之後，川漢鐵路的股東、諮議局議員，以及各界的代表便成立了「保路同志會」，要求一定要把原來的所有股本退回。據記者深入了解，其實此次郵傳部大臣盛宣懷和英法美德四國銀行團所簽定的巨額借款修路合同，無論是利率、抵押條件或是管理權等方面，

和以前的合同相比，都已經是對中國有利的多了。而四川商紳之所以反對，無非還是因為股本難以索回而深怕血本無歸的問題。因為在清算過後，對於湖南湖北的鐵路股權，郵傳部會照本發還，廣東的部分則是發回六成，其餘四成發給無利股票。但四川鐵路公司因為自己內部經營不善，又有公司經管人員挪用公款炒股而虧空數百萬兩，所以只能把公司現在僅剩的七百萬兩拿來發還給股東。但股東們卻不願承擔這項損失，所以便以反對鐵路國有為手段，要求政府要發還所有的股本。但站在盛宣懷的角度看來，政府根本不可能把全國百姓繳納的稅金，拿來補償私人公司因為經營不善而導致的虧損。目前保路團體與政府之間尚未取得共識，未來是否會演變成更激烈的衝突或抗議事件，記者將持續追蹤報導。

三二九黃興領軍 七十二烈士成仁

三月二十九日傍晚，在黃興的指揮之下，一百多名同盟會的革命黨人攻了位在廣州的兩廣總督衙門，但在大批的政府軍後援部隊趕到之後，起義軍便因寡不敵眾而轉為激烈的巷戰。據了解，黃興等人原本是想要生擒兩廣總督（廣東、廣西聯省總長）張鳴岐，再逼他讓轄下的官兵倒向革命陣營的，但後來卻被張鳴岐給逃走了。而由於革命黨人內部一些聯絡上的問題，使得原本應該有八百餘人的敢死隊只到了一百多個，一開始要兵分十路的計畫也一再修正，到最後只有黃興這支部隊發起主攻。在敵我懸殊而得不到接應的狀況之下，經過徹夜的交火惡鬥，革命軍傷亡慘重，再次以失敗收場，而黃興奮戰到最後也只能僥倖脫險。就本報所知，這次遇難的八十幾位革命黨人，幾乎清一色都是知識青年，都是同盟會中的骨幹精英。雖然此役同盟會折損黨內的優秀人才，造成革命事業的嚴重斷層，但這些年輕人在革命行動失敗多次的絕望之餘，以自己的血肉生命所喚起的覺醒，相信將會掀起國內革命的高潮。而事後革命黨人在各巷弄間收殮犧牲者遺骸時，因為只有找到七十二具血肉模糊的屍體，所以也準備以「七十二烈士」的名稱，將這些人安葬在城東的紅花崗（後改名為「黃花崗」）。

政府強硬收回鐵路 成都引爆流血衝突

由於在四川鐵路收歸國有的這個爭議上，中央政府和民間一直遲遲未能達成共識，而郵傳大臣盛宣懷便逕自派人強行接收了川漢鐵路（四川成都至湖北漢口）宜昌（湖北境內）至萬縣（四川境內）段的工程。於是此舉便意外引爆了四川民眾的憤怒，在「保路同志會」的動員之下，成都（四川境內）地區展開了大規模的罷課、罷市行動。而為了強調抗爭的合法性，抗議民眾們在士紳的授意下，紛紛捧著光緒皇帝的牌位，並在旁邊寫著光緒曾經頒布的上諭「川路仍歸商辦」等大字走上街頭。在成都騷動的消息傳開之後，四川各地也陸續跟進，最後演變成全省抗糧抗稅的行動，甚至還有些地方的群眾失控，出現多起搗毀巡警局的暴力事件。中央政府在聞訊之後十分憤怒，立刻下令將處理不當的王人文解職，並調來趙爾豐代理四川總督（四川省總長）一職，以鎮壓這場抗議行動。在清廷高層的壓力之下，趙爾豐先行誘捕了保路運動的幾個領袖人物，接著又貼出聚眾入署者格殺勿論的告示，企圖以此來壓制動亂。但沒想到這種恐嚇手段竟然失效，上千個手捧光緒牌位的群眾依舊將總督衙門圍得水洩不通，群眾激動的呼喊聲更是不絕於耳。對此已經束手無策的趙爾豐，最後竟然真的下令衛隊向手無寸鐵的民眾開槍。就在現場群眾陷入混亂與恐懼之時，馬隊又緊接著出來野蠻的驅散民眾，使得許多無辜百姓慘死在馬蹄之下。據人在現場的記者初步統計，在這次殘忍的血腥鎮壓事件中，至少有五十多位民眾遇害，而其中年紀最小的一位才只有十三歲。

水電報效果驚人
反對勢力重重包圍成都　端方率領湖北新軍入川平亂

在「成都血案」發生之後，部分同盟會的成員便在百多片木板上寫著「趙爾豐（四川總督）先捕蒲、羅諸公（保路同志會領袖），後剿四川各地，同志速起自救」，再用油紙包好投入江中，以這種「水電報」的方式，將這個政府血腥殘殺百姓的消息在很短的時間內傳遍了四川各地。於是各地的保路同志會及革命黨人紛紛採取行動，在幾天之內，由各地蜂擁而至的武裝反政府組織人數已經突破十幾萬，並將成都（四川境內）給團團圍住。而陷入重圍之中的趙爾豐，雖然已經將蒲殿俊、羅倫等人給放了出去，但情勢依然沒有好轉。加上四川的部隊也明白的表示了不再接受這種把槍口對準無辜百姓的鎮壓命令，也讓當地的情勢瀕於失控邊緣。清廷在得知四川鬧出這麼大的事之後，便將趙爾豐解職，另以端方代理四川總督（四川省總長），並率領湖北的新軍入川平亂。

政府軍緊急調防四川　革命黨湖北蠢蠢欲動

據記者所得到的第一手消息，政府在各地所練的新軍之中，被革命黨人滲透的情形十分嚴重，像同盟會在湖北新軍士兵中發展出來的革命組織「文學社」（其實與文學一點關係也沒有），聽說成員已經達到三千多人。也就是說，在湖北新軍中，有三分之一的人全都是反政府的革命黨。而由於政府為了鎮壓四川的動亂，已下令將部分的湖北新軍隨代理四川總督（四川省總長）端方入川，使得湖北地區的防備出現漏洞。所以不

久前文學社的領導階層便與共進會的成員秘密會商，共同推舉文學社的蔣翊武為軍事總指揮，共進會的孫武為軍務長，並決定在八月十五中秋節那一天聯手起事。但湖廣總督（湖南、湖北聯省總長）瑞澂在聽到「八月十五殺韃子」的傳聞之後，也採取了緊急應變措施。下令將部分新軍調轉防區，以拆散革命黨在部隊中的力量。同時下令讓部隊提前過節，然後在中秋實施戒嚴，所有士兵不准外出，子彈則全數入庫。到了八月十五當天，只見明月高掛，但革命黨人並沒有任何的行動，武昌（湖北境內）城內反而是格外的安靜。據可靠消息指出，極有可能是新軍調防的動作，已經打亂了革命黨在部隊中的指揮系統，所以起事的日期已經向後推遲了。

辛亥雙十革命取得首勝　紅底十八星旗武昌飄揚

　　八月十九日，也就是西洋新曆十月十日晚間，一聲槍響劃破了寂靜的夜空，湖北新軍中的革命黨人終於採取了行動，再一次的以生命去衝撞大清帝國。此時，駐守武昌（湖北境內）的各營革命士兵紛紛衝出軍營，第一時間便往軍械庫及戰略要點奔去。由於各部隊中都混有為數不少的革命軍，所以行動在一展開之後便有如滾水沸騰般，一發不可收拾。搶得軍械、大炮的革命軍陸續集結，在很短的時間內人數便已暴增到將近四千人。而政府軍因為分散在各個駐地，所以真正可以和革命軍對抗的大概只有總督衙門及附近第八鎮司令部的兩千名部隊。人數上取得優勢、士氣正旺的革命軍，在已起事的炮兵部隊同志強力支援下，對政府軍發動了猛烈的

攻擊。凌晨時，革命軍拿下了第八鎮司令部，並在第二天天亮時攻陷了總督衙門，然後在武昌城中升起了一面「紅底十八星」的共進會大旗。至於湖廣總督（湖南、湖北聯省總長）瑞澂，以及各級文官武將，則是一看苗頭不對便早就全部逃之夭夭了。雖然革命黨人在多次失敗之後終於起義成功，但分析師也點出了一個問題，就是這批以新軍為基底的革命黨人雖有戰鬥力，但卻因參與者的官階都太小，可能會面臨到有兵無將的窘境。到時要由誰來繼續帶領整個行動，主導者又能否繼續堅持著革命黨人的初衷，是否會有投機政客前來竊取民主的初熟之果。種種的問題，可能是有志者在慶祝武昌起義成功的同時，所必須要深思的。

計畫趕不上變化！！　武昌革命純屬意外

據了解，這次革命軍的起事其實並不在原本的計畫之中，而完全只是一個意外。在起事的前一天，共進會的孫武等人在漢口（湖北境內）租界內的一間民宅製作炸彈時不慎爆炸，在孫武被送往醫院急救後，其他來不及撤離的革命黨人以及旗幟、文告與黨員名冊等，則被

孫先生，革命成功了，您快回國吧…

武昌起義的成功，連在海外端盤子籌款的孫文等人也感到意外

趕至的俄租界巡警所查獲，隨後並全數移交給中國官方。於是湖廣總督（湖南、湖北聯省總長）瑞澂便下令全城實施戒嚴，並依名冊開始搜捕革命黨人。在如此危急的情況之下，起義行動的總指揮蔣翊武與其他領導人便決定在當晚十二點，聽南湖炮隊鳴炮為號，屆時所有的組織在同一時間起事，讓政府軍促不及防。但不久後，這個聚會點卻被官軍所破獲，除了蔣翊武驚險出逃以外，還在現場的其他數人皆被逮捕處死。失去指揮系統後，開炮的命令也因城內戒備森嚴未能送達炮隊手中，使得潛藏在各部隊的革命黨人一直等不到起事的那一聲炮響。第二天，官軍繼續進行搜捕行動，又陸續有數十名革命黨人被逮捕。如此緊迫的壓力，逼得基層的革命士兵逐漸按捺不住，而在寢室中以白巾纏臂，並手持槍械隨時準備行動。這時，又剛好被一個前來查房的排長當場撞見，在排長

上前強要士兵繳械並發生扭打的同時，一旁的士兵情急之下便向排長開了一槍，排長掙扎著負傷逃走並企圖回去通報上級。附近營房的副班長熊秉坤聽到槍響後趕到，便當機立斷宣布直接起事，號召所有革命黨人迅速行動並搶占了軍械庫。但由於熊秉坤的軍階實在太低，所以他便另推了隊官吳兆麟擔任臨時總指揮。這次的起義與之前孫文、黃興所組織的會黨或學生行動不同的是，這批新軍中的士兵可都是受過軍事訓練的職業軍人，所以在採取行動之後，便很快的取得了優勢，進而奪下了武昌。

清廷取消髮禁

清政府在日前發布一道命令，允許官民可以自由剪髮。這條自八旗鐵騎入關後，就一直留在中國人頭上的辮子，終於隨著清政府的逐步崩解，而一同消失在這時代洪流之中。

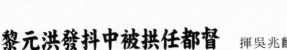

黎元洪發抖中被拱任都督
革命成果遭政客輕鬆奪取

革命軍在武昌起事之後成立了所謂的「中華民國軍政府鄂軍都督府」，宣布改國號為「中華民國」，廢除宣統年號改用黃帝紀元，將宣統三年改為黃帝紀元四六〇九年，並公推之前在新軍中擔任協統（旅長）的黎元洪出任都督。不久，黎元洪又與諮議局的議長湯化龍等人商議，並在祭天大典之後宣布了軍政府的組織名單。但據記者所得到的內幕消息，其實在一開始革命軍打下總督衙門時，因為當初起事的領導階層多已被捕或下落不明，所以急需公推一位較有威望的人出來組織新政府以穩定局勢，於是他們首先便找上了湖北諮議局的議長湯化龍。但由於當時情勢尚不明朗，所以湯化龍表面上表示支持革命，但卻以自己不是軍人，不知用兵為藉口給推掉了。當時因為總督（聯省總長）、提督（軍區司令）、統制（師長）全都跑了，留下的人裡面就以躲在師爺家中避難的協統黎元洪官階最高，所以起事行動的臨時總指揮吳兆麟等人，便把躲在床底下發抖的黎元洪給一把抓到了諮議局。當他得知革命軍要他出頭擔任軍政府都督時，還嚇得直說不要害他，怎樣也不

賺到了

黎元洪

肯在安民告示上簽下名字。最後在場的士兵們實在是看不下去了，也不管他同不同意，便拿起筆來替他在告示上簽下了都督黎元洪等幾個大字。只是，隨著武漢三鎮（武昌、漢陽、漢口，皆湖北境內）全部落入革命軍手中，情勢一片大好之後，黎元洪和湯化龍等人忽然之間又變成願意和大家同生死的革命者。更扯的是，在後來他們所宣布的軍政府組織中，除了軍務部長孫武以外，其餘的六部根本都是黎元洪的部屬和湯化龍的親信。而革命黨人拋頭顱灑熱血所換來的成果，便這樣被這些沒有立場、沒有理想的政客們給輕鬆拿走了。

北洋派將領死命效忠　袁世凱出任內閣總理

革命軍在武昌（湖北境內）起義成功之後，這股灼熱的焚風很快的便襲捲全國各地，令清廷產生了隨時會被推倒的危機感。為了能盡速的壓制住湖北的革命軍，中央政府目前所能倚靠的力量只剩下北洋軍團。但這中間還有一個問題，就是雖然這支部隊擁有最新式的武器及最強的戰鬥力，但由於主要將領都是袁世凱的舊部，所以陸軍大臣廕昌根本指揮不動他們。而隨著情勢的急劇惡化，內閣總理大臣奕劻及協理大臣那桐、徐世昌等都一致主張應該重新起用袁世凱才能控制住局面，於是攝政王載灃（溥儀生父）便任命袁世凱為湖廣總督（湖南、湖北聯省總長），帶領北洋軍南下鎮壓動亂。但這樣的動作依然阻止不了反抗政府及要求盡速立憲的浪潮，甚至連軍方也開始對清廷施加壓力。最後清廷也只能走上解散所謂的「皇族內閣」，並由袁世凱出任內閣總理大臣來組閣的這條路了。

——— 革命現骨牌效應　十五省宣布獨立 ———

在湖北成立了「中華民國軍政府鄂軍都督府」之後，國內各省便有如骨牌效應一般，在不到兩個月之內的時間，於內地十八省之中，有十五個省都先後陸續宣布獨立，使得目前仍表示繼續效忠大清朝廷的只剩下甘肅、河南、直隸三省。政治評論家表示，在這種動盪飄搖的時代，各省的督撫大員本來就一直抱持著觀望的態度，不斷的在審度時勢，隨時準備倒向對自己最有利的那一方。尤其

在山西巡撫（山西省長）陸鍾琦慘遭革命軍斬首、西安將軍（西安指揮官）文瑞被逼投井自殺，代理四川總督（四川省總長）端方被手下譁變的新軍殺死之後，與當地的諮議局（省議會）成員們合作，倒向反政府的一方似乎也成了活命或延續政治生命的唯一機會。而時局演變至此，可憐的清廷已經沒人要理會，形成以袁世凱為首的北洋集團，與南方聯盟相互對峙的局面了。

袁氏架空清廷　南北展開協商
南京自推孫文為臨時大總統

袁世凱挾著北洋軍銳不可擋的火力，一舉攻克了漢陽（湖北境內），在對南方聯盟形成極大的壓力之後，袁世凱卻又按兵不動，使得整體局勢陷入僵持對峙之中。據本報所得到的情報顯示，南方聯盟已經派人與袁世凱私下進行接觸，並開出了讓袁世凱出任大總統的條件。而袁世凱方面也利用這種情勢，將載灃（溥儀生父）逼下了攝政王的位置，更讓自己的人馬控制了北京城，完全架空了滿清皇室，大有取而代之的味道。但同盟會的成員不甘心就這樣眼看袁世凱登上大總統之位，便於十二月底在南京召集各省代表，選出孫文為南京政府的「臨時大總統」，並於西曆一九一二年一月一日宣誓就職。不過到目

同盟會搶在袁世凱之前就推舉孫文就任臨時大總統

前為止各國皆沒有承認南京臨時政府的合法性，甚至連孫文自己也致電給袁世凱，表示因東南各省久缺統一的中樞機關，自己只是暫時擔任臨時總統一職。只要清帝退位並實施共和體制，便會共舉袁世凱登上大總統之位。

努爾哈赤　雍正　乾隆　皇太極　康熙　道光　同治　宣統　順治　嘉慶　光緒　咸豐

大清帝國歷經十二朝的統治，終於在溥儀退位之後正式畫下句點

宣統皇帝退位　大清王朝終結

在軍事上已取得優勢的北洋軍，不但不急著與黎元洪等人決戰，還反過來以全體將領的名義向大清政府發出了電報，宣稱軍情緊急，請求王公大臣們捐獻私財、毀家紓難，以共體時艱。但政治評論家指出，這個動作其實是袁世凱用來壓制清室主戰派的手段，因為他知道絕不可能會有人真的願意把自己的家產捐出來打仗，既然不拿錢的話，那主戰的大臣們當然就得乖乖閉嘴。接著，袁世凱又說服了慶親王奕劻提出《皇帝退位和民國政府優待清室條例》，內容包括清帝尊號仍存不廢、每年由中華民國政府撥給皇室經費四百萬兩、清帝仍可暫居紫禁城、宗廟陵寢永遠奉祀、宮內所有執事人員可照常留用等項。而袁世凱也親自上奏隆裕太后，說自古無不亡之國，若大清皇帝此時退位的話，仍能保持尊號、享受歲費。在清廷尚未為此做出明確回覆的時候，同盟會便先一步採取了暗殺的行動，企圖一舉炸死袁世凱。只不過炸彈引爆之後，僅炸死了他的侍衛長等十人，袁世凱則是命大逃過一劫。而袁世凱逼宮的動作並沒有因為這個事件而停頓下來，他雖然稱病休息，但仍讓他的親信繼續的對清廷施壓。到了十二月二十五日，隆裕太后（光緒皇后，非溥儀生母）終於頒布懿旨，讓幼帝溥儀在優待條件退位，並把政權交給袁世凱組織共和政府，大清王朝正式走入歷史之中。

新聞標題索引

國家圖書館出版品預行編目（CIP）資料

大清時報．三部曲，帝國哀歌
（西元一七九六年－一九一一年）／黃榮郎
文．圖 .-- 初版 .-- 臺北市：遠流，2015.02
面； 公分 .--（圖像編年史；5）
ISBN 978-957-32-7581-7（平裝）

1. 清史 2. 通俗史話

627.09　　　　　　　　　　　104000365

圖像編年史 5

大清時報——三部曲·帝國哀歌（西元一七九六年～一九一一年）
GREAT QING TIMES

文·圖　　黃榮郎
主　編　　游奇惠
責任編輯　陳穗錚
版面構成　丘銳致
企　畫　　叢昌瑜

發行人　　王榮文
出版發行　遠流出版事業股份有限公司
地　址　　台北市 100 南昌路 2 段 81 號 6 樓
電　話　　（02）2392-6899
傳　真　　（02）2392-6658
郵政劃撥　0189456-1

法律顧問　董安丹律師
著作權顧問　蕭雄淋律師

2015 年 2 月 16 日　初版一刷
行政院新聞局局版臺業字第 1295 號
售價新臺幣 350 元

遠流博識網 http://www.ylib.com　E-mail: ylib@ylib.com